J. Mohr Ch. Schubert (Hrsg.)

Ethik der Gesundheitsökonomie

Mit 17 Abbildungen und 6 Tabellen

Springer-Verlag Berlin Heidelberg New York London
Paris Tokyo Hong Kong Barcelona Budapest

Dr. med. Jürgen Mohr, Arzt und Pfarrer
Dipl.-Volkswirt Christoph Schubert
Evangelische Akademie Bad Boll
W-7325 Bad Boll, BRD

ISBN-13:978-3-540-54251-3

CIP-Titelaufnahme der Deutschen Bibliothek
Ethik der Gesundheitsökonomie / J. Mohr, Ch. Schubert (Hrsg.).
Berlin; Heidelberg, New York, London; Paris, Tokyo; Hong Kong; Barcelona: Springer, 1992
ISBN-13:978-3-540-54251-3   e-ISBN-13:978-3-642-76759-3
DOI: 10.1007/978-3-642-76759-3
NE: Mohr, Jürgen [Hrsg.]

Satz: FotoSatz Pfeifer GmbH, Gräfelfing/München
19/3335-543210 – Gedruckt auf säurefreiem Papier

Vorwort

Zusammen mit der Akademie für Ethik in der Medizin, der Landesärztekammer Baden-Württemberg und der Robert Bosch Stiftung GmbH Stuttgart hatte die Evangelische Akademie Bad Boll im Juni 1990 zur „1. Bad Boller Konsultation ETHIK DER GESUNDHEITSÖKONOMIE" eingeladen.

Die Vorgeschichte zu dieser Tagung erstreckte sich über fast 2 Jahre. Ein erstes Planungsgespräch fand 1988 in Stuttgart mit Vertretern der Landesärztekammer und der Akademie für Ethik in der Medizin statt. Der Springer-Verlag war durch Prof. Dr. med. Toni Graf-Baumann vertreten.

Als die finanzielle Grundlage des Tagungsprojekts überraschend nicht mehr gesichert zu sein schien, war die Robert Bosch Stiftung spontan zu ideeller und materieller Unterstützung bereit. Dafür sage ich an dieser Stelle meinen herzlichen Dank.

Seit einigen Jahren werden auch in der breiten Öffentlichkeit die Kosten unseres Gesundheitssystems thematisiert; und es wird die Frage diskutiert, wie diese Kosten zu dämpfen sind. Hierbei handelt es sich nicht nur um rein ökonomische Entscheidungen, weil es immer auch darum geht, ob jeder Mensch die für seinen besonderen Fall aktuell nötige und notwendige medizinisch-ärztliche Hilfe bekommt. Die Weiterentwicklung der Medizin hat in unserem Jahrhundert zu finanziell sehr aufwendigen Techniken geführt, die es ermöglichen, menschliches Leben auch dort operativ zu retten und zu erhalten, wo dies vor wenigen Jahrzehnten noch unmöglich gewesen wäre. Parallel dazu stieg die Lebenserwartung der Menschen in Europa rapide an und führte zu einer Zunahme der Multimorbidität im Alter. Jetzt muß gefragt werden, ob „bis zuletzt" immer alles getan werden muß bzw. getan werden darf.

Bei diesen Entscheidungen sind gerechte Kriterien erforderlich. Wie aber bekommen wir „gerechte" Verteilungskriterien?

Spätestens an dieser Stelle wird deutlich, daß es sich hierbei um ethische Fragestellungen und ethische Entscheidungen handelt. Mediziner und Ökonomen sind erst am Anfang eines Weges, der diese Gesichtspunkte in ihr Handeln mit einbezieht.

Der vorliegende Band dokumentiert die Referate und die sich anschließenden Diskussionsrunden. Rosemarie Stein resümiert in ihrem Pressebericht: „Genügend Fragen, genügend Diskussionsstoff für eine 2. Bad Boller Konsultation ETHIK DER GESUNDHEITSÖKONOMIE" (ÄBW 10/90, S. 634). Die Evangelische Akademie Bad Boll wird diesem Auftrag nachkommen.

Die Herausgeber widmen diesen Band dem Initiator der Tagung und neu gewählten Präsidenten der Landesärztekammer Baden-Württemberg, Prof. Dr. med. Friedrich-Wilhelm Kolkmann. Er war es, der dieses Thema vorschlug und das Tagungsprojekt von allem Anfang an kritisch fördernd begleitet hat.

Bad Boll, im Mai 1991   Jürgen Mohr

Inhaltsverzeichnis

Autorenverzeichnis

Arnold, Michael, Prof. Dr. med.
Stiftungsprofessur Gesundheitssystemforschung
Keplerstraße 15, 7400 Tübingen

Bauer, Guntram
Abteilungs-Direktor, Bundesverband der Ortskrankenkassen,
Kortrijker Str. 1, 5300 Bonn 2

Dinkel, Rolf
Mitglied der Geschäftsleitung HealthEcon AG,
Steinentorstr. 19, CH-4001 Basel

Fuchs, Christoph, Prof. Dr. med.
Hauptgeschäftsführer der Bundesärztekammer,
Kaiser-Friedrich-Str. 7, 6500 Mainz

Graf-Baumann, Toni, Prof. Dr. med.
Zähringerstr. 307, 7800 Freiburg i.Br.

Grupp, Rudolf, Dr.
Ministerialrat im Bundesministerium für Arbeit und Sozialordnung,
Rochusstr. 1, 5300 Bonn 1

Horisberger, Bruno, Dr. med.
Direktor des Interdisziplinären Forschungszentrums für Gesundheit,
Rorschacherstr. 103c, CH-9007 St. Gallen

Kolkmann, Friedrich-Wilhelm, Prof. Dr. med.
Präsident der Landesärztekammer Baden-Württemberg,
Höhenweg 1, 7441 Unterensingen

Laaser, Ulrich, Prof. Dr. med.
Institut für Dokumentation und Information, Sozialmedizin und öffentliches
Gesundheitswesen,
Westerfeldstr. 35/37, 4800 Bielefeld 1

Mader, Frank H., Dr. med.
Bundesgeschäftsführer des Fachverbands Deutscher Allgemeinärzte e.V.,
Talstr. 5, 8419 Nittendorf

Mohr, Wolfgang, Dr. med.
Vorsitzender der Kassenärztlichen Vereinigung Nord-Württemberg,
Albstadtweg 11, 7000 Stuttgart 80

Sass, Hans-Martin, Prof. Dr. phil.
Ruhr-Universität Bochum, Institut für Philosophie,
Universitätsstr. 150, 4630 Bochum 1

Schöne-Seifert, Bettina, Dr. med.
Georg-August-Universität, Philosophisches Seminar,
Platz der Göttinger Sieben 5, 3400 Göttingen

Schräder, Wilhelm F., Dipl.-Ing.
Institut für Gesundheits- und Sozialforschung GmbH,
Otto-Suhr-Allee 18, 1000 Berlin 10

Wagner, Wolfgang, Dr. med.
Medizinischer Direktor, Duphar-Pharma GmbH,
Freundallee 21/23, 3000 Hannover 1

Weidner, Klaus Jürgen, Dr. med.
Duphar-Pharma GmbH,
Freundallee 21/23, 3000 Hannover 1

Zollner, Maximilian, Dr. med.
Mitglied des Bundesvorstandes des Verbandes der niedergelassenen Ärzte
Deutschlands,
Möwenstr. 21, 7990 Friedrichshafen

Grußwort

F.-W. Kolkmann

Die Idee zu dieser Konsultation wurde unter dem Eindruck der heftigen Diskussion um das Gesundheitsreformgesetz (GRG) geboren, das ja nur einen – wie ich fürchte vorläufigen – Höhepunkt der sich seit Jahren hinziehenden Kostendämpfungsdiskussion und -politik in unserem Staatswesen darstellt. Diese Diskussion wurde und wird fast ausschließlich unter ökonomischen Gesichtspunkten geführt, wie es ja überhaupt üblich geworden ist, die Leistungsfähigkeit unseres Gesundheitswesens an ökonomischen Größen, Effektivität und Effizienz, Kosten-Nutzen-Analysen, Grenznutzen, Wirtschaftlichkeitsreserven, Beitragssatzstabilität usw., zu messen.

Ärztliche Berufsausübung und Medizin im ganzen sind Teil unseres Gesundheitswesens, das wiederum Teil des Staatswesens ist.

Alle politischen Maßnahmen, die sich auf das Gesundheitswesen beziehen, mögen sie nun Kuration oder Prävention, Forschung und Wissenschaft oder Ausbildung betreffen, alle Vorschriften, Gesetze und Verordnungen im Gesundheitswesen zielen zwar auf anonyme, statistische Kollektive – im GRG z.B. dienen sie der „Neubestimmung von Solidarität und Eigenverantwortung" eines Kollektivs von ca. 90% der Bevölkerung, also des sozialversicherten Bevölkerungsanteils –, sie beeinflussen und treffen aber sehr wohl die Beziehungen zwischen dem einzelnen Arzt, der einzelnen Schwester zu einem konkreten Patienten, einem hilfs-, pflege- und trostbedürftigen Individuum, sie bestimmen Art, Umfang und Verfügbarkeit der Hilfe und Zuwendung, die dem einzelnen bedürftigen Menschen zugestanden werden kann.

Medizin ist daher auf Politik angewiesen und muß selbst politisch sein. Die engen Verflechtungen zwischen Medizin und Politik erfordern einen ständigen Dialog, einen möglichst engen Meinungsaustausch zwischen denjenigen, die, wie man heute sagt, wegen der Allokation der verfügbaren, knappen Mittel sich an statistischen Daten orientieren, um, im Jargon zu bleiben, durch Anreize das Verhalten des sozialversicherten Bevölkerungsteils, der Verbraucher oder Nachfrager, wie der sog. Leistungserbringer kollektiv zu steuern, und denjenigen, denen es obliegt, eben nicht eine abstrakte Größe, sondern einzelne Menschen medizinisch zu versorgen.

Dieser Dialog zwischen Politik und Medizin ist zwar nicht völlig versiegt, funktioniert aber seit langem nicht mehr richtig. Gesprächspartner der Politik ist vielmehr die sog. Gesundheitsökonomie geworden, sie ist zum Richter über Effektivität und Effizienz der ärztlichen Bemühungen und des Gesundheitswesens allgemein und zum Berater der Politik und des Gesetzgebers avanciert.

Der Einfluß der Gesundheitsökonomie hat, neben der sog. Verrechtlichung der Medizin, zu einem äußerst dichten Netz von Vorschriften und Sanktionen geführt, die Rechte und Pflichten von Medizinalpersonen und Patienten definieren.

Dies geschieht, so sagt man, um bei knappen Ressourcen die Möglichkeit zu erhalten, den einzelnen Patienten eine jeweils medizinisch notwendige, ausreichende und qualitativ hochstehende Versorgung zu bieten, ohne den verfügbaren sog. Kostenrahmen zu sprengen.

Beim GRG klang die Argumentation allerdings ein wenig abweichend. Solidarität und Eigenverantwortung der Bevölkerung sollten u.a. auch darum neu bestimmt werden, um die Lohnnebenkosten nicht weiter steigen zu lassen, sondern zu senken und dadurch die Wettbewerbsfähigkeit der heimischen Wirtschaft zu verbessern.

Es ist vielleicht kein Zufall, daß die medizinische Ethik seit einigen Jahren eine großartige Renaissance erfährt. Sicher hat diese Wiedergeburt der medizinischen Ethik sehr viel mit dem Fortschritt der Medizin und der biologischen Wissenschaften zu tun, es könnte aber auch sein, daß die erwähnte enorm dichte Regulierung des Gesundheitswesens nach einem zusätzlichen, ethischen Motivationsschub für die im Gesundheitswesen Tätigen verlangt. Es geht der Landesärztekammer bei dieser Konsultation nicht um eine nachfolgende erneute Debatte des GRG oder seiner Resultate. Es soll auch nicht die Notwendigkeit wirtschaftlicher Verhaltensweisen im Gesundheitswesen bestritten oder in Abrede gestellt oder die fehlende Berücksichtigung des sog. ärztlichen Sachverstandes beklagt werden. Wir meinen aber, daß ein Ungleichgewicht besteht zwischen denen, welche die Rahmenbedingungen unseres Gesundheitswesens wesentlich mitbestimmen, den Gesundheitsökonomen und -politikern, und denen, die innerhalb dieser sehr engen Rahmenbedingungen und unter einem hohen an sie gerichteten ethischen Erwartungsdruck ärztliche und pflegerische Dienste an kranken Menschen verrichten, ohne große Möglichkeiten, die Rahmenbedingungen mitzugestalten.

Die Terminologie der Gesundheitsökonomie stellt eine kalte, wissenschaftlich-technische Begriffswelt dar, die ohne Schwierigkeiten auch auf die Produktion und den Verkauf, auf das Marketing von Möbeln oder von Kraftfahrzeugen anwendbar ist. Sie hat längst und in bestürzendem Maße Einzug in die Sprache unseres Gesundheitssystems und unserer Gesundheitspolitik gehalten, die gleichzeitig nach mehr Ganzheitlichkeit, menschlicher Wärme und Zuwendung verlangen. So wird die Frage erlaubt sein, ob sich die Gesundheitsökonomie dieses Ungleichgewichts, dieses Widerspruchs und dieser Verantwortung, die sie durch das Maß der Einmischung in unser Gesundheitssystem übernommen hat, bewußt ist, nämlich die Frage nach der Ethik der Gesundheitsökonomie.

Die Vorbereitung zu dieser Konsultation hat gut 2 Jahre gedauert, und es waren während dieser Vorbereitungszeit zahlreiche, teilweise erhebliche Schwierigkeiten zu überwinden. Auch haben die überraschenden Umwälzungen in der DDR, der Wegfall der Grenzen, die sich rasch nähernde Wiedervereinigung in den letzten Monaten sicher einen großen Teil unser aller Aufmerksamkeit und Aktivitäten in Anspruch genommen. Wir haben in der DDR ein nahezu vollkommen zerrüttetes, zu Grunde gerichtetes, menschenverachtendes Gesundheits- und Sozialsystem kennengelernt, dessen Erneuerung große Anstrengungen kosten und sicher auch der Gesundheitsökonomie ungeahnten Aufschwung verleihen wird.

Auch deswegen wünsche ich unseren Beratungen einen guten Erfolg; vielleicht können sie zu einer neuen Nachdenklichkeit über die Fremdbestimmung unseres Gesundheitswesens und der darin Tätigen beitragen.

Warum stellt sich das Thema „Ethik der Gesundheitsökonomie"?

M. Arnold

Die Bereitschaft, den Eröffnungsvortrag der 1. Bad Boller Konsultation „Ethik der Gesundheitsökonomie" kurzfristig zu übernehmen, wurde durch die schon lange vorhandene Überzeugung gefördert, daß die medizinische Leistungserbringung des Alltags mit größeren ethischen Problemen belastet ist, als das aus der Aufmerksamkeit, die ihr öffentlich zukommt, abgelesen werden kann. In der Medizinethik finden u.a. die spektakulären, aber doch vom Volumen her selteneren Probleme der Extremmedizin eine Beachtung.

Ich möchte, gleichsam den Gewohnheiten der medizinischen Profession folgend, kasuistisch, nämlich mit einer Anekdote beginnen. Davon ausgehend sollen die ökonomischen Besonderheiten der medizinischen Leistungserbringung behandelt, die daraus folgenden Probleme aufgezeigt und am Ende eine Antwort auf die im Thema gestellte Frage versucht werden, ob es ethisch gerechtfertigt werden kann, das medizinische Leistungsgeschehen unter Berücksichtigung ökonomischer Gesichtspunkte zu bewerten und zu steuern.

Zur Genealogie des ärztlichen Ethos

Ein ansonsten gesunder Patient verschluckt sich bei einem Fischessen, und so kommt eine große Gräte in seinen Schlund, die er nicht selbst beseitigen kann. Das bringt ihn in höchste Not. Er wird zu einem Arzt gebracht, und dieser vermag mit einer Pinzette die Gräte rasch und sicher zu entfernen. Auf die Frage des erleichterten Patienten, was er für die Leistung zu bezahlen habe, entgegnet der Arzt: „Geben Sie mir die Hälfte von dem, was Sie mir geben wollten, als die Gräte noch in Ihrem Schlund steckte."

An diese Geschichte lassen sich eine Reihe von Feststellungen knüpfen, die für die Behandlung des Themas eine Bedeutung haben, so u.a.:

- Der Arzt hat dem Patienten ohne jede Vorbedingung geholfen. Er hat insbesondere nicht vor seinem Handeln in Erfahrung zu bringen gesucht, wie es um die wirtschaftliche Situation des Patienen bestellt ist und ob er die Leistung bezahlen kann.
- Der Patient geht in aller Selbstverständlichkeit davon aus, daß die Leistung des Arztes eine Dienstleistung ist, die honoriert werden muß.
- Der Arzt unterstellt, daß die Opportunitätskosten für den Patienten im Augenblick der Gefahr anders sind, als nachdem die Gefahr überwunden wurde.
- Der Arzt hat nicht seine Monopolstellung und die prekäre Lage des Patienten

ausgenutzt, um ihm vor dem Eingriff einen Preis zu diktieren. Es überläßt es im Gegenteil dem Patienten, zu entscheiden, wieviel ihm die Leistung wert war.

Diese Feststellungen machen auf Anhieb deutlich, daß die ärztliche Leistung offenbar nicht im Rahmen eines normalen Marktgeschehens erbracht wird, sondern primär und idealtypisch andere als ökonomische Gesichtspunkte die Beziehung zwischen Arzt und Patient bestimmen. Dazu zählt, daß der Arzt seine Leistung ohne Kenntnis der Kaufkraft des Nachfragers, aber auch ohne Rücksicht auf den gesellschaftlichen Wert des Patienten oder persönliche Beziehungen zu ihm erbringt. Er ist nur darauf bedacht, ein beim Patienten unabweisbar vorhandenes Bedürfnis zu befriedigen. Er handelt altruistisch und damit gewissermaßen entgegen jener elementaren egoistischen Grundhaltung, die der einzelne auf der Suche nach persönlichem Nutzen physiologischerweise einnimmt. Erst nachdem er gehandelt hat, kommt der Gesichtspunkt des eigenen Nutzens durch die Frage nach dem Honorar ins Spiel.

Die Bereitschaft des Arztes zur grundsätzlich unentgeltlichen Hilfe ist ein Sonderfall jener altruistischen Haltung, die ihren Ursprung nicht in angeborenen Triebkräften, sondern als eine im Zuge der Sozialisation anerzogenen Haltung eigenen Gruppenmitgliedern gegenüber entstanden und üblich ist. Altruismus innerhalb einer Gruppe verschafft dieser Vorteile im Kampf mit anderen Gruppen, wobei sich durch gegenseitige Hilfe und den dadurch bewirkten Zusammenhalt auch die Lebenschancen des einzelnen verbessern. Das sind wichtige Bedingungen für das Überleben und die Selbstbehauptung einer Spezies. Es wird damit nicht weniger unterstellt, als daß die Menschen nicht einem angeborenen Humanitätsideal folgen, das sie instinktiv vom Tier unterscheidet, sondern daß sich das Humanitätsideal sekundär mit der Gesellschaftsbildung herausgebildet hat und zu einem eigenen Wert wurde, weil es sich als ein für das Überleben der Gruppe wertvolles Element erwies. Da dies grosso modo auf alle Gruppen zutrifft, gibt es große Ähnlichkeiten in den humanitären Zielen menschlicher Gesellschaften, was vorschnell zur Annahme eines angeborenen Wesensmerkmals führen kann.

Akzeptiert man diese Genealogie der Ethik, dann kann Ethos nicht etwas Unwandelbares sein, sondern muß sich nach den Erfordernissen des Alltags richten und sich damit auch den Veränderungen der Lebensumstände anpassen. Bei der Entwicklung von Moral und Ethos dürften deshalb Selektionsprozesse genauso eine Rolle spielen wie bei der Evolution körperlicher Merkmale. So ändern sich die Einstellungen der Menschen zu Sachverhalten im Laufe der Geschichte, was speziell bei der medizinischen Versorgung mit ihrem raschen Wandel durch den technischen Fortschritt der Medizin und die Weiterentwicklung der Rahmenbedingungen unübersehbar ist. Beispielsweise muß die eingangs vorgetragene Anekdote sich vor längerer Zeit abgespielt haben – tatsächlich wird sie Sir Joseph Lister, dem Entdecker der Antisepsis im vorigen Jahrhundert zugeschrieben –, denn die Situation würde sich heute ganz anders darstellen:

An einer Vergütung der vom Arzt bei der Entfernung einer Gräte erbrachten Leistung würde von Anfang an kein Zweifel bestehen, die Wirtschaftskraft des Patienten wäre für den Arzt – von Ausnahmen abgesehen – uninteressant. Die Höhe des Honorars ergäbe sich aus der Gebührenordnung und nicht aus der subjektiven Einschätzung der Krankheitsgefahr durch den Patienten oder seiner

Wirtschaftskraft. Seit Listers Zeiten ist die Gleichheit des Anspruchs auf eine angemessene medizinische Versorgung in den meisten Industrieländern ein gesellschaftspolitischer Wert an sich geworden, und durch den Aufbau eines Krankenversicherungssystems ist die ökonomische Beziehung zwischen Arzt und Patient auf eine verbindliche Grundlage gestellt worden, mit rechtlich definierten Ansprüchen auf beiden Seiten.

Der Aufbau von Strukturen zur Gewährleistung der medizinischen Versorgung, die Organisation der Finanzierung des Versorgungssystems und die Kodifizierung von Ansprüchen und Pflichten der Beteiligten haben nun aber keineswegs alle ökonomischen Probleme in der Gesundheitsversorgung harmonisch gelöst. Das soll, wiederum von einer Kasuistik ausgehend, gezeigt werden.

Vom Honorar für ärztliche Leistungen zur Gebühr für eine Dienstleistung

Bei der Vorbereitung einer Tagung über „Grenzen der Medizin" habe ich vor einigen Jahren Einblick in die Lebensumstände eines Kollegen gewonnen, der es als Intensivmediziner zu großem Wohlstand gebracht hat. Sein opulentes Haus war mit erlesenem Geschmack eingerichtet, und seine Lebensführung lag unübersehbar auf höchstem Niveau. In seinem Vortrag hat er später über die bekannt hohe Mortalität auf Intensivstationen berichtet und über die großen und vielschichtigen medizinischen, psychologischen und ökonomischen Probleme, die sich bei der Intensivbehandlung stellen.

Die Kenntnis der Lebens- und Arbeitsumstände dieses Kollegen führte bei mir zu der Frage: Ist es zu rechtfertigen, daß man am Leid des anderen so gut verdienen, ja sich bereichern kann? Diese Frage hat sich für Lister, als er die Gräte bei seinem Patienten entfernte, nicht gestellt. Er hat die Entscheidung über die Höhe des Entgelts dem Patienten überlassen, und dieser hat sie unter Berücksichtigung der eigenen Wirtschaftskraft und des Wertes der Leistung entschieden. Als man aber im Zuge der Gestaltung des Sozialstaates einen kaufkraftunabhängigen Leistungsanspruch gewährleistete, wurden die Rechte des Patienten und die Vergütung ärztlicher Leistungen festgelegt und dabei das Honorar von einem „Ehrensold" zu einer Gebühr, wie sie auch für andere Dienstleistungen üblich ist. Dies hat die Frage der ärztlichen Vergütung zumindest grundsätzlich aus dem ethischen Bereich herausgeführt, denn das, was rechtlich normiert ist, bedarf im allgemeinen keiner ethischen Leitvorstellungen mehr. Insofern ist das Verhalten des Intensivmediziners, der entsprechend dem gültigen Recht es durch seine Tätigkeit zu Reichtum gebracht hat, ohne die Annahme eines Mißbrauchs ethisch einwandfrei und nicht zu kritisieren, denn es steht im Einklang mit der für unsere Zeit und unsere Gesellschaft verbindlichen Denk- und Handlungsweise, die sich ohne weitergehende Begründung im Konsens aller gebildet hat und das aktuelle Ethos ausmacht.

Es stellen sich nun aber doch noch Fragen, und zwar weil es im Gesundheitswesen keinen „vollständigen" Markt gibt. Ein solcher Markt wird idealtypisch durch den Ausgleich von Angebot und Nachfrage erreicht, sofern ein Angebot unter Wettbewerbsbedingungen, eine befriedigende Einkommensverteilung und Kompetenz der Entscheidung auf seiten des Nachfragers vorhanden sind. Im Gesundheitswesen gibt es das nicht, sondern es besteht das bekannte Dreiecksverhältnis, wo eine erste Partei Leistungen nachfragt, die eine zweite Partei erbringt, für die eine dritte Partei zu zahlen hat. Zusammen mit der geringen Entscheidungsautonomie auf seiten des Patienten verschiebt das die Gewichte zugunsten des Arztes: Er hat zum einen die Verantwortung für das, was an Leistungen, weitgehend ohne daß der Patient Präferenzen hat oder sie zum Ausdruck bringt, erbracht wird, er hat zum anderen aber damit untrennbar verbunden auch in einem gewissen Umfang den Schlüssel zur Höhe seines Einkommens in der Hand. Alle Ausgaben im Gesundheitswesen sind gleichzeitig Einnahmen, und so kommt es beim Arzt fast zwangsläufig und unvermeidlich zu einem Widerstreit egoistischer und altruistischer Motive.

Bei korrektem, d.h. dem Stand der Wissenschaft und den Erfordernissen des Einzelfalles angemessenem Verhalten, so ließe sich zeigen, ist es nicht angängig, aus der Feststellung eines hohen Verdienstes von Ärzten einen moralischen Vorwurf abzuleiten. Das gilt sogar dann, wenn sich das Leistungsgeschehen als von den ökonomischen Rahmenbedingungen abhängig erweist, wie das u.a. Hillmann (1989) erst jüngst wieder für amerikanische Verhältnisse gezeigt hat: Die Bedingungen der Makroebene haben nun einmal entscheidende Bedeutung für das Handeln auf der Mikroebene, und das ist auch der Punkt, wo die Gesundheitspolitik durch die Gestaltung der Rahmenbedingungen ansetzt, um ihre Ziele zu erreichen.

Fehlsteuerungen können gemildert, aber nicht verhindert werden

Die Frage ist nun, warum weitergehende Eingriffe notwendig sind, wenn der Leistungsanspruch ebenso wie die Leistungsvergütung kodifiziert sind. Die Erklärung ist, daß die rechtlichen Vorschriften zu unverbindlich sind, um bei ihrer Befolgung alleine schon Effizienz in diesem mit solidarisch aufgebrachten Mitteln finanzierten System zu gewährleisten. Nach §2 SGB V hat der Versicherte Anspruch auf Leistungen nach dem allgemein anerkannten Stand der medizinischen Wissenschaft, und der Arzt soll nur das erbringen, was wirksam, verläßlich und in notwendigem Umfang erforderlich ist. Bei der Vielfalt der medizinischen Behandlungsmethoden und der fast unbegrenzten Nachfrage nach medizinischen Leistungen ist diese Vorschrift viel zu ungenau gehalten, um das Leistungsgeschehen nach Art und Umfang zu begrenzen. Das ist indes kein Fehler des Gesetzgebers: Der Sachverhalt ist einfach nicht konkreter zu formulieren, und das Leistungsgeschehen muß deshalb auf andere Weise in den Griff gebracht werden, um eine wirtschaftliche Verwendung der in der Bundesrepublik aus Versichertenbeiträgen aufgebrachten Mittel zu erreichen.

Der Gesetzgeber hat mit diesem Ziel im Gesundheitsreformgesetz Instrumente vorgegeben, mit denen die unvermeidlichen Lücken, die sich aus dem allgemeinen Charakter der rechtlichen Vorschriften ergeben, ausgefüllt werden sollen. Dazu zählen im wesentlichen Wirtschaftlichkeitsprüfungen verschiedener Art, die Qualitätssicherung und die Evaluation von Behandlungsmethoden.

Gewisse Formulierungen des Gesetzestextes stehen aber in einer fast grundsätzlichen Weise im Widerspruch zu dem damit zum Ausdruck gebrachten Bemühen um eine Konzentrierung des Leistungsgeschehens auf das medizinisch Notwendige. So sollen Behandlungsmethoden, Arznei- und Heilmittel der besonderen Therapierichtungen nicht ausgeschlossen werden, und der Leistungserbringer soll bei der Auswahl von Leistungen deren Vielzahl beachten und den religiösen Bedürfnissen der Versicherten Rechnung tragen.

Wenn vor dem Hintergrund solch unbestimmter und interpretationsfähiger Aussagen dann gefordert wird, daß die Leistungen wirksam und wirtschaftlich erbracht und nur in normalem Umfang in Anspruch genommen werden sollen, sind allzu große Hoffnungen, dies auch zu erreichen, nicht gerechtfertigt. Es mag zwar gelingen, die aus dem Mangel an Marktmechanismen folgenden Fehlsteuerungen mit administrativen Mitteln zu mildern, aber man kann sie so auf keinen Fall verhindern.

Es gibt Mißbrauch – doch nicht nur auf ärztlicher Seite

Beim Vorwurf des Mißbrauchs in medizinischen Versorgungssystemen und bei der Auswahl von Mitteln und Wegen, ihn zu beseitigen, stehen fast ausschließlich die Ärzte und andere Leistungserbringer am Pranger, und es wird bei ihnen zur Korrektur angesetzt. Tatsächlich sind auch die Patienten stets in Gefahr, Opfer der Rationalitätenfalle zu werden. Rationalitätenfalle heißt, daß ein Fehlverhalten des einzelnen mit der Folge einer über das sachlich Notwendige – so schwierig dies auch zu bestimmen sei – hinausgehenden Ressourcenbeanspruchung jeweils so marginal ist, daß dadurch das System als ganzes praktisch nicht belastet wird. Nur: Wenn alle Beteiligten sich so verhalten, kommt es zu einer übermäßigen Belastung, die dann zu nennenswerten Kostensteigerungen im Gesundheitswesen führt, denen keine entsprechenden Steigerungen der Gesundheitlichkeit gegenüberstehen. Dabei sollen hier alle Probleme im Zusammenhang mit der Messung der Gesundheitlichkeit unberücksichtigt bleiben. Festzuhalten ist nur, daß auch beim Patienten weder rechtliche Vorschriften noch bürokratische Maßnahmen bei dem systemimmanenten Fehlen von selbstregulierenden Marktmechanismen einen Mißbrauch verhindern dürften, so daß es auch auf dieser Seite unmöglich ist, die idealtypische Effizienz in der Versorgung zu erreichen. Sie zu gewährleisten hat sich die Gesundheitsökonomie zum wesentlichen Ziel gesetzt.

Wir brauchen eine Gesundheitsökonomie

Gäbe es eine funktionierende Selbstregulierung, dann wäre eine spezielle Gesundheitsökonomie vermutlich ebenso überflüssig wie eine spezielle Gesundheitspolitik, wenn es selbstverständliche ethische Norm in der Gesellschaft wäre, allen Bedürftigen unterschiedslos aus reiner Nächstenliebe zu helfen. Dies ist nicht der Fall, und deshalb wurde es das aus einem spezifischen Bild vom Menschen erwachsene Ziel des modernen Sozialstaates, allen Mitgliedern kaufkraftunabhängig und unterschiedslos eine materielle Gleichstellung bei der Gesundheitsversorgung zu gewährleisten. Bei der Grenzenlosigkeit der Bedürfnisse und der daraus folgenden Grenzenlosigkeit der Nachfrage nach medizinischen Leistungen, bei dem Fehlen verbindlicher ethischer Normen in einer pluralistischen Gesellschaft, die eine persönliche Vorteilswahrnehmung auf so gut wie allen Gebieten toleriert, und bei einer aus der solidarischen Mittelaufbringung folgenden Verantwortlichkeit für eine möglichst effiziente Mittelverwendung sind Bemühungen um Analysen, externe Kontrollen und normative Vorgaben gerechtfertigt, wenn und weil eine Selbststeuerung nicht möglich ist.

Es ist die Gesundheitsökonomie, die versucht, die Defizite an Selbstregulation und das Fehlverhalten der Partner durch die Entwicklung von Steuerungsersatzlösungen zu beseitigen. Dem dient sowohl die Analyse des Leistungsgeschehens als auch der Entwurf von Entscheidungsstrategien. Die Forderungen nach einer effizienten Mittelverwendung, nach einer erfolgsorientierten Mittelzuweisung, das Suchen nach Prioritäten, die Bestimmung des Nutzens, das Bemühen um die Ermittlung eines Bedarfs, die Vorgabe von Budgets u.a. sollen alle dazu beitragen, die Rationalität des Leistungsgeschehens, die sich auf einem Markt idealtypisch durch Selbstorganisation ergeben würde, planerisch und bewußt und – da es unmöglich ist, einen objektiven Bedarf und die zu seiner Befriedigung erforderlichen Kapazitäten zu bestimmen – damit im letzten normativ und administrativ herzustellen.

Kosten-Nutzen-Analysen von Behandlungsverfahren oder Prioritätenlisten nach Behandlungserfolgen oder nach ökonomischen Effekten (z.B. durch Krankheitskostenstudien) sind nicht schon selbst Entscheidungen, sondern Entscheidungsgrundlagen. Es bedarf der Bewertung solcher Analysen und Strategien, um praktische Politik zu machen und das Leistungsgeschehen konkret zu beeinflussen und bewußt zu steuern. Die Ökonomie zeigt Wege auf, wie mit den verfügbaren Mitteln mehr oder wie das gleiche mit weniger Mitteln zu erreichen ist. Sie trifft aber nicht die Entscheidung zwischen den verschiedenen Alternativen.

Gesundheitsökonomie kann nicht wertfrei betrieben werden

Auch wenn die Entscheidung oder Bewertung nicht explizit mit den gesundheitsökonomischen Analysen gegeben ist, sondern auf einer anderen Ebene – vorzugsweise der politischen – zu erfolgen hat, so wäre es doch naiv, anzunehmen, daß die Gesundheitsökonomie wertfrei betrieben werden könnte und nicht mit ihren Aussagen implizit Entscheidungen beeinflußte. Ebensowenig wie das ärztliche Leistungsgeschehen und das Patientenverhalten durch bürokratische Maßnahmen und allgemein gehaltene Rechtsvorschriften hinreichend gesteuert werden können, um einen Mißbrauch zu verhindern und eine optimale Verwendung der Ressourcen zu garantieren, sondern dazu noch andere Gesichtspunkte berücksichtigt werden müssen, so kann nicht der Gesundheitsökonom mit den Regeln seiner Wissenschaft ohne Berücksichtigung übergeordneter Werte seine Aufgaben erfüllen. Bereits die Absicht, Prioritätenlisten zu erstellen und Kriterien zu bestimmen, mit denen sie begründet werden können, impliziert, daß es notwendig, möglich oder wünschenswert ist, vom idealtypischen Postulat einer völligen Freiheit und Gleichheit der Behandlung in ausschließlicher Verantwortung des Arztes abzugehen und aus ganz anderen als rein medizinischen Gesichtspunkten eine „Triage" vorzunehmen, die im Fall etwa der Katastrophenmedizin von vielen Kritikern für moralisch anfechtbar gehalten und strikt abgelehnt wird.

So ist kaum zu bestreiten, daß Krankheitskostenstudien Allokationsentscheidungen suggerieren, auch wenn man betont, dies sei keineswegs die Absicht, sondern man wolle damit nur die Größe der Probleme verdeutlichen, um z.B. Forschungsmittel entsprechend zu lenken. Die Ermittlung indirekter Krankheitskosten setzt eine ökonomische Bewertung der Lebenszeit z.B. durch den Verlust an Produktivnutzen u.a. voraus, und bei der Beurteilung und der Steuerung des medizinischen Leistungsgeschehens kommt es dann zur Anwendung ökonomischer Kriterien, was nun einmal vordergründig der urspünglichen, ganz von Altruismus bestimmten Haltung des Arztes zu widersprechen scheint.

Um hier eine Brücke zu schlagen, muß man von dem ausschließlich individualmedizinischen Ansatz der Medizin oder, genauer, des einzelnen Arztes abgehen und das Wohl der Allgemeinheit mitbedenken, welche die Mittel für das Gesundheitswesen aufbringt. Dann wird deutlich, daß die ökonomische Bewertung gerechtfertigt ist, weil der Preis von Ineffizienz, von mangelnder Einsicht in die ökonomischen Zusammenhänge und das Fehlen von Rationalität bei der medizinischen Versorgung Tod und Krankheit von Patienten bedeuten kann, wenn die Mittel an der falschen Stelle verwendet werden. Die Beachtung des Allgemeinwohls, wie sie sich komplementär aus der sozialen Verpflichtung einer Gewährleistung von medizinischer Versorgung unabhängig von der Person und den Vermögensverhältnissen des einzelnen Patienten ergibt, ist das eigentlich Neue des medizinischen Versorgungssystems und hat ein früher nicht bekanntes Problem für den Arzt entstehen lassen. Eine nur auf den einzelnen Patienten gerichtete Betrachtungsweise in Verbindung mit dem Anspruch auf völlige Therapiefreiheit, die als wesentliches Element einer medizinischen Ethik gilt, konnte zu Listers Zeiten vertreten werden, nicht aber heute, wo sie eine wichtige Ursache der Ineffizienz der medizinischen Versorgung ist. Es kann deshalb nicht überraschen, daß namhafte Gesundheitsökonomen die Ansicht vertreten, die Berufung der Ärzte auf ethische Grundsätze stelle nicht selten eine bequeme Entschuldigung dar, auf das Bemühen um Effizienz in der Medizin zu verzichten.

Zum Verhältnis von Gesundheitsökonomie und Politik

Ärzte hören das alles gar nicht gerne. Hier beginnen nun in der Tat die bekannten Schwierigkeiten im Verhältnis von Gesundheitsökonomen und Gesundheitspolitikern auf der einen Seite und der Ärzteschaft auf der anderen Seite. Die Ärzteschaft geht guten Glaubens davon aus, daß, wer überhaupt mit Ansätzen der Ökonomie wie z.B. dem Instrument der Prioritätensetzung versuchen will, den Mittelfluß im Gesundheitswesen zu steuern, vom Grundsatz gleicher Rechte und gleicher Behandlungschancen abweicht, weil bei Mittelknappheit dem einzelnen Patienten dann nicht so geholfen werden kann, wie das aus dem Selbstverständnis der Medizin heraus wünschenswert, ja erforderlich ist. Dieser Anspruch ist indes wenig reflektiert, denn die Endlichkeit der uns verfügbaren Ressourcen ist jedem einsehbar; sie zwingt auch den Arzt in der täglichen Praxis, Prioritäten zu setzen, und sei es durch den Einsatz der Zeit, die ihm zur Verfügung steht, seine Aufgaben zu erfüllen.

Obwohl dies auf der Hand liegt, halten Ärzte an der Vorstellung fest, daß die Ökonomen nicht aus Rücksicht auf die Begrenztheit der Ressourcen Maßnahmen zur Beschränkung der Mittel für das Gesundheitswesen begründen sollten, sondern die Gesellschaft verpflichtet ist, alle Mittel bereitzustellen, damit jeder Patient im Sinne der von der Sozialpolitik selbst geforderten Anspruchsgerechtigkeit und Gleichheit behandelt werden kann, wobei nur Ärzte definieren sollten, was getan werden muß. Die Gesundheitsökonomen wiederum versuchen deutlich zu machen und zu berücksichtigen, daß es gesamtgesellschaftlich gesehen vernünftig ist, die öffentlichen, solidarisch aufgebrachten Mittel bevorzugt an den Stellen einzusetzen, wo sie den größten Nutzen versprechen, und an anderer Stelle auf die Leistungserbringung zu verzichten, also jeweils Opportunitätskosten zu bedenken. Ärzte wiederum sehen genau darin eine ethisch unvertretbare Haltung, während die Gesundheitsökonomen die Ethik des Arztes für unethisch halten, weil sie nach ihren Maßstäben nicht selten auf eine Mittelverschwendung hinausläuft, beispielsweise bei der aufwendigen Behandlung eines hoffnungslosen Falles.

Der Arzt hat im Diskurs mit dem Ökonomen stets diesen Einzelfall vor Augen, der ihn zum therapeutischen Handeln zwingt, der jenes ut aliquid fiat rechtfertigt, das nicht nur für den Patienten, sondern auch für ihn selbst so wichtig ist. Es darf deshalb keine Strategie der Mittelbeschränkung geben, die den Arzt dazu zwingt, zwischen Patienten zu entscheiden, aus gesundheitsökonomischer Räson den einen Patienten für den anderen zu opfern. Es kann nur darum gehen, die Rahmenbedingungen so zu gestalten, daß die Chancen einer Hilfe oder die Möglichkeit einer Behandlung ohne Rücksicht auf einen individuellen Patienten verringert werden – z.B. durch den politisch begründeten Verzicht auf den Vollzug eines Fortschritts der Medizin.

Ohne Leistungsbegrenzung geht es nicht

Im Versorgungssystem der Bundesrepublik gibt es durch die Selbstverwaltung im Rahmen der politischen Rahmenbedingungen die Möglichkeit eines Interessenausgleichs. Auf der Grundlage einer großen Wirtschaftskraft sind wir deshalb bisher nicht in die Lage gekommen, wirklich ernsthaft so etwas zu bedenken oder Leistungsbeschränkungen aus ökonomischen Gründen vorzunehmen, wie das im englischen Versorgungssystem der Fall ist. Dort gibt es Beispiele für Allokationsentscheidungen auf der Grundlage gesundheitsökonomischer Analysen, wobei man allerdings zwischen Theorie und Praxis unterscheiden muß, denn was in der Literatur und der wissenschaftlichen Diskussion als rational erscheint, erweist sich in der Wirklichkeit der Mittelzuweisung bei genauerem Hinsehen oft als ein sehr hemdsärmeliges Verfahren. Doch dürfte es nur eine Frage der Zeit sein, bis auch wir vor der Notwendigkeit stehen, explizit Leistungsbegrenzungen vorzunehmen (die es realiter auf verschiedenen Gebieten und aus vielerlei Gründen verdeckt schon gibt), und schon heute sollten wir über eine möglichst sinnvolle Allokation der unter allen denkbaren Bedingungen stets knappen Mittel entscheiden.

Grundlage dieser Entscheidung kann allerdings nicht nur die akribische ökonomische Analyse sein, also etwa der Nachweis des größten Nutzens bei einem bestimmten Behandlungsverfahren, sondern muß auch die ethische Bewertung des Analysenergebnisses und der Folgen von damit begründeten Maßnahmen sein. Hierfür aber muß überhaupt erst einmal ein Ethos entwickelt, d.h. ein Konsens über neue Normen gefunden werden. Wenn nämlich zutrifft, daß die für das soziale Zusammenleben entscheidenden Denk- und Handlungsweisen nicht aus der genetischen Veranlagung des Menschen kommen, sondern das Ethos einer bestimmten Zeit und Gesellschaft sich evolutionär über Versuch und Irrtum in der Auseinandersetzung mit den Lebens- und Sozialverhältnissen entwickelt, dann müssen neue Sachverhalte, wie sie sich in Form der wissenschaftlichen Medizin, der Demographie und den Verschiebungen im Morbiditätsspektrum ergeben, erst allmählich konsensfähige Normen entstehen lassen. So wie heute die Gleichheit des Leistungsanspruches und die Tatsache einer solidarischen Finanzierung von Gesundheitsleistungen selbstverständliche Bedingung der medizinischen Versorgung und der sozialen Wirklichkeit sind, so kann es unter den Bedingungen knapper Ressourcen ebenso selbstverständlich Norm werden, daß beispielsweise bei bestimmten Krankheiten, bei eindeutigem Selbstverschulden, von einem bestimmten Alter an auf eine Behandlung verzichtet oder eine Behandlung wegen Kostspieligkeit überhaupt nicht in das Leistungsspektrum aufgenommen wird. Auch hierfür kann die Gesundheitsökonomie dann Entscheidungshilfen geben, wobei sie ihrerseits aber auf verläßliche Aussagen der Medizin angewiesen ist. In diesem Zusammenhang kommt dann der Frage nach deren Wirtschaftlichkeit eine entscheidende Bedeutung zu, was hier nicht weiter erörtert werden kann.

Zusammenfassung

Das Bisherige zusammenfassend lautet die Antwort auf die im Thema gestellte Frage „Warum stellt sich das Thema Ethik der Gesundheitsökonomie?", d.h. ist es ethisch zu rechtfertigen, das medizinische Leistungsgeschehen unter ökonomischen Gesichtspunkten zu bewerten und allgemeine Regeln der Ökonomie in der medizinischen Versorgung anzuwenden:

Das medizinische Leistungsgeschehen spielt sich außerhalb eines Marktes mit selbststeuernden Mechanismen ab, und die aus der Unverbindlichkeit der Gesetzesformulierungen folgenden Lücken können weder mit kontrollierenden und administrativen Maßnahmen noch allein im Vertrauen auf die Verantwortung gegenüber der Solidargemeinschaft gefüllt werden. Im Interesse einer effizienten Mittelverwendung und zum Ausgleich vorhandener Steuerungsdefizite sind gesundheitsökonomische Bewertungen sinnvoll, die zwar idealtypisch keine Entscheidungen sein sollten, aber Entscheidungen implizieren können. Daraus folgt eine hohe Verantwortung der Gesundheitsökonomen schon bei der Wahl von Untersuchungsgegenständen, aber noch mehr, bei der Ableitung von Schlüssen und Empfehlungen die Konsequenzen zu beachten, um nicht übergeordnete Ziele der Gesellschaft zu verletzen und der Medizin die Erfüllung ihrer Funktionen in einer Gesellschaft unmöglich zu machen.

Die damit gegebenen Grenzen kann die Gesundheitsökonomie nur respektieren, wenn sie eine möglichst große Klarheit über die Funktion der Medizin gewonnen hat. Diese Funktionen liegen nicht nur darin, wirkungsvoll, d.h. objektiv nachweisbar Krankheit zu vermeiden, sie zu heilen und den Tod zu verhindern, sondern auch den Glauben an diese Möglichkeiten als entscheidende Hilfe bei der Bewältigung von Tod und Krankheit in einer säkularisierten Gesellschaft zu erkennen. Die Forderung, die an jede Wissenschaft zu stellen ist, darf sich nicht darauf beschränken, das höchstmögliche Maß an Objektivität bei der Einsicht in die Wirklichkeit anzustreben, um damit der Wahrheit nachzukommen, sondern auch die sozialen Folgen zu bedenken, die sich aus bestimmten Einsichten ergeben können.

Das hat gerade die Gesundheitsökonomie zu beachten.

Literatur

Hillmann A (1989) How do financial incentives affect physicians clinical decisions and the financial performance of health maintenance organizations? N Engl J Med 321: 86-92
Sachverständigenrat für die Konzertierte Aktion im Gesundheitswesen (1990) Herausforderungen und Perspektiven der Gesundheitsversorgung. Jahresgutachten 1990. Nomos, Baden-Baden

Lebensqualität: gesundheitsökonomische Folgerungen

T. Graf-Baumann

So verdienstvoll und spannend es sein mag, 2 so gegensätzliche Begriffe wie Lebensqualität und Gesundheitsökonomie zu verknüpfen, so schwierig scheint es, gesundheitsökonomische Folgerungen aus der Diskussion und Definition von Lebensqualität abzuleiten. Die Gesundheitsökonomie ist in der Bundesrepublik Deutschland noch ein sehr junges und bei weitem nicht entwickeltes Gebiet. Die Diskussion um die Lebensqualität hingegen existiert seit Jahrzehnten. Wenig berücksichtigt wurden dabei allerdings ökonometrisch relevante Kriterien. Dies beschränkte sich in der Vergangenheit leider vorwiegend auf die Relation zwischen Lebensqualität und der sog. Spitzenmedizin.

Im folgenden werden 2 Fragen aufgegriffen, die für die Beurteilung der Lebensqualität mit gesundheitsökonomischen Kriterien wichtig erscheinen:

1) Hat das Gesundheitssystem noch Ressourcen, die im Hinblick auf ihre Lebensqualität beeinflussende Funktion noch nicht ausgeschöpft, fehlbeurteilt oder bislang ignoriert wurden? Kann über den Einsatz solcher Ressourcen stabile Lebensqualität in wichtigen Teilen der Gesellschaft – ökonomisch machbar – erreicht werden?
2) Welchen Stellenwert haben die sog. Sozialindikatoren als Bewertungsmaßstab sozialer Tatbestände in der modernen Medizin?

Gesundheitsökonomie

Nach Anderson u. von der Schulenburg (1987) gibt es derzeit keine konsensfähige Definition der Gesundheitsökonomie, zumindest nicht im deutschsprachigen Raum. Es lassen sich lediglich deren Forschungsschwerpunkte umreißen: es geht darum, Fragestellungen und Methoden der Wirtschaftswissenschaft auf das Gesundheitswesen anzuwenden. Dabei fordert man sogleich methodisch Kritik heraus, da man hierzulande noch immer „salvatorische" Klauseln benötigt, um Gesundheit als Gut, Versorgung als Ressourcen- oder Knappheitsproblem, Therapieformen als Effizienzkalküle, gewonnene Lebensjahre als Kapital oder gar Lebensqualität als Maß persönlicher Lebenszufriedenheit in gesundheitlichen *und* wirtschaftlichen Grenzen zu begreifen. Zu verweisen ist in diesem Zusammenhang auf die besonders fatale Diskussion auf beiden Seiten, wenn Gesundheitsökonomie im Sinne der Euthanasie über Lebenswert und Qualität behinderten Lebens mißbraucht wird.

Die Forschung in der Gesundheitsökonomie befaßt sich nicht mit der Frage, wieviel eine Gesellschaft und ihre Bürger für Krankheitsvorsorge und Heilung ausgeben sollten. Sie will vielmehr dazu beitragen, daß Gelder in diesem Bereich effizient eingesetzt werden. Dazu sind alternative Rechenmodelle erforderlich, da jene Summen, die für bestimmte Maßnahmen eingesetzt werden, für andere Verwendungen verlorengehen. Nach den anfänglichen Bemühungen der Gesundheitsökonomie, unter dem Eindruck der Kostenexplosion im Gesundheitswesen nur nach Möglichkeiten der Kostendämpfung zu suchen, richtet die moderne Gesundheitsökonomie ihr Augenmerk vorwiegend auf empirisch gestützte Ansätze einer Theoriebildung. Dabei sind im Hinblick auf unser Thema Lebensqualität folgende 2 Grunddisziplinen der Wirtschaftswissenschaft von besonderer Bedeutung.

Mikroökonomische Verhaltenstheorie

Sie versucht das ökonomische Verhalten von Individuen zu beschreiben und anhand von Daten Hypothesen über mögliche Verhaltensänderungen zu prüfen. So kann man feststellen, ob z.B. die Selbstbeteiligung die Inanspruchnahme von Gesundheitsleistungen reduzieren oder eine veränderte Gebührenordnung das Arztverhalten beeinflussen würde. Wir werden später darauf zurückkommen, wenn zu untersuchen ist, ob aus der demographischen Altersforschung Änderungen im Lebensweisenkonzept der künftig quantitativ so wichtigen Gruppe der älteren Menschen vorherzusagen sind. Solche (demographischen) Änderungen hätten Konsequenzen für Verteilungskonzepte im Gesundheitswesen, sofern bestimmte Formen der Lebensqualität außerhalb der Eigenverantwortung im Rahmen von gesetzlichen Alters- und Pflegeversicherungen zu bezahlen wären.

Die ökonomische Analyse der Kranken- und ggf. Pflegeversicherungen

Die Analyse ermöglicht die Erfassung des versicherten Risikos und liefert Aussagen zum Verhalten der Versicherten sowie zum Risikomanagement der Versicherer. Diskutiert werden z.B. die Fragen der Notwendigkeit von Pflichtversicherungen und von Wettbewerbseinschränkungen unter den Versicherern, wenn zu befürchten ist, daß bestimmte Leistungen übermäßig in Anspruch genommen werden, z.B. Langzeitmedikation oder Pflege.

Im Hinblick auf die Lebensqualität ist danach zu fragen, ob die Folgen eines Risikoverhaltens, das eines Tages über gesundheitliche Störungen die Lebensqualität einschränkt, ebenso von der Solidargemeinschaft der Versicherten zu bezahlen sind wie die schicksalhaft oder am Ende eines Lebens eingetretenen Einschränkungen der Lebensqualität.

Bedarf, Nachfrage und Inanspruchnahme sind die zentralen Themen der Gesundheitsökonomie, bei der Übereinstimmungen und Differenzen grundlegender Theorien deutlich werden. So werden beispielsweise bei der empirischen Nachfragetheorie im Gegensatz zum mikroökonomischen Ansatz Beschreibungen von Lebensstilvarianten – etwa Eßgewohnheiten, Arbeitsplatzsituationen oder Risikoverhalten – als Vorstufen für eine Theorie der Nachfrage nach Gesundheitsleistungen zugrundegelegt. Damit aber kommt ein vorwiegend qualitatives Bewertungssystem in die Gesundheitsökonomie, das die quantitativen Standardverfahren der Ökonometrik verläßt.

Wir haben uns zu fragen, aus welchen derart bewertbaren Kriterien sich die Lebensqualität zusammensetzt. Dies ist zwar auch Ökonometrik, aber eben qualitative, deren Interpretationscharakter Fehleinschätzungen eher zuläßt als die quantitativen ökonometrischen Verfahren, die Akut- und Langzeitkosten konkreter Erkrankungen definieren. Die Befindlichkeiten des Individuums als ein Barometer seiner Lebensqualität sind hingegen so komplexe Gebilde, daß sie nicht geeignet erscheinen für „harte" Hypothesen. Um dennoch ihren Wert für eine qualitativ ökonometrische Betrachtung untersuchen zu können, müssen wir uns zwei Teilaspekte der Lebensqualität vor Augen führen.

Lebensstandard

Lebensstandard ist definiert als „Ausstattungsgrad von Haushalten mit materiellen und immateriellen Versorgungsgütern". Es geht also um die Menge und Qualität von Waren und Dienstleistungen, die einer Person oder Gruppe zur Verfügung stehen und deren Lebensführung bestimmen.

Als wichtigste Einflußgrößen kommen ökonomische Daten wie Einkommen, Vermögen, Versicherungsleistung usw. in Betracht. Der Begriff „Lebensstandard" ist primär vom ökonomischen her gedacht und daher deutlich abzuheben von inhaltlich viel weitergefaßten Konzepten wie dem Lebensstil und der Lebensqualität.

Lebensstil

Der Begriff kennzeichnet die im Konsum- und Sozialverhalten beobachtbare qualitative Bedarfsstruktur und Mittelverwendung. Während der Lebensstandard weitgehend durch wirtschaftliche Einflußfaktoren bestimmt ist, definiert „Lebensstil" einen eher qualitativen Sachverhalt, der insbesondere von kulturellen Werten und Normen beeinflußt ist. Nun liegt in dieser sachlichen Definition über den „Einfluß kultureller Werte und Normen" ein wichtiger Hinweis auf die subjektive Beurteilung der Lebensqualität durch die Betroffenen.

In den Arbeiten zur biographischen Altersforschung (zusammenfassend: Lehr 1989) kommt wiederholt deutlich zum Ausdruck, daß Menschen, deren Leben objektiv am gegenwärtigen Lebensstandard und Lebensstil gemessen als qualitativ unbefriedigend und belastend angesehen wird, in ihrer eigenen Einschätzung zu einer viel höheren Lebenszufriedenheit kommen. Da ihre Vergangenheit von wesentlich mehr und stärkeren Belastungen geprägt war, empfinden sie ihre jetzige Situation als durchaus zufriedenstellend. Natürlich sind Individualschicksale von sehr vielen Einflüssen bestimmt, die letztlich zur Persönlichkeitsentwicklung beitragen und die subjektive Bewertung der persönlichen Lebensqualität prägen.

Unter ökonomisch-analytischen Gesichtspunkten ist aber zu prüfen, inwieweit in einer Gesellschaft die Entwicklung von Gruppen – also zunächst quantitativ bedeutenden Teilen der Bevölkerung – erkennbar ist, die aufgrund von epidemiologisch wichtigen Erkrankungen einen größeren Anteil an verfügbaren Ressourcen des Gesundheitssystems benötigen, wie dies etwa bei Aids der Fall ist oder bei den auf Dauer behinderten und pflegebedürftigen Menschen.

Letztlich ist aufgrund der demographischen Entwicklung bekannt, daß in einigen Jahren eine große Zahl an Älteren und Alten einer entsprechend geringeren Zahl an im Arbeitsprozeß befindlichen Jüngeren gegenübersteht. Inwieweit die Abwanderung von Bürgern aus der DDR und die Wiedervereinigung der Bundesrepublik Deutschland mit der DDR unsere gesundheitsökonomischen Strukturen verändern, ist derzeit nicht absehbar.

Im Hinblick auf unsere Untersuchung der Verknüpfung von Lebensqualität und Gesundheitsökonomie ergibt sich aus dem oben Ausgeführten folgende Frage: Gibt es statistische Meßgrößen, die, regelmäßig erfaßt, über soziale Tatbestände informieren können, die für die Qualität des Lebens in einem bestimmten Raum von Bedeutung sind?

Aus der Kritik an der fast ausschließlichen Verwendung der wirtschaftlichen Daten in der Gesundheitspolitik resultierte die zwingende Notwendigkeit, die gesellschaftliche Lageberichterstattung durch Sozialindikatoren – über die an den Daten des volkswirtschaftlichen Rechnungswesens ausgerichteten Informationen hinaus – zu erweitern.

Aufgrund der Tatsache, daß im volkswirtschaftlichen Rechnungswesen grundsätzlich nur Vorgänge erfaßt werden, die sich in Geldeinheiten bewerten lassen, bleibt zu befürchten, daß wichtige andere Tatbestände in den gesundheitspolitischen Entscheidungen der Zukunft nur eine minimale Rolle spielen werden.

Daher wurden die Sozialindikatoren entwickelt, die neben den wirtschaftlichen auch andere sozialrelevante Entwicklungen erfassen. Dazu gehören Bereiche, wie sie teilweise schon erfaßt sind:

- der Gesundheitszustand und die medizinische Versorgung der Bürger,
- die Möglichkeiten zur Entfaltung der Persönlichkeit in jeder Altersstufe durch Bildung, Arbeit und Freizeit, durch Beteiligung an Entscheidungen, sowie der Schutz vor wirtschaftlichen Risiken,
- die physische Umwelt,
- die persönliche Sicherheit,
- die Rechtspflege u.a.m.

Es besteht weitgehend Einigkeit über die Bedeutung dieser Bereiche für die Lebensqualität in unserem Staat. Hingegen gibt es erhebliche Meinungsverschiedenheiten darüber, durch welche Indikatoren der jeweilige Bereich am zutreffendsten erfaßt werden kann, um daraus Konsequenzen abzuleiten, die letztlich auch ökonomischer Natur sind. Wichtig scheint die Feststellung, daß Sozialindikatoren zwar nur in Kombination mit volkswirtschaftlichen Daten brauchbar sind, aber eine *wesentliche* Ergänzung für künftige Entscheidungen bedeuten.

Sicherlich hat gerade die moderne Medizin bislang erhebliche Verständnisprobleme, was ihren eigenen Beitrag zur Definition und Bewertung von Sozialindikatoren betrifft. Beeinträchtigungen des Gesundheitszustandes, Befindlichkeitsstörungen, z.B. Schmerzen am funktionellen Bewegungsapparat, sind zunächst nicht als Krankheiten einzuordnen. Wir sprechen in diesem Zusammenhang von „Lasten". Insofern ist auch der ökonomische Stellenwert der durch sie beeinträchtigten Lebensqualität anders zu beurteilen als diejenige Minderung der Lebensqualität, deren Verbesserung hohe und höchste Einsätze der Spitzenmedizin erforderlich macht.

Letztere sind bekanntlich mit erheblichen Kosten verbunden, sind also gesundheitsökonomisch extrem relevant, soweit sie aus dem Topf der gesetzlichen Krankenversicherungen zu bezahlen sind. Zwar werden damit verfügbare Ressourcen für möglicherweise andere erwünschte Verwendungen geschmälert, aber diese Einsätze sind zwingend, da sie nicht nur Lebensqualität verbessern, sondern sie zunächst wiederherstellen oder Leben retten, ökonomisch betrachtet also Rückführung in den Produktionsprozeß bedeuten!

Maßnahmen hingegen, die im Bereich der sogenannten Lasten (Beeinträchtigungen ohne Krankheitscharakter) einzusetzen sind, sind im allgemeinen kostengünstiger, aber eben nicht unumstritten in ihrer Indikationsstellung und Wirksamkeit, weshalb hier die Frage nach der Erstattungspflicht der gesetzlichen Krankenkassen gestellt wird. Die Zahl der Patienten, die diese Maßnahmen auf Kosten der gesetzlichen Krankenkassen in Anspruch nahmen, war bisher sehr viel größer als die Zahl derjenigen, die Leistungen der Spitzenmedizin nutzten. Insofern entstanden summarisch in beiden Bereichen vergleichbare Kosten.

Müssen aber auch künftig die Kosten für den Bereich der „Lasten" von der Solidargemeinschaft getragen werden, oder unterliegen sie der ökonomischen Eigenverantwortung der Betroffenen? Das persönliche Gesundheitsbudget steht zur Diskussion. Diese Frage wurde im Referentenentwurf des Strukturreformgesetzes im Gesundheitswesen diskutiert, leider ohne einen konsequenten Schluß.

Wenn diese „Lasten" in quantitativer und qualitativer Hinsicht einhergehen mit epidemiologischen Entwicklungen in der Gemeinschaft der Versicherten oder z.B. einer demographischen Entwicklung, wie wir sie bei der kommenden Altersstruktur erwarten, so können sie gesundheitsökonomisch oder sozialpolitisch Krankheitscharakter annehmen, denn derart große Bevölkerungsgruppen (von „Lasten" Betroffener) bestimmen dann auch gesellschaftliche Wertmaßstäbe. Es stellt sich erneut die Frage, ob hier die Solidargemeinschaft einzutreten hat, um das Ausmaß der Lasten mit dem Ziel einer besseren Lebensqualität dieser Gruppen zu mindern. Das ist prinzipiell sicher zu bejahen!

Nun bedarf es aber auch hier bestimmter Kriterien, um

– diese „Lasten" zu definieren, ihr Beeinträchtigungsmaß zu quantifizieren;
– verfügbare Therapien festzustellen, deren Effektivität – nicht nur deren Wissenschaftlichkeit – zu bestimmen;
– die Kosten (für Prophylaxe und Therapie) festzulegen;
– letztlich eine Kosten-Nutzen-Kontrolle durchzuführen.

Eine Definition dieser Beeinträchtigungen ist im Prinzip möglich, wenn man nicht auf den Kriterien für klinisch exakte Diagnosen besteht, sondern Zustands- oder Befindensbeschreibungen als Grundlage für therapeutische Maßnahmen zuläßt, denen natürlich Gebühren zuzuordnen sind. Braun (1970) hatte dies (in der Terminologie des Kassenarztes) „Beratungsursachen" genannt.

Eine schwierigere Situation finden wir bei der Auswahl und Bewertung verfügbarer Hilfeleistungen der Medizin für diese Art von Beeinträchtigungen. Zu prüfen sind Verfahren, die etwa aus der hausärztlichen, der psychosozialen

Grundversorgung, der physikalischen Medizin, der Rehabilitationsmedizin und der gemeindenahen Sozialfürsorge kommen. Wir müssen es akzeptieren, es „aushalten", daß in der heutigen gesundheitsökonomischen Situation ernstzunehmende Verfahren geprüft werden, die die (oft abschätzig so genannte) Alternativmedizin anbietet. Dabei geht es nicht primär um deren Einbau in Gebührenordnungen, sondern um die Entwicklung neuer Modelle für Kosten-Nutzen-Analysen. Es ist offensichtlich, daß die Kriterien der modernen Spitzenmedizin hierfür nicht brauchbar sind.

Statistisch signifikante, positive empirische Ergebnisse dürfen nicht länger dem Selbstverständnis der Spitzenmedizin geopfert werden. Wir benötigen neben der Akzeptanz von Zustands- oder Befindensbeschreibungen anstelle der Diagnosen die verstärkte Einführung von Sozialindikatoren in die gesundheitliche Versorgung.

Wenn also Maßnahmen zu einer deutlichen Verbesserung der individuellen Bewegungs- und Entscheidungsfreiheit führen, z.B. bei altersbedingten Störungen am funktionellen Bewegungsapparat oder im psycho-physischen Befinden, so tragen diese zur Steigerung der Lebensqualität bei. Es verbessert sich auch der psychosoziale Status der Betroffenen mit allen Konsequenzen, auf die U. Lehr in ihren Arbeiten eingegangen ist.

Wenn wir erkennen,
- daß dies eine große Gruppe der Gesellschaft betrifft, wie eben die älteren Menschen,
- und die Beeinträchtigung eindeutig nicht auf langdauerndes Risikoverhalten zurückzuführen ist,
so besteht eine ökonomische Verantwortung der Solidargemeinschaft der Versicherten.

Lebensqualität als kollektives Ziel gesundheitssystemischer Entwicklung ist stets ein komplexes Mittel und ein langfristiges Problem! Einerseits unterliegt sie gesellschaftlichen Einflüssen und Bewertungen; andererseits ist sie individuell geprägt und somit nicht automatisch auf die Gesamtheit der Versichertengemeinschaft übertragbar.

Wenn also der Topf der verfügbaren Mittel für andere, heute wichtig erscheinende Ziele im Gesundheitswesen geleert wird, so hat die Gemeinschaft fehlende Mittel für bestimmte Stufen der Lebensqualität selbst zu tragen oder eben andere Schwerpunkte festzulegen.

Schlußfolgerung: Gesundheitsökonomisch ist Lebenserwartung nicht als Erwartung für ein längeres Leben zu definieren, sondern als Erwartung an die Qualitäten des Lebens. Nur so können effiziente und *gerechtere*, nicht nur *gerechnete* Verteilungsmodelle entwickelt werden.

Literatur

Andersen HH, Schulenburg JM von der (1987) Kommentierte Bibliographie zur Gesundheitsökonomie. R. Bohn (edition sigma), Berlin

Braun RN (1970) Lehrbuch der ärztlichen Allgemeinpraxis – Diagnostische und statistische Ergebnisse. Urban & Schwarzenberg, München Berlin Wien

Lehr U (1989) Entwicklung und Lebenswerk. Biographie als Methode der Altersforschung (Rede anl. der Preisverleihung 1989 der Dr.-Margrid-Egner-Stiftung in Zürich). Pressedienst des BMJFFG (16.11.1989), Bonn

Das ökonomische Prinzip der Honorierung im Gesundheitssystem

B. Horisberger

Einführung in die Problematik

Die Entwicklung der modernen Medizin ist eng mit der Entwicklung der modernen Industriegesellschaft verknüpft. Beide sind ohne die Fortschritte der Wissenschaft und Technik nicht denkbar und bedingen sich gegenseitig. Beide haben einen produktiven Charakter; die Produktion von Gütern ist ein Maß ihrer Leistungsfähigkeit. Dabei läßt sich ohne Schwierigkeiten zeigen, daß sich die Medizin in der modernen Zeit die Errungenschaften der Technik, und hier darf man die Computertechnik ohne Einschränkung dazuzählen, stets im Nachhinein zu Nutze gemacht hat. Auch die Medizin hat das Kriterium der Machbarkeit übernommen, und zwar in qualitativer und auch in quantitativer Hinsicht. Die Machbarkeit wurde zum Merkmal der Leistungsfähigkeit, die Leistung selbst drückt sich in Zahlen aus. Die Anzahl der durchgeführten Analysen und Operationen prägt die wissenschaftlichen Leistungsausweise und drückt die Fähigkeit aus, zu tun und zu bewirken. Dabei wird die Sinnfrage, die Frage nach dem Zweck, nach der Berechtigung zu dieser oder jener Handlung selbst dann erst später gestellt, wenn es sich herausgestellt hat, daß der Erfolg eben dieser Handlungen nur ein vorübergehender war oder sogar fehlte. Damit kommen wir sehr rasch zur Frage der Berechtigung zu solchen Leistungen, oder anders gefragt: Dürfen wir, sollen wir in jedem Fall alles tun, was machbar ist? Ist eine solche Einstellung ethisch vertretbar?

In der Diskussion des medizinischen Alltags wird diese Frage selten gestellt. Seit der Einführung der sozialen Krankenversicherung auf der Basis der Entschädigung und der Honorierung nach Einzelleistungstarifen geht es viel seltener um die Frage nach der Berechtigung einer Leistung als um die Frage nach ihrer Wissenschaftlichkeit an sich. Ist sie lege artis durchgeführt, so ist sie prima vista auch legitimiert.

Nun ist die Medizin an sich keineswegs über jeden Zweifel erhaben, und ernsthafte Kritiker der modernen Medizin stellen sich immer häufiger die Frage nach dem Sinn unseres Tuns, ganz besonders in extremis – und das nicht erst seit der anhaltenden und anscheinend durch nichts aufzuhaltenden Zunahme der Kosten für diese medizinischen Leistungen. Dabei sind kritische Stimmen unüberhörbar, die sich die Frage nach dem Wert stellen, den der einzelne und die Gesellschaft für diese Art Machbarkeitsmedizin erhält. Ja, manchmal gewinnt man implizit oder explizit den Eindruck, weniger wäre mehr. Wohin steuert die moderne Medizin, welche Strömungen lassen sich erkennen, sind sie zentral oder Randerscheinungen?

Um zu verstehen, wo wir uns befinden, scheint es mir notwendig, unseren weiteren Überlegungen einen Abriß der medizinischen Entwicklung vorauszustellen und dabei auch auf die Wurzeln medizinischer Handlungen im weitesten Sinn zurückzugehen, da sie offensichtlich bis heute wirksam geblieben sind.

Die Rationalisierung der Medizin steht zwar in engem Zusammenhang mit der Entwicklung der Naturwissenschaften seit dem 16. – 19. Jahrhundert. Vor allem auch im 20. Jahrhundert wird sie zur vollendeten Tatsache, aber sie hat sich der rationalen Logik von Ursache und Wirkung niemals vollständig unterworfen.

Ohne Kenntnis ihrer irrationalen Wurzeln kann man daher manches, was in der heutigen Medizin geschieht, nicht verstehen und nachvollziehen. Die Medizin hat mythische Wurzeln, die sich bis in die Jungsteinzeit zurückverfolgen lassen. Die Medizin hat magische Wurzeln, die v. a. auf den Osten zurückgehen in die Zeit um 3000 – 2000 Jahre v. Chr. Die abendländische Medizin folgt etwas später. Die Merseburger Zaubersprüche sind noch im 1. Jahrtausend n. Chr. entstanden. Die eigentliche wissenschaftliche Medizin, die mentale Medizin, ist kaum 200 Jahre alt. Heute hat sie ihren Höhepunkt wahrscheinlich, so glaube ich, bereits überschritten. Wir gehen meiner Meinung nach jetzt verschiedene Wege. Einerseits geht der Weg in die Richtung einer integralen Medizin, also einer auf Ganzheit ausgerichteten Medizin, andererseits zeigen sich Strömungen einer regressiven Medizin, einer Rückwendung zur Naturmedizin bis hin zur Esoterik, und schließlich stoßen wir mit einer beschleunigten Medizin, einer Medizinmechanik vor bis an die Grenzen des Individuums, indem wir Gruppen von Lebewesen verbinden, die sich während Jahrmillionen völlig verschieden entwickelt haben. Nicht nur die Gesellschaft und die Politik, auch die Medizin ist im Umbruch. Die Wurzeln, Strömungen und Entwicklungen der Medizin, die sich heute noch überschichten, sind:

1) *Die magische Medizin:*
    älteste bekannte Wurzeln 5000 – 2000 v. Chr., altbabylonische Medizin (Wasserkenner und Salber), Priesterärzte in Ägypten. Honorierung der Ärzte in Babylon nachgewiesen.

2) *Die mythische Medizin:*
    1500 v. Chr. – 1000 n. Chr. naiv-frühzeitliche Zeugnisse medizinischer Erfahrung. Krankheit bleibt etwas Geheimnisvolles. Anfang eines vom Priesterstand unabhängigen Ärztestandes.

3) *Die mentale Medizin:*
    Europa seit dem 16. Jh., Aufschwung im 19. und 20. Jh. Die wissenschaftliche Medizin beginnt mit dem Messen der Funktionen. Starker Einfluß der Technik und Physik, später auch der Chemie.

4) *Die integrale Medizin:*
    Bewegung der Neuzeit, auch als Gegenbewegung zu einer einseitigen materiellen Auffassung des Lebens.

Betrachten wir die Kostenseite, man könnte auch sagen, die Kehrseite, so ist wohl nicht zu leugnen, daß sich auch die Entschädigung oder „Honorierung" ärztlicher Leistungen auf Jahrtausende zurückverfolgen läßt. Schon Hammurabi von Babylon erwähnt Honorare für Augenoperationen (1728 v. Chr.), und zwar abgestuft für Freie und Sklaven im Verhältnis 5 zu 1. Der Tyrann Polykrates hielt sich einen Leibarzt für ein Jahreshonorar (oder Salär?) von 2 Talenten, etwa DM 45000 nach heutigem Geldwert. Wohlhabende Römer hielten sich griechische Ärzte als Sklaven. Einflußreiche Familien, Kaufleute, Fürsten konnten sich Ärzte leisten. So waren noch zu Beginn des 16. Jahrhunderts mehrere berühmte Ärzte jener Zeit Leibärzte an den Fürstenhöfen, z.B. Vesalius am Hof Karl V. und später seines Sohnes Philipp II. Der gewöhnliche Bürger und insbesondere die Bauern, die über Jahrhunderte 75% der Bevölkerung ausmachten, konnten sich keine ärztliche Behandlung leisten.

Weil die Krankheitskosten für die große Mehrheit der Bevölkerung ein kaum überwindbares Hindernis darstellten, das die Konsultierung eines Arztes verunmöglichte, wurden schon im Mittelalter Versuche zum solidarischen Zusammenschluß eingeleitet, z.B. durch die Zünfte in den Städten und die Knappschaften im Bergbau. Der Leitgedanke war mehr die gegenseitige Hilfe als die Erstattung von Heilungskosten.

Eine einschneidende und grundsätzliche Änderung dieser Verhältnisse ergab sich erst mit der Einführung der Sozialversicherung in Deutschland durch Bismarck (1883). Die fortschreitende Industrialisierung, das Wachstum der Städte, die Armut und die Lohnabhängigkeit des neuen Proletariats, alles zusammen rief nach einer Lösung, die die negativen finanziellen Folgen der Krankheit verhinderte und gleichzeitig für die Behandlungskosten aufkam. Nur nebenbei muß man hier feststellen, daß die Einführung der Krankenversicherung über Jahre und Jahrzehnte gegen den Widerstand der Ärzte durchgesetzt werden mußte, und in vielen europäischen Ländern wurde die Sozialversicherung erst während oder nach dem 2. Weltkrieg eingeführt.

Damit können wir diese Einführung in die Problematik der Honorierung im Gesundheitssystem zusammenfassen. Sie ist eine 3fache:

Erstens ergibt sich die Notwendigkeit für die Medizin, d.h. für die Verhinderung und Heilung von Krankheiten, Mittel einzusetzen, aus der Existenz dieser Krankheiten und aus der Anwendung von Maßnahmen zu ihrer Beseitigung. Der wissenschaftliche und technische Fortschritt ermöglicht einen immer breiteren Einsatz neuer Mittel, wodurch sich die Überlebenschancen des einzelnen bei gleichzeitigem (überproportionalem?) Anstieg der Kosten verbessern. In vielen Fällen bleibt die moderne Medizin immer noch auf die Beseitigung der Symptome beschränkt; ein erheblicher Teil der medizinischen Praxis ist nach wie vor irrational.

Zweitens lehrt die Geschichte, daß die Heiltätigkeit, insbesondere das ärztliche Handeln, zu jeder Zeit entschädigt, d.h. „honoriert" worden ist, beginnend vom frühen Altertum bis in die Neuzeit. Wesentlich war dabei eher der Aufwand, der mit der Heiltätigkeit verbunden war, als der Erfolg. Der Aufwand für einen zeitlich oder qualitativ begrenzten Erfolg kann dabei durchaus höher ausfallen als derjenige für eine erfolgreiche, d.h. „endgültige" Behandlung. Die Kosten, die dabei entstehen, können die finanzielle Leistungsfähigkeit des einzelnen überschreiten, weshalb die große Mehrheit der Bevölkerung über Jahrhunderte bis zur Einführung einer solidarischen Schuldverpflichtung nur einen beschränkten Zugang zu ärztlichen Leistungen hatte.

Drittens ist das heutige Gesundheitswesen – zumindest in den industrialisierten Ländern – ohne die Einrichtung einer sozialen Krankenversicherung nicht denkbar. Die heutigen Versicherungssysteme sind jüngeren Datums und sind in ihrer Struktur in unserem Jahrhundert mehrheitlich sogar erst nach dem 2. Weltkrieg ausgestaltet worden. Weil die Kostenentwicklung im Gesundheitswesen eine anhaltende Wachstumstendenz aufweist, für welche z.Z. noch keine natürlichen Grenzen erkennbar sind, stellen sich in der Zukunft grundlegende ökonomische Fragen über die weitere Entwicklung der Medizin.

Die mentale Medizin in der Gegenwart

Die Tatsache, daß sich immer wieder neue Ansätze zu einer „Medizin" herausgebildet haben, zeugt von der immerwährenden Sorge des Menschen um die Gesundheit. Aus diesem Grund hat die Menschheit zu jeder Zeit versucht, sich die Erkenntnisse und Erfahrungen zunutze zu machen, die eine Heilung von Unglück und Not versprachen.

Bezogen auf die Gegenwart unseres technisch-wissenschaftlichen Zeitalters muß sich auch die Medizin wissenschaftlich begründen, will sie nicht in Gegensatz zu einer anerkannten Gesellschaftsnorm geraten. Also beruft sich die moderne Medizin zunächst auf die Naturwissenschaften als Grundlage. Auch die Technik spielt eine große, manchmal sogar eine zentrale Rolle. Ein großer Teil der Entwicklung der Medizin, hauptsächlich in den letzten 50 Jahren, ist durch die Technik bedingt und wäre ohne eine entsprechende Medizintechnik nicht möglich gewesen (z.B. die moderne Narkose, die Herzchirurgie, der Gelenkersatz usw.). Naturwissenschaft und Technik haben die Möglichkeiten medizinischer Anwendungen um ein Vielfaches gesteigert. Aber alles Wissen und Können anzuwenden, wäre gleichzeitig sinnlos. Die Auswahl der Verfahren, die Bestimmung des Weges, bleibt eine Kunst, oftmals eine Kunst der Beschränkung. Die Häufung diagnostischer Verfahren, ihre Übereinanderschichtung gilt eher als Zeichen der Unsicherheit; der „diagnostische Overkill" schafft meistens wenig neue Erkenntnisse, mit Sicherheit aber vermehrte Ausgaben.

Wo Wissenschaft, Technik und Kunst nicht hinreichen, bleibt noch das Prinzip Hoffnung seitens des Arztes und des Patienten und die überraschende Erkenntnis, daß Hoffnung und Glaube sogar Früchte tragen.

Abb. 1. Die mentale Medizin der Gegenwart im Spannungsfeld zwischen Wissenschaft, Technik, Kunst und Hoffnung

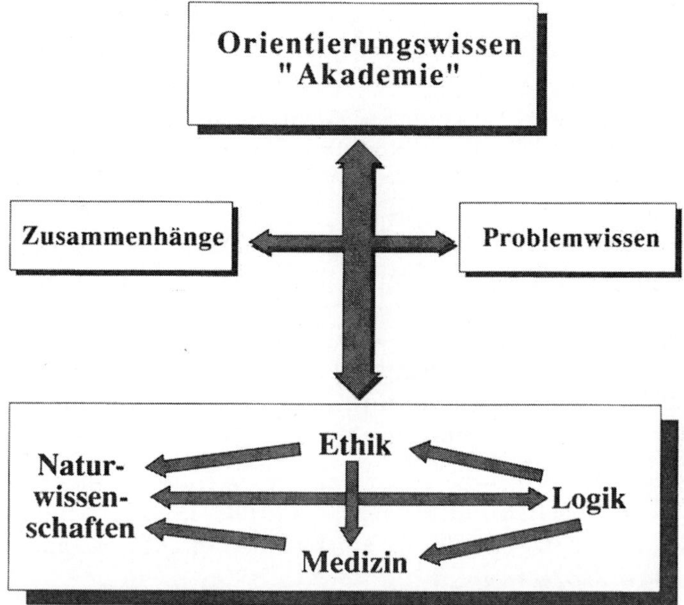

Abb. 2. Der Prozeß der fortlaufenden Neuorientierung der Medizin im mentalen Zeitalter

Die heutige mentale Medizin ruht auf 3 Pfeilern. Naturwissenschaftlich stützt sie sich auf die Erkenntnis der Gesetze der Natur, deren Zusammenhänge mit stets zunehmendem Feinheitsgrad bis zum Molekül erforscht werden. Das formale Wissen versucht sie nach den Kategorien der allgemeinen Logik zu ordnen. Soweit sie auch die Gesetze der Freiheit des einzelnen anerkennt, ist sie ethisch. Damit ist sie aber nicht fehlerfrei und schon gar nicht problemlos. Im Gegenteil, ihre Fehleranfälligkeit kann zusätzliche Probleme schaffen. Der Prozeß der fort laufenden Neuorientierung der Medizin verlangt eine über die Medizin hinausreichende Betrachtungsweise (Abb. 2). Ruhend auf 3 Pfeilern, und zwar der Naturwissenschaften, der Logik und der Ethik, stößt die Medizin im Bestreben, Gesundheit zu vermitteln oder zu schaffen, an Grenzen. Es geht einerseits darum, die Zusammenhänge zwischen der Medizin und anderen Bereichen der Gesellschaft (z.B. Wirtschaft, Erziehung, soziale Strukturen) zu erkennen. Probleme, die sich aus diesen Zusammenhängen mit der Medizin ergeben, sind in die Orientierung der Medizin in der Gesellschaft einzubeziehen. Ein übergeordnetes Orientierungswissen, das allen Beteiligten neue Wege und Lösungsmöglichkeiten für zukünftige Entwicklungen aufzeigt, steckt heute noch in den Kinderschuhen.

Die wesentlichen Problemkreise der Medizin des 20. Jahrhunderts lassen sich in 5 Bereiche einteilen:

- Ein Hauptmerkmal ist die laufende Zunahme der behandelbaren Zustände. Das gilt sowohl quantitativ als auch qualitativ und hängt z.T. mit der verlängerten Lebenserwartung zusammen.
- Die Medizin ist von der Technik abhängig geworden. Medizinische Verfahren werden im Rhythmus der technischen Entwicklung rasch obsolet.

– Die technische Diversifizierung führt zu einer raschen Zunahme technischer Eigenverfahren; wir erleben eine „Fraktalisierung" der Medizin.
– Die zunehmende Ökonomisierung der Gesellschaft hat voll auf die Medizin übergegriffen. Dabei wird Medizin eher nach Aufwand als nach Ertrag bezahlt.
– Der Gesundheitsbereich wird zunehmend bürokratisiert.

Die zwangsläufige Entwicklung des ökonomischen Prinzips der Honorierung im Gesundheitswesen

Der gegenwärtige Zustand der sozialen Gesundheitssysteme aller Industrieländer weist eine analoge Entwicklung auf. An erster Stelle ist die unangefochtene Schlüsselstellung der Medizin in der Gesellschaft zu nennen. Dafür gibt es mehrere Gründe, 3 davon sind wesentlich:

– Das Wissen und die Kompetenz der Ärzte wird durch die Gemeinschaft der professionellen „peers" anerkannt. Diese „Schulmeinung" kann (und mußte auch zu jeder Zeit in der Vergangenheit) als „gültig" angesehen werden, sie genießt Vertrauen.
– Diese Anerkennung beruht auf einer rationalen und wissenschaftlichen Grundlage.
– Die professionelle Beurteilung und Beratung ist individuell und wird auf eine Einheit substantieller, fundamentaler Werte ausgerichtet, z.B. Gesundheit, Hoffnung.

Diese Medizin reguliert sich selbst durch systematische Aus- und Weiterbildung und kollegiale Disziplin. Spezialwissen und Können, verbunden mit moderner Technik, sind die Basis. Dienst steht vor Profit als Orientierung. Helfen ist eingebettet in einen ethischen Code.

Darauf gründete seit je die Legitimation der professionellen Autorität. Die Schwierigkeit in der Gegenwart rührt aber daher, daß die moderne, wissenschaftliche (d.h. mentale) Medizin immer zunehmend höhere technische Investitionen erfordert. Dadurch wird sie verletzlich und in immer höherem Maß abhängig von denen, die das Kapital in den Apparat investieren. Der Staat kann das Geld zuweisen oder ablehnen, die Kassen können mehr oder weniger vergüten. Die Grenzen der medizinischen Autorität verschoben sich zugunsten der ökonomischen Potenz und des daraus abgeleiteten politischen Einflusses.

Die moderne Medizin gerät in einen zunehmenden Legitimationsnotstand, und sie legitimiert ihre Forderungen immer mehr durch finanzielle Argumente, etwa durch Vergleich von Heilungskosten mit anderen Sozialausgaben oder ganz einfach über die Entwicklungs- und Anschaffungskosten oder schließlich durch Vergleich zwischen „Konkurrenzinstitutionen". Zum Schluß wird eine Leistung jedenfalls nicht mehr als das ausgedrückt, was sie in Form von vermehrter Gesundheit bringt oder erbracht hat, sondern als Kostenfaktor. Die Verhandlungen drehen sich dann nur noch um die Höhe der Vergütung und werden zur Kraftprobe, d.h. zum Politikum.

Ausweg aus dem Dilemma

Die Entwicklung der vergangenen Jahrzehnte hat zur Genüge gezeigt, daß die mentale, wissenschaftlich-analytische Betrachtungsweise der Medizin mit dem Fortschreiten des technologischen Wachstums in die Richtung einer immer feineren Zergliederung des Menschen bis in seine kleinsten Bausteine führt. Wenn jedem dieser Schritte ein ökonomisches, d.h. monetäres Äquivalent zugeordnet wird, wachsen die Kosten (theoretisch, wie man zugeben muß) in Richtung unendlich. Es spielt dabei keine Rolle, ob der Weg dahin noch lang ist, die Richtung scheint verkehrt. Die Entschädigung, das Honorar (lat. „Ehrengeschenk"), das im alten römischen Recht als freiwillig gegebenes Entgelt für höhere, nach ihrem wirtschaftlichen Wert nicht schätzbare Leistungen gegeben wurde, hat sich über den Mechanismus der Gebührenordnungen längst zu einer Entschädigungspflicht entwickelt. Wo Gesundheit gegen Geld zu haben ist, muß mithin eine Kraft oder Ordnung vorhanden sein, die verhindert, daß immer mehr Geld für die Erhaltung dieser Gesundheit eingetauscht werden muß. Wäre Gesundheit auf dem Markt zu kaufen, was sie nicht ist, könnte man die Regelung der Gesundheitskosten dem Markt überlassen. Dieser existiert nicht, weil der Patient nicht als souveräner, sondern als abhängiger Käufer auftritt. Das neue ökonomische Prinzip zur Honorierung der Gesundheitsleistung wäre in der Bewertung der Gesundheit als Lebensqualität zu suchen. Wir stellen aber fest, daß wir den größten Widerständen begegnen. Einerseits läßt sich Lebensqualität nicht konfliktfrei und zweifelsfrei messen, und zweitens wäre es wahrscheinlich auch politisch nicht durchsetzbar, eine Leistung nach Qualitäten zu bezahlen und nicht nach Verrichtung.

Es scheint aber unumgänglich, die Frage der Honorierung im Gesundheitswesen neu zu überdenken. Dabei sollten wir uns nicht scheuen, neue Fragen mit neuen Methoden anzugehen, die es uns erlauben, den Wert der Leistungen anders festzulegen. Einige dieser Methoden sind bekannt und werden schon angewendet; sie wurden auch hier genannt: Kosten-Nutzen-Analysen, Kosten-Effektivität-Analysen, Wirksamkeitsanalysen, Qualitätsanalysen usw. Um die Frage der Entschädigung für Gesundheitsleistungen, d.h. Heilungen, anzugehen, müssen wir aber neue Wege suchen, die dem Stand des ausgehenden 20. Jahrhunderts entsprechen, d.h. wir müssen den Mut aufbringen, strategische und langfristige Lösungsansätze diskursiv zu erproben und Visionen einzubringen. Wir dürfen unser soziales Gesundheitssystem nicht auf die materiellen Überlegungen allein reduzieren und beispielsweise Kostenminimierungsansätze oder sog. „Selbstbeteiligungs- oder Selbstleistungsansätze" als letzte Lösung betrachten, wie z.B. das sog. „Health-maintenance-Modell" (HMO) oder das „Diagnose-Kosten-Modell (DRG)", was nichts anderes bewirkt als eine Kostenverlagerung zulasten Dritter, d.h. letzten Endes des Staates. Ich glaube, daß neue Formen von nichthierarchischen Diskussionen notwendig sind unter Einbezug verschiedener Sprecher und Forschergruppen. Die ökonomische Abgeltung in der heutigen Form beinhaltet ein soziales Konfliktpotential, das abgebaut werden muß. Sofortlösungen sind nicht zu erwarten. Es bieten sich auf diesem Weg gewisse ganz moderne Gedankengänge an, die z.T. utopisch sind, also Chaosforschung, Fraktalforschung und dergleichen Dinge. Das klingt vielleicht etwas fremd, aber man muß den Mut haben, einmal hier weiterzudenken. Notwendig ist, für diesen Diskurs eine Sprache zu finden, die alle verstehen; man muß Schlagworte meiden, und man muß den Mut haben, die traditionellen Grenzen zu überschreiten. Man muß versuchen, utopisches Gedankengut mit realen Möglichkeiten zu kombinieren. Aufgabe unserer Zeit ist es, auf den Grundlagen der bisherigen Erfahrung des menschlichen Wollens und Handelns ein haltbares Gebäude der praktischen Ethik zu entwickeln, welches die als richtig erkannten Prinzipien der Freiheit und der Solidarität in ein soziales System bringt.

Diskussion 1

Schölmerich:
Bisher ist deutlich geworden, daß eine Diskrepanz zwischen den Auffassungen der Ärzteschaft und der Gesundheitsökonomen besteht. Den Ärzten ist nicht einsichtig, daß die Ressourcen wirklich begrenzt sind. Es wird gesagt, daß ein Anteil von 10% am Bruttosozialprodukt im Augenblick in den ökonomisch entwickelten Ländern die Grenze darstellt, aber niemand begründet, warum dies die definitive Grenze sein muß. Wenn die Ärzte ihren elementaren Verpflichtungen in der direkten Versorgung der Kranken nachkommen, meinen sie, diese Grenze überschreiten zu können. Es müßte also, wenn man eine Resonanz solcher Überlegungen bei der Ärzteschaft haben will, deutlich gemacht werden, daß wirklich 10% oder auch mehr ein Limit darstellen.

Schultz:
Warum lassen wir uns diese politischen Unredlichkeiten mit der Erschöpfung der Ressourcen gefallen? Ein wenig Ahnung von der Finanzlage der Krankenkassen habe ich; über 3,5% des Beitrags sind eigentlich eine Hilfeleistung für die Rentenversicherung. Es ist politisch aber zur Zeit nicht möglich, die Rentenbeiträge wieder steigen zu lassen – das wird lieber der Krankenversicherung „aufs Auge gedrückt". Bevor man vom Ende der Ressourcen redet, sollte man zuerst eine klare

Hinweis:
Außer den Diskussionsbeiträgen der Referentin und der Referenten der mit dieser Veröffentlichung dokumentierten Tagung wurden in dieser und den nachfolgenden Diskussionen solche folgender Teilnehmerinnen und Teilnehmer aufgenommen: Hans-Jürgen Firnkorn, Dipl.-Kaufmann, Leiter des Referats Gesundheitspflege der Robert Bosch Stiftung GmbH, Stuttgart; Prof. Dr. med. Gisela Fischer, Hochschullehrerin, Medizinische Hochschule, Abteilung Allgemeinmedizin, Zentrum Öffentliche Gesundheitspflege, Hannover; Dr. med. Franz-Josef Große-Ruyken, Präsident der Landesärztekammer Baden-Württemberg, Stuttgart; Dr. Karl Heinz Kamp, Präsident der Bezirksärztekammer Nordwürttemberg, Wendlingen; Alfred Künschner, Universitätsassistent, Freiburg; Dr. Robert Paquet, Abteilungsleiter, Ratingen; Martin Pfeiffer, Pfarrer und Studienleiter, Ev. Akademie, Ref. Politik und Recht, Bad Boll; Elisabeth Pflanz, Journalistin, Celle-Boye; Prof. Dr. med. Gerd Rudolf, Arzt, Heidelberg; Karl Salzl, Landesverband der Betriebskrankenkassen Baden-Württemberg, Kornwestheim; Karl Heinz Schäfer, Direktor der AOK Esslingen, Esslingen; Dr. med. Bernd Schirmer, Arzt, Köln; Prof. Dr. med. Paul Schölmerich, Mainz; Helmut Schultz, Vorsitzender des Verbandes der Arbeiter-Ersatzkassen e.V., Siegburg; Rosemarie Stein, Journalistin, Berlin; Dr. med. Ulrike Wahl, Vizepräsidentin der Bezirksärztekammer Nordwürttemberg, Tübingen; Dr. Wolfgang Zeller, Sozialministerium Baden-Württemberg, Stuttgart.

Trennung der Finanztöpfe vornehmen, sonst kommen wir hier mit Ethik und Ökonomie wirklich nicht zurecht.

Zollner:
Wenn ein Patient zu mir kommt, krank und hilfsbedürftig ist, Hilfe will, denke ich eigentlich nicht an das ökonomische Prinzip des Gesundheitswesens. Ich denke auch nicht daran, wie ich möglichst viel Honorar erwirtschaften kann und welche Leistungen ich bei einem Krankheitsbild abrechnen kann. Die Gesundheitskosten setzen sich ja aus lauter Einzelfällen zusammen. Wenn ich im Einzelfall die Ökonomie nicht berücksichtigen kann, dann wird es für mich fraglich, die Gesamtheit unter dem ökonomischen Gesichtspunkt zu betrachten. Dann müßte ich zumindest ökonomisch weite Grenzen setzen. Auch ich stelle die genannten 10% als Obergrenze in Frage.

Wahl:
Herr Arnold, Sie sagten, daß die Grundlage der Gesundheitsökonomie eine neue Ethik sein müsse. Ist die Ressourcenbegrenzung, die ja ins Haus steht, das Regulativ oder der entscheidende Faktor für die Bildung einer neuen Ethik? Mir erscheint dies etwas wenig zu sein; aber ist es das, was Sie damit im Prinzip gesagt haben wollen?

Arnold:
Herr Horisberger hat die 10% nur grob genannt als das, was in den Industrieländern für die Gesundheit ausgegeben wird. Wir haben z.B. in der Bundesrepublik Gesamtgesundheitsausgaben von 12,4%, die seit etwa 12 Jahren interessanterweise konstant sind. Nach den Abgrenzungskriterien des Bundesministeriums für Arbeit und Sozialordnung haben wir eine Quote von 10,4%, auch diese ist gleichgeblieben, von Schwankungen um 0,2% abgesehen; und wir haben GKV-Ausgaben um 5,9 – 6,2% für den gleichen Zeitraum. Diese 3 Werte zeigen die Schwierigkeit, überhaupt zu bestimmen, was man betrachten will. Das sind stets Anteile am Bruttosozialprodukt, aber jeweils nach anderen Abgrenzungskriterien.
Ist eine Grenze von 10% überhaupt abzuleiten? Nein. Es gibt keine Möglichkeit, das rational zu begründen, und das tut auch niemand. Dann wäre es ja möglich, einen Bedarf zu bestimmen.
Bedeutsam ist der Grundsatz der Beitragsstabilität, wie er im SGB V festgelegt ist; dies ist eine politische Vorgabe, die schon gar nicht abgeleitet werden kann, die mit Bedürfnissen oder mit der Morbidität nichts zu tun hat. Wir haben das im Jahresgutachten 1989 mit dieser Deutlichkeit dargelegt. Man kann diesen politischen Willen für falsch halten, aber aus ihm folgen nun einmal die Grundsätze, nach denen sich im Augenblick die Medizin richten muß. Der Gesetzgeber hat allerdings ein Ventil offengelassen. Er hat im SGB V auch gesagt: Wenn unter Ausnutzung von Wirtschaftlichkeitsreserven die Möglichkeiten der Medizin nicht mehr voll erbracht werden können, wenn also der medizinische Fortschritt wegen Mittelknappheit nicht vollzogen werden kann und eine Mehrallokation Vorteile hätte, kann vom Grundsatz der Beitragssatzstabilität abgegangen werden. Der Gesetzgeber hat also durchaus Flexibilität gezeigt, aber die teuflische Vorschrift

eingebaut, daß die vorhandenen, eigentlich von allen angenommenen Wirtschaftlichkeitsreserven mit den im SGB V genannten Instrumenten vorher mobilisiert
worden sein müssen. Wenn das der Fall ist, ist die Möglichkeit da, den Deckel zu
heben. Das ist der von Herrn Horisberger erwähnte Begründungsnotstand der
Medizin. Sie muß jetzt nachweisen, daß für die Gesundheit der Bevölkerung etwas Nützliches oder Vernünftiges geschehen könnte, wenn man mehr Geld hätte.

Bei der enormen Wirtschaftskraft der Bundesrepublik ist die Behauptung von
finanziellen Grenzen der Ressourcen wenig überzeugend. Es gibt genügend Hin-
weise, daß die Bevölkerung von sich aus bereit ist, für die Gesundheit mehr Geld
auszugeben. Aber es ist politischer Wille, daß die GKV-Ausgaben begrenzt werden. Die erwähnte Trennung der Töpfe würde die Transparenz erleichtern und die
Argumentation auf eine vernünftige Basis stellen. Man hat aber manchmal den
Eindruck, daß eigentlich gar kein so furchtbar großes Interesse besteht, diese
Transparenz herzustellen. Wenn man die GKV betrachtet – ist das überhaupt eine
Solidarversicherung? Da werden geradezu unwahrscheinliche Umverteilungen
vorgenommen, und es ist die Frage, ob das die Aufgabe einer Krankenversicherung sein soll. Ich vermute aber, daß dabei viele politische Empfindlichkeiten be-
rührt werden und in der Bundesrepublik so schnell nichts geändert werden kann.

Der von Herrn Zollner dargestellten Sicht des Allgemeinarztes kann ich zu-
stimmen. Nur bleibt die Schwierigkeit, daß in anderen Gesundheitssystemen das
Leistungsgeschehen anders aussieht, ohne daß sich die Ergebnisse nennenswert
unterscheiden. Herr Horisberger hat auch darauf hingewiesen: 100 Ärzte behandeln ein und dasselbe Krankheitsbild nach ganz unterschiedlichen Ansätzen.
Noch auffallender ist, daß wir in der Bundesrepublik ein Volumen an Leistungen
erbringen, das in anderen Ländern überhaupt nicht vorstellbar ist. Wir zählen ca.
300 Mio. Fälle im Jahr nur bei GKV-Versicherten, die 88% der Bevölkerung ausmachen. Jeder GKV-Versicherte ist konstant bei 1 1/2 Ärzten in Behandlung. Das
sind Zahlen, mit denen Franzosen oder Engländer geradezu zur Fassungslosigkeit
zu bringen sind.

Genauso wie die für die Beurteilung des Leistungsgeschehens herangezogenen
hochaggregierten Daten durch das Handeln einzelner Ärzte zustande kommen,
so wird deren Handeln von der Makroebene aus beeinflußt. Dabei ist es sehr
schwierig zu erfassen, wie eigentlich diese Beeinflussung von den Rahmenbedingungen her geschieht. Wir wissen einfach nur aus dem Vergleich der Gesundheitssysteme, daß es solche Abhängigkeiten z.B. der Leistungsvolumina und der Art
der Praxisausübung von den ökonomischen Anreizen in einem System gibt.

Kann die Gesundheitsökonomie eine neue Ethik begründen? Nein, das meine
ich nicht. Aber der Arzt muß lernen, neben dem einzelnen Patienten auch die Gesamtheit aller Versicherten im Auge zu haben. Ich glaube, daß da eine neue Ethik
erforderlich ist, daß wir diese Verantwortung der Gesellschaft gegenüber der Gemeinschaft der Versicherten, die die Mittel aufgebracht hat, empfinden und heranziehen müssen.

Noch einmal zur Ressourcenbegrenzung: Grenznutzen heißt nichts anderes, als
von der Betrachtung der Durchschnittskosten einer Behandlung abzugehen und
zu betrachten, wieviel ein zusätzlich gerettetes Leben kosten darf. Das haben
Amerikaner, Engländer und Kanadier gemacht. Wenn man beispielsweise mit
dem Hämocculttest (zum Blutnachweis im Stuhl) den letzten Karzinomträger

herausfischen will, dann kostet dessen Entdeckung ungefähr 4,3 Mio. DM. Und auch dann, Herr Schölmerich, müßte man eine normative Entscheidung treffen, nur bis zu diesen Grenzkosten zu behandeln, und was darübergeht, einfach nicht zu honorieren. Das wäre sicherlich eine Denkmöglichkeit, aber diese scheint mir nicht überzeugender zu sein als eine aus der Luft gegriffene normative Ableitung wie z.B. die der Beitragssatzstabilität.

Salzl:

Die ethische Beschränkung anhand von gesundheitsökonomischen Vorgaben, also von bestimmten Ressourcen, kann nur der einzelne Arzt bei seiner Behandlung am konkreten Patienten berücksichtigen, und dort wirkt sie sich aus, nirgendwo anders. In der globalen Betrachtung wirkt sie sich sehr wohl darin aus, daß sich aus Beschränkung des einzelnen Arztes die Höhe der Vergütung seiner Leistungen ergibt. Unser Vergütungssystem ist so angelegt, daß die Krankenversicherung nur eine Globalsumme zur Verfügung stellt, mit der die Summe aller von allen Ärzten erbrachten Leistungen finanziert wird, und sich aus der Beschränkung des einzelnen Arztes auf das Notwendige die Erhöhung seines Honorars ergibt. Je mehr von den Ärzten geleistet wird, um so weniger ist die einzelne Leistung wert, und je weniger geleistet wird, um so höher wird sie vergütet. Aus dieser Systematik ergibt sich die Konsequenz, daß der ethische Konflikt im Hinblick auf die beschränkten Ressourcen vom einzelnen Arzt bei der Therapie und Diagnostik beachtet werden muß und nirgendwo anders.

Zeller:

Aus der Sicht einer Regierung spielt es natürlich eine große Rolle, ob 10% eine Obergrenze sind oder nicht. Würde vieles stimmen, was man hier gesagt hat, dann ließe sich fragen, ob die Gesundheitsreform eine unnötige politische Kraftanstrengung war, weil sie von der Bevölkerung eigentlich gar nicht gefordert wurde. So direkt wird sie in der Tat nicht gefordert. Doch die Regierung muß eine umfassendere Betrachtung anstellen. Denn der Bürger fragt, wieviel insgesamt netto bleibt. Und da ist es in der Tat eng geworden, weil er natürlich auch noch Steuern und Renten- und Arbeitslosenversicherungsbeiträge bezahlt, und dann erst die Gesundheitsbeiträge. Und diese Summe bringt den Staat zum Handeln.

Herr Horisberger hat etwas süffisant die Bismarcksche Reform seinerzeit als nicht gerade ethisch eingestuft, sondern dahinter irgendwelche Zwecke vermutet. In gleiche Richtung zielte der Beitrag von Herrn Zollner. Es wird offensichtlich dem Staat nicht zugebilligt, daß er ethisch handelt, aber dem Arzt wird das selbstverständlich zugestanden – er handelt ja immer ethisch, er denkt nur an das Wohl des Patienten und nicht an das Geldverdienen. Die Wahrheit liegt doch irgendwo in der Mitte. Die Bismarcksche Reform hat, selbst wenn sie nicht ethisch gemeint war, so doch ethisch gewirkt. Sie hat eine große Stabilität für die Bevölkerung gebracht, sie ist weltweit anerkannt, bewundert und nachgeahmt worden, sie hat Rechtsfrieden geschaffen, und das ist in der Tat auch ein hohes ethisches Gut. Wir sollten also aufhören, die Macht der Regierung als ethisch verdächtig einzustufen und das ärztliche Handeln immer als nur am Patienten orientiert darzustellen, also mit dem moralischen Imperativ versehen, nicht zugebend, daß natürlich enorme merkantile Interessen dahinterstecken.

Arnold:
Herr Salzl hat zutreffend den Punktwerteverfall geschildert, wie er eintritt, wenn jeder Arzt – einzelwirtschaftlich völlig rational – zur Gewährleistung seines Einkommens die Mengen ausweitet. Und es ist überhaupt keine Frage: Wenn die Ärzte mit der Zahl der Leistungen heruntergingen, würde sich die Bezahlung pro Leistung verbessern, was natürlich ein viel vernünftigeres Handeln wäre. Aber ist das machbar? Das ist ungefähr so, wie der Pharmaindustrie vorzuschlagen, mit der Werbung aufzuhören. Manche große Firma würde gerne auf die Werbung verzichten, kann es aber nicht, weil andere es nicht tun. Das ist genau derselbe Mechanismus, das ist die Rationalitätenfalle, in der wir stecken. Daher das Bemühen um eine angemessene Honorierung der ambulanten Leistungen bei uns. Darüber haben wir im Sachverständigenrat schon viel nachgedacht. Die Amerikaner versuchen jetzt mit einem Honorierungssystem, das den Ressourcenaufwand des Arztes berücksichtigt, darunter auch die Zeit, eine Mengenbegrenzung zu erreichen und die Rationalität der Honorierung zu verbessern. Wir wissen das Problem nicht zu lösen, es sei denn mit einer Pauschalierung im Rahmen des Primärarztmodelles, wie wir das vorgeschlagen haben.

Salzl:
Die Überprüfung der Wirtschaftlichkeit der Behandlung im Einzelfall muß bei diesem Modell der Kopfpauschalregelung durch die Ärzte selbst erfolgen. Solange diese Überprüfung global an Durchschnittszahlen erfolgt, führt sie nicht zum Erfolg. Sie muß im Einzelfall erfolgen, und nur so führt sie dauerhaft zum Erfolg. Das heißt, das Prüfwesen der Ärzte untereinander muß ausgebaut werden. Es ist die Lösung dieses Konflikts, den Sie aufgezeigt haben.

Schirmer:
Das Problem Ethik in der Medizin hat auch in der DDR eine Rolle gespielt, allerdings in anderer Ausprägung. Die Fragen, die heute hier diskutiert werden, kommen aber in absehbarer Zeit auch auf das Gesundheitswesen und auf die Ärzte dort zu. In bezug auf die Gesundheitsökonomie herrschte in unserem Staat eine völlig andere Situation. Dabei wurde ganz sicher vielfach versucht, die Ethik zu mißbrauchen, um Ärzte in die Staatsdoktrin einzubinden. Andererseits ist es eigentlich nie gelungen, die Substanz an ärztlichem Ethos zu verdrängen und zu ersetzen. Insofern wird man auf diesem Gebiet relativ rasch wieder eine einheitliche Sprache sprechen können; wie gesagt, bei allerdings vorhandenem Nachholbedarf. Eine wichtige Frage dabei ist die Rolle des Arztes im Gesundheitswesen gewesen. Der Arzt mußte Überlegungen hinsichtlich der ihm zur Verfügung stehenden Ressourcen zumindest theoretisch nicht anstellen. Die Theorie lautete, daß alles für den Patienten zur Verfügung steht und die Tätigkeit des Arztes mit seinen materiellen Interessen nicht verbunden ist. Das hat aus ethischer Sicht Vorteile, weil der Arzt frei und unabhängig von seinem eigenen Interesse überlegen kann, wie er den Patienten am besten behandelt. Denn er wurde ja nicht nach Leistung bewertet und gemessen, sondern er erhielt ein festes Gehalt. Und es gibt nicht wenige Ärzte in der ehemaligen DDR, dies muß ich deutlich sagen, die das für eine Errungenschaft halten und erhalten möchten, weil sie natürlich das Dilemma sehen.

Was das Verhältnis von Ethik und Gesundheitsökonomie betrifft, so sind damit in der DDR bittere Erfahrungen gemacht worden, in erster Linie, was den Widerspruch zwischen diesen beiden Seiten angeht. Die praktische Gestaltung dieses Verhältnisses war im wesentlichen dadurch gekennzeichnet, daß bei weitem nicht das verfügbar war, was ärztlich indiziert gewesen wäre. Sowohl in der Einzelsituation Arzt-Patient als auch in der generellen epidemiologischen Situation war der Widerspruch außerordentlich schmerzhaft deutlich. Der Arzt war aus gesundheitsökonomischer Sicht immer stark eingeschränkt, und auch die Entwicklung des Gesundheitswesens in der DDR war diesem gesundheitsökonomischen Druck ausgesetzt. Über 10% wurde bei uns nicht geredet, sondern wir stehen bei 5% Ausgaben im Gesundheitswesen, gemessen am Nationaleinkommen. Bei einem wesentlich niedrigeren Nationaleinkommen als in der Bundesrepublik heißt das de facto, daß weniger da ist. In einer Plan- und Kommandowirtschaft wie in der DDR konnte man ausrechnen, wieviele Dialysen man in einem Jahr durchführen kann, z.B. im Jahr 1989 300000; und wieviele man hätte durchführen müssen? Etwa 800000. Die Ärzte haben der Ökonomie vorgerechnet, wieviel Menschen in jedem Jahr sterben, weil die ökonomischen Voraussetzungen nicht bereitgestellt werden konnten oder sollten.

Aber gleichzeitig, und das scheint mir wichtig für die Diskussion hier und für die nach vorne führende Veränderung des Gesundheitswesens in der ehemaligen DDR, gibt es Ansätze, die die Einheit von Gesundheitsökonomie und Ethik deutlich machen, wie tatsächlich durch sinnvolle Nutzung gesundheitsökonomischer Erkenntnisse letztenendes positive Effekte für den Patienten resultieren. Ich will dafür ein Beispiel nennen, das uns ganz besonders bewegt. In der DDR war die Abgabe von Arzneimitteln absolut frei, und dies erscheint zunächst einmal als ausgesprochen ethisch. Und das war nicht wenig. Wir haben für Medikamente mehr pro Kopf ausgegeben als die Bürger in der Bundesrepublik. Wir haben 5 Mrd. Ostmark ausgegeben. Wenn ich das auf DM umrechne, dann sind das im Verhältnis 2 : 1 erstaunlicherweise nicht 2,5, sondern 10 Mrd. DM, weil wir die Arzneimittelpreise geschönt hatten. Zehn Mrd. Mark pro Jahr sind eine ungeheure Summe. Es gibt überhaupt keinen Anreiz, weder für den Arzt noch für den Bürger, damit sinnvoll und effektiv umzugehen, und dann werden eben für 2 Mrd. Mark Medikamente weggeworfen. Wie ethisch ist denn das? Ist es nicht viel ethischer und im übrigen auch im wohlverstandenen Interesse des Patienten, hier Bremsen einzubauen, die gesundheitsökonomisch wirksam werden und sich letztenendes positiv auswirken?

Eine Überlegung, die wir aus unserer „Armut" heraus immer wieder angestellt haben: Kann man im Gesundheitswesen effektiver arbeiten, indem man mehr Prophylaxe betreibt? In dem Zusammenhang von Gesundheitsökonomie und Prophylaxe sehe ich einen wichtigen, nach vorne weisenden Ansatz. Dieser Zusammenhang, wie überhaupt vorbeugender Gesundheitsschutz, hat hier noch keine Rolle gespielt, ich will das wenigstens genannt haben. Es gibt auf diesem Gebiet Erfahrungen, auch bei uns, die berücksichtigt werden müßten, wenn das deutsche Gesundheitswesen insgesamt zur Diskussion steht.

Horisberger:
In allen Industrieländern hat der Anteil der Gesundheitsausgaben am Bruttoso-

zialprodukt in den letzten 20 – 30 Jahren zugenommen. Die Staatsquote konnte durch die Politik in gewissen Ländern, auch in der Schweiz, konstantgehalten werden. Es gibt Länder, die weniger ausgeben, darunter die Schwellenländer. Da das Einkommen in diesen Ländern erheblich niedriger ist, wird für das Gesundheitswesen noch weniger ausgegeben; wir müssen dort von Unterversorgung sprechen. Es ist aber andererseits nicht so, daß bei hohen Gesundheitsausgaben eine gleichmäßige Verteilung eo ipso garantiert ist. Das weltweit teuerste Gesundheitswesen haben die USA, doch 30% der Bevölkerung in den USA sind ohne jeden Versicherungsschutz. Trotz höchster Ausgaben gibt es keine Garantie, daß die Gelder richtig fließen. Und deswegen ist (ich möchte das Wort Kontrolle nicht verwenden) ein „Nachgehen" von Bedeutung. Wenn in den USA bei gewissen Krankheiten doppelt so häufig operiert wird wie in der Bundesrepublik, dann muß man fragen, ob das nötig ist. Dazu braucht man die Ärzte und die Ökonomen. Die ökonomische Methode ist kein Ersatz für medizinisches Denken, das muß man mit aller Deutlichkeit festhalten, sondern ein einseitiges Hilfsmittel. Es gibt heute zweifellos nach oben keine Begrenzung für die Kosten. Es gibt Behandlungen und Operationen, die Zehn- und Hunderttausende kosten. Wieviele solcher Eingriffe soll man vornehmen? Dann zeigt die ärztliche Betrachtungsweise eine uneinheitliche Beurteilung der Lage.

Wir sind heute nicht in einer Situation, in der man sagen muß, die Krise stehe vor der Tür. Zweifellos könnte das Gesundheitswesen in der jetzigen Geschwindigkeit noch 10, 20 Jahre wachsen, da würde überhaupt nichts passieren, vorausgesetzt, die Wirtschaft läuft. Von einer Explosion kann keine Rede sein. Es ist ein langsamer Anstieg, der seit 1900 verfolgt werden kann, mit Einbrüchen parallel zu den wirtschaftlichen Rezessionen.

Vielleicht habe ich Bismarck etwas karikiert, aber süffisant war es nicht. Seine Überlegungen waren ganz bestimmt politischer Art. Das System hat sich gut ausgewirkt, hat Nachahmer gefunden, und zweifellos ist eine soziale Krankenversicherung als Plus zu bezeichnen. Damit ist aber auch gesagt, daß das Gesundheitswesen eine soziale Dimension hat, niemand will das Gesundheitswesen privatisieren. Damit wird es zu einem sozialen Anliegen, das uns alle angeht. Eine optimale Lösung hat kein Land gefunden. Das ist ein Grund dafür, daß wir 7 oder 8 Systeme kennen, jedes mit Stärken und Schwächen. Eine Diskussion, wie wir sie hier führen, soll Gelegenheit geben, Stärken und Schwächen, Einverständnis und Nichteinverständnis, Konkordanz und Dissonanz zu zeigen.

Arnold:
Ich glaube, es gibt keine Diskrepanz zwischen der Ansicht von Herrn Horisberger und meiner. Ich habe nicht die Staatsquote gemeint, sondern die Gesundheitsquote. Im Unterschied zur Schweiz hat die Bundesrepublik eine niedrige Staatsquote von nur 18%, wobei die der Schweiz wesentlich höher ist. Und da zielt die Frage von Herrn Zeller hin, ob das Gesundheitsreformgesetz eigentlich nötig war. In der Bundesrepublik ist eine dramatische Entwicklung eingetreten. Der Anteil der gesetzlichen Krankenversicherungsausgaben am Bruttosozialprodukt ist gleich geblieben, aber die Lohnquote ist nach unten gegangen, daher mußten die Beitragssätze steigen. Das hat zu einer Belastung der Arbeiter und Angestellten geführt, die politische Aktivitäten ausgelöst hat. Ob tatsächlich mit dem Gesund-

heitsreformgesetz das Wichtigste angepackt worden ist, ist etwas fraglich, wenn man bedenkt, daß man die Organisationsreform der Kassen vor der Tür gelassen hat, weil da die politischen Probleme so groß sind.

Diesen Gegensatz von Medizinern und Ökonomen, der hier so ein bißchen konstruiert wird, abzubauen wäre ein wichtiges Anliegen dieser Konsultationstagung. Im Grunde genommen versucht der Ökonom dem Arzt rationale Entscheidungskriterien in die Hand zu geben. Man muß das immer wieder sehen. Das ist z.B. mit den Grenzkosten möglich.

Wir sind uns wohl darüber einig, daß die Hochleistungsmedizin an den Gesamtausgaben gar nicht so viel ausmacht. Sie ist es nicht, die die Ressourcen beansprucht, sondern es ist die enorm hohe Anzahl von einzelnen kleinen Leistungen, die jede für sich genommen nicht teuer sind. Das sind die Leistungen mit vielen Plazeboeffekten, wo die mystische Komponente der Medizin, von der Herr Horisberger gesprochen hat, eine Rolle spielt. Den Ökonomen muß deutlich werden, daß die Medizin auch auf diese Weise wirkt und daß es nicht damit getan ist, nur das objektiv Wirksame herauszufiltern und anzuerkennen und anderes fallenzulassen.

Wahl:
Herr Arnold hatte gesagt, daß die Gesundheitsökonomie von 3 entscheidenden Faktoren bestimmt wird: Einer fordert die Leistung, einer erbringt die Leistung, einer zahlt die Leistung. Über die Leistungserbringer haben wir schon relativ viel gesprochen; mir fällt dazu noch ein, daß man dabei zunehmend die forensischen Kriterien einbeziehen müßte, die manchmal den Umfang der erbrachten Leistung bestimmen.

Über einen Faktor, der mit die Leistung fordert und damit die ganze Kette in Gang setzt, haben wir noch gar nicht gesprochen, nämlich über das Anspruchsdenken der Patienten. Die Tatsache, daß sich in wirtschaftlich schlechteren Zeiten die Menschen wesentlich seltener krank melden oder zum Arzt gehen, scheint mir, mit aller Vorsicht gesagt, auch ein Beweis dafür zu sein, daß man den Krankheitsbegriff nicht so absolut sehen darf. Er ist doch von sehr vielen verschiedenen Faktoren abhängig.

Zeller:
Die Forensik wirkt sich nicht nur auf die Medizin teuer aus, sondern natürlich auch auf das ganze staatliche und bürgerlich-rechtliche Handeln. Jedes Handeln muß sich durch Gerichte überprüfen lassen, was mehr Aufwand bedeutet. Das ist aber eine generelle Tendenz, die jedoch auf der anderen Seite mit so vielen Vorteilen verbunden ist, daß wir es akzeptieren sollten.

Wir haben jetzt die einmalige Chance, einen Vergleich zwischen der ehemaligen DDR und der Bundesrepublik anzustellen, 2 Systeme, die sich verschieden entwickelt haben. In der DDR bestand eine Medizin von hoher Qualität, die sich sehen lassen konnte; eine ausgesprochen gute „Fünfsinnemedizin", die kostendämpfend wirkte, denn – aus der Not eine Tugend machend – hat das Fehlen aufwendiger Geräte bei den Ärzten diese Fähigkeit gestärkt. Schlechter als bei uns sind die Rahmenbedingungen. Statistisch ist die Lebenserwartung in der ehemaligen DDR geringer als in der Bundesrepublik Deutschland. Worauf ist das zurückzuführen? Auf nur 5% des Anteils der Gesundheitsausgaben am Volkseinkommen? Oder hängt dies mit etwas ganz anderem zusammen, beispielsweise mit der Umweltbelastung?

Pflanz:
Ich denke, es ist sehr wichtig, daß der Arzt lernt, die Überlegungen des Gesundheitsökonomen zu verstehen. Der Gesundheitsökonom trägt auf der Makroebene zur politischen Entscheidung bei. Diese Art der Entscheidung, wo Grenzen gesetzt werden, darf aber der Arzt nicht beim individuellen Patienten treffen, weil sonst die „Arzt-am-Scheideweg-Situation" eintritt, in der der Arzt zum Henker des Patienten wird, den er nicht behandeln kann.

Zum Thema Einsparung: Hinter der Annahme, der Punktwert steige, wenn der Arzt nur noch das tue, was wirklich nötig ist, steckt ein logischer Kurzschluß. Wenn ein Arzt nur noch das Notwendige tut, verdient nicht er mehr, sondern die anderen Ärzte. Dies funktioniert also erst, wenn alle Ärzte so handeln.

Arnold:
Das Argument der forensischen Leistungserbringung wird immer wieder in der Diskussion vorgebracht. Wir haben vom Sachverständigenrat aus unter den Mitgliedern der Arbeitsgemeinschaft wissenschaftlich-medizinischer Fachgesellschaften eine Umfrage durchgeführt und die Frage vorgegeben: „Welche Bedeutung messen Sie der Leistungserbringung aus forensischen Gründen bei?" Darauf ist erstaunlicherweise keine positive Antwort eingegangen. Es ist also sehr schwierig, deren Bedeutung zu quantifizieren.

Was sind „gerechte" Verteilungskriterien?

B. Schöne-Seifert

An der hierzulande geführten Diskussion über die finanzielle Zukunft unseres teurer und teurer werdenden Gesundheitssystems und über die Kostenverteilung der Medizin von morgen werden Philosophen eher selten beteiligt. Es ist vielen Menschen offenbar nicht unmittelbar einsichtig, wie grundlegend wichtig und komplex die moralischen Probleme der Gesundheitsökonomie sind und wie vielfältig ihre ethischen Lösungsversuche. Ich will mich bemühen, diese Einsicht wenigstens ansatzweise zu vermitteln.

Ethik als Theorie der Moral

Der allgemeine Sprachgebrauch verwendet die Begriffe „Ethik" und „Moral" meist synonym. In der wissenschaftlichen Diskussion hat sich eine sinnvolle terminologische Festlegung weitgehend durchgesetzt, nach der „Moral" den Bereich der sittlichen Phänomene, „Ethik" hingegen die Theorie der Moral bezeichnet. Letztgenannte fällt in den fachlichen Zuständigkeitsbereich nicht nur der Philosophie, sondern auch der Theologie, die jedoch ihre Argumentation von Glaubensvoraussetzungen abhängig macht, die nicht als allgemeinverbindlich anzusehen sind. Wenn ich im folgenden von Ethik rede, werde ich daher auf theologische Aspekte gar nicht eingehen, sondern immer säkulare moralphilosophische Überlegungen meinen, die mit rational überprüfbaren Argumenten auszukommen beanspruchen. Auch hat die Moraltheologie wohl keine spezifische Gerechtigkeitstheorie zu Fragen der Gesundheitsökonomie entwickelt, sondern läßt Konvergenz mit verschiedenen nichttheologischen Theorien zu.

Es ist vernünftig und üblich, die Ethik als Theorie der Moral einzuteilen in ein Geschäft auf 3 Ebenen: a) die beschreibende – deskriptive – Ethik; b) die normative Ethik, die vorschreibt und zu begründen versucht, wie man in moralisch relevanter Hinsicht handeln sollte; und c) (nicht immer deutlich abzutrennen) die Metaethik, die den „Letztbegründungen", dem Sprachgebrauch, der Bedeutung moralischer Ausdrücke usw. nachgeht. Ich beschränke mich heute ausschließlich auf die normative Ebene mit den auf die Gesundheitsökonomie bezogenen Fragen: Was sollen wir als gerecht empfinden und verstehen? Und wie läßt sich das begründen?

Eine weitere wichtige begriffliche Trennung ist die zwischen „Rationalisierung" und „Rationierung". Auch hier geht der allgemeine Sprachgebrauch durcheinander, so daß ich den meinigen erläutern muß. Mit Rationalisierung meine ich all jene Maßnahmen, die eine reine Effizienzsteigerung anpeilen, es also mit Hilfe von Qualitätskontrollen und Wettbewerbssteigerungen, Abschaffung des Sachleistungsprinzips oder Abschaffung der Einzelleistungsvergütung (im Einzelfall ist man da völlig verschiedener Meinung) dahin bringen wollen, daß ein gegebenes Versorgungsniveau mit geringerem finanziellen Aufwand als bisher zu halten ist. Rationalisierung sei also verstanden als Einsparung, die Art und Qualität des Versorgungsergebnisses unverändert läßt. Natürlich wird schon in der Diskussion über solche Rationalisierungsmaßnahmen ständig moralische und ethische Terminologie benutzt. Da ist von einem moralischen Recht auf Niederlassung, von einem moralischen Recht auf Therapiefreiheit, auf Fortbildungsfreiheit usw. die Rede. Ich denke aber, daß diese Konflikte – etwa zwischen dem Interesse der Gesellschaft an möglichst effizienter, also rationalisierter Gesundheitsversorgung und dem Recht von Ärzten auf unkontrollierte Fortbildungsentscheidungen – ethisch nicht annähernd so brisant sind wie die andere Gruppe von Problemen, auf die ich gleich kommen werde. Denn daß Verschwendung fremder Gelder in einem Bereich, der für die Betroffenen einerseits so wichtig und andererseits so wenig kontrollierbar ist wie ein Gesundheitssystem, äußerst unmoralisch ist, läßt sich kaum bestreiten. Diese Einsicht ist also nicht ethisch problematisch, vielmehr wirft ihre praktische Umsetzung empirische, organisatorische und politische Schwierigkeiten auf.

Rationierung der vorhandenen Mittel

Gegenstand unserer Untersuchungen wird daher die zweite Kategorie von Maßnahmen sein, die der „Rationierung". Damit meine ich all diejenigen Entscheidungen bzw. Unterlassungen, die auf das Vorenthalten eigentlich wirksamer, von den betroffenen Patienten erwünschter Maßnahmen hinauslaufen. Rationierungsentscheidungen können auf verschiedenen Ebenen, auf unterschiedlich transparente und gezielte Weise und mit verschiedenen Graden an Zustimmung durch die Betroffenen erfolgen. Die britische Alterslimitierung bei Dialysepatienten, die Entscheidung eines Krankenhauses für den stationären Einsatz eines nur zweitbesten Antibiotikums, weil das Budget für das beste nicht reicht, aber auch die demokratisch zustandegekommenen Entscheidungen einer Gesellschaft, allein aus Kostengründen bestimmte therapeutische Maßnahmen nicht anzubieten, sind Formen von Rationierung. Das zu untersuchende ethische Grundproblem ist nun also die Frage nach den moralisch zulässigen oder besten Verfahren und Kriterien für Rationierung in der Medizin. Voraussetzung für eine solche Diskussion ist natürlich, daß man die Frage, ob Rationierung überhaupt notwendig sei, bejaht. Und darüber gibt es bei weitem keine Übereinstimmung. Das hängt im wesentlichen mit einem eklatanten Mangel an empirischen und prognostischen Daten zusammen, die man schon deswegen benötigt, um zwischen Rationierung und Rationalisierung überhaupt unterscheiden zu können. Denn sonst läßt sich eben gar nicht feststellen, ob das, was als Maßnahme zur reinen Effizienzsteigerung bezeichnet wird, nicht in Wirklichkeit doch bereits auch die Qualität der Versorgung einschränkt, also rationiert. Schon deswegen läßt sich also die optimistische Behauptung, daß wir der Rationierungsnotwendigkeit durch bloßes Eindämmen der überall stattfindenden Verschwendung entgehen könnten, nicht mit harten Zahlen entkräften. Dennoch können weder der gesunde Menschenverstand noch generelle ökonomische und ärztliche Erfahrungen solchen Optimismus rechtfertigen. Einerseits nämlich nimmt die Innovationsleistung der Medizin rasant zu, haben wir immer neue diagnostische und therapeutische Möglichkeiten, von denen die meisten sog. „add-on-technologies" sind, also solche, die nicht etwa andere und vielleicht teurere diagnostische Maßnahmen ersetzen, sondern zusätzliche Kosten bedeuten. Und zweitens führte die höhere Lebenserwartung, an der die medizinische Versorgung nur zum Teil kausal beteiligt ist, zu einer zunehmenden „Krankheitslast". Beides zusammen macht es äußerst wahrscheinlich, daß wir ein Medizinsystem mit dem Versorgungsniveau von heute, welches wir jetzt einfach hypothetisch als wünschenswert annehmen, nicht mehr bezahlen können. Es wird immer teurer und teurer werden, und wir können noch so sehr rationalisieren und damit das Rationieren glücklich für eine Weile aufschieben, irgendwann werden wir uns doch entscheiden müssen, wo wir Schnitte setzen, wo wir rationieren – es sei denn, ein Gesundheitssystem sei uns schlechthin mehr wert als alles andere, was sich statt dessen auf Erden erwerben und erarbeiten ließe. Und das wäre einfach absurd.

Rationierung: Für und Wider

Zwei ebenfalls spekulative Argumente werden gelegentlich dagegen vorgebracht: Wir müßten nur genügend medizinischen Fortschritt inszenieren, um dann irgendwann Behandlungsmaßnahmen und diagnostische Möglichkeiten zur Verfügung zu haben, die viel effizienter und kostengünstiger als die heutigen seien. Und zweitens wird von verschiedenen Autoren die Ansicht vertreten, die heutige Inanspruchnahme des Gesundheitssystems, die da zur Extrapolationsgrundlage gemacht werde, entspräche ohnehin nicht den subjektiven Interessen der Patienten. Wenn wir sie nur fragten und ehrlich aufklärten, dann würden eben unzählige Menschen die ihnen jetzt quasi aufgezwungenen kostspieligen Maßnahmen gar nicht durchführen lassen, so daß man ohne Rationierung auskommen könnte. Es wäre zu schön, wenn diese Rechnung stimmte; sie scheint mir aber zweifelhaft, und in jedem Fall fehlt ihr bisher die empirische Grundlage, die wir allerdings unbedingt erarbeiten sollten.

Wenn ich nun im folgenden die Notwendigkeit zu rationieren voraussetze, meine ich damit keineswegs, daß wir heute damit beginnen müßten, daß unsere jetzigen Ausgaben für das Gesundheitssystem eine vernünftige Obergrenze seien. Es mag vielmehr gute Gründe dafür geben zu sagen, wir sollten 20% des Bruttosozialproduktes für die Medizin aufwenden oder auch nur 5%. Aber hierfür fehlen uns die Bewertungskriterien und Daten. Verstehen Sie also die folgenden Erörterungen so, daß sie vorwegnehmend annehmen, wir müßten entscheiden, wo wir Schnitte setzen. Diese Diskussion wird bei uns noch kaum geführt. Diskutiert werden vielmehr Fragen der Gerechtigkeit in sog. „Triagefällen", in denen unglücklicherweise um ein Intensivbett oder um eine Dialysemaschine 2 Patienten konkurrieren und man die tragische Entscheidung treffen muß, welcher von beiden bevorzugt werden soll. Da kommt es natürlich auch zu einer Rationierungsmaßnahme, da wird etwas vorenthalten; aber der Grund sind im Prinzip strukturell vermeidbare Engpässe, denn durch entsprechende Aufstockung der Dialyseplätze und der Intensivbetten könnte man theoretisch diese Triagefälle jedenfalls seltener machen, als sie heute auftreten. Erst an der Stelle, wo wir tatsächlich sagen, die medizinischen Ressourcen sind begrenzt und es besteht ein höherer Bedarf (an Intensivbetten oder Dialysemaschine oder anderem), als wir decken können – erst an dieser Stelle beginnt meine eigentliche Diskussion um gerechte Verteilungskriterien.

Gerechtigkeit: Theorie und Kriterien

Ich stelle hier eine kurze Systematik der verschiedenen relevanten Theorien und Kriterien von Gerechtigkeit vor, die im übrigen vorwiegend im angloamerikanischen Sprachraum entwickelt wurden und werden. Das liegt sicher auch an der besonderen Struktur des amerikanischen Gesundheitssystems, in dem ein großer Teil der Bevölkerung noch immer nicht krankenversichert ist, so daß sich die Frage nach Verteilungsgerechtigkeit dort zunächst als die Frage nach einer angemessenen allgemeinen Mindestversorgung stellt. Aber wir nähern uns in unserem Land demselben Problem nur von einer anderen Richtung. Es mehren sich die Stimmen derer, die das Prinzip unserer Solidarversicherung, wo Gesunde für Kranke und Reiche für Arme mitbezahlen, nicht ad ultimo mitmachen wollen und etwa ein Selbstverschuldungsprinzip oder das Ausklammern marginal nützlicher Leistungen als Materialisierung ihrer Gerechtigkeitsvorstellungen eingeführt sehen möchten.

Gerechtigkeitsfragen lassen sich sinnvoll in solche der distributiven oder verteilenden und solche der retributiven oder wiedergutmachenden Gerechtigkeit unterteilen. Uns wird hier nur das Problem der Verteilungsgerechtigkeit interessieren, das danach fragt, wer welchen Anteil eines begrenzt großen Kuchens bekommen soll – wenngleich auch Aspekte ausgleichender Gerechtigkeit in der Gesundheitsökonomie eine Rolle spielen können, wenn es etwa um die Versorgung sozialer oder politisch diskriminierter Gruppen geht.

Verteilungsgerechtigkeit wird überhaupt erst dann relevant, wenn man es mit mehr als einer Person zu tun hat, und das unter der Randbedingung von Ressourcenknappheit. Wenn ich frage, ob ich einer Person, die allein auf der Welt lebt, eine Dialyse zukommen lassen soll oder nicht, dann ist das eine Frage der Wohltätigkeit oder des Respekts vor ihrer Selbstbestimmung, hat aber nichts mit Gerechtigkeit zu tun. Diese kommt erst bei Kompetition und Knappheit ins Spiel. Im allgemeinen Sprachgebrauch wird häufig der Begriff der Gerechtigkeit in einem weiteren als dem eben genannten Sinne verstanden, indem nämlich alles „gerecht" ist, was in moralischer Hinsicht richtig ist. In seinem engeren Sinne aber ist das Prinzip der Gerechtigkeit unabhängig von dem der Wohltätigkeit oder des Respekts vor Autonomie. So verstanden wäre es nicht richtig zu sagen, daß ein Patient, der von seinem Arzt aus falsch verstandener Rücksichtnahme nicht aufgeklärt wurde, „ungerecht" behandelt worden sei.

Verteilungsgerechtigkeit: formale und materielle Kriterien

Bei der Betrachtung von Kriterien für Verteilungsgerechtigkeit bietet sich deren Unterscheidung in formale und materiale an. Das formale Gerechtigkeitskriterium, von dem häufig gemeint wird, es sei alleine bereits hinreichend, ist das traditionelle, schon von Aristoteles formulierte Prinzip: Gleiche Fälle sollen gleich behandelt werden und ungleiche Fälle nur insofern ungleich, als sie auch in moralisch relevanter Hinsicht ungleiche Eigenschaften haben. Nur stellt sich da sofort die Frage: Was sind Gleichheit oder Ungleichheit in moralisch relevanter Hinsicht? Man braucht also zur Ergänzung dieses formalen Prinzips – damit es keine Leerformel bleibe– eben auch noch inhaltliche Festlegungen. Und genau hier beginnen die allgemeinen Meinungsverschiedenheiten, aufgrund derer es nichtssagend und bedeutungslos ist, wenn in der öffentlichen Debatte um Gesundheitsreform deren „ethische Korrektheit" verlangt wird, ohne daß dies weiter ausgeführt werde. Man übersieht dann leicht, daß Ökonomie und Politik mit der Formulierung und Durchsetzung von Klugheitsregeln angesichts bestimmter Ziele zu tun haben, während die Ethik (nicht als gesonderte Fachdisziplin, sondern als gesonderte Überlegungen) nach eben diesen Zielen fragt.

Verschiedene materiale Gerechtigkeitskriterien sind denkbar. Eine mögliche Position erklärt für gerecht, daß man jedermann gleiche Anteile zukommen lasse. Das ist etwa dann einleuchtend, wenn man behaupten würde, daß alle 4 Beatles den gleichen Anteil des Honorars bekommen sollten; wohl aber nicht, wenn es sich um medizinische Ressourcenzuteilung handelt. Die meisten von uns würden es vehement ablehnen, daß bei einem Mensch, der schon als Neugeborener 200 000 DM in der Intensivstation „gekostet" hat, eine Pankreatitis später nicht mehr so kostenintensiv behandelt werden dürfe wie bei jemandem, der noch nicht auf der Neugeborenenstation gelegen habe. Ein zweites Kriterium, jedem nach seinen Bedürfnissen, ist insofern eine unrealistische Idealvorstellung – schon gar für unseren Zusammenhang –, als ja gerade unsere Ausgangshypothese diejenige ist, daß wir rationieren müßten und also nicht jedem Patienten alles geben könnten, was ihm nützt. Nach Mühe würden wir vielleicht verteilen lassen, wenn es sich um Turnnoten handelt, wo wir das arme Kerlchen, das auf den Barren nicht hinaufkommt, für seine Anstrengung mit einer akzeptablen Note belohnen wollen. Aber wir würden auf keinen Fall doch richtig finden, daß jemand, der viele Jahre bei seinem Hausarzt morgens Brötchen vor die Tür gelegt und sich um seine eigene Gesundheitsvorsorge sehr bemüht hat, deswegen nun bevorzugt behandelt würde. Nach Verdienst, retrospektiv oder prospektiv, wollen wir auch nicht verteilen, das ist eine der Grundprämissen unseres Versicherungssystems; und nach Zahlungsfähigkeit soll es auch nicht gehen. Ein Zufallsverfahren mutet sofort als ungerecht an, wo es zur Behandlung leichter auf Kosten schwerer Fälle führen würde. Mit anderen Worten, keines der Kriterien entspricht alleine auch nur annähernd unseren Intuitionen von Gerechtigkeit. Es läßt sich bereits vermuten, daß eine adäquate Gerechtigkeitstheorie mit einem Gemisch von Kriterien wird operieren müssen.

Zur Theorie des Liberalismus

Ich will kurz ein paar Gerechtigkeitstheorien skizzieren, die sich alle mit den speziellen Fragen der Gesundheitsökonomie beschäftigen. An dieser Stelle muß man sich klar machen, daß auch der Zusammenhang zwischen Verteilungsgerechtigkeit in bezug auf das Gut Krankenversorgung (das soll im weitesten Sinne verstanden werden) und Verteilungsgerechtigkeit in bezug auf andere Güter, wie Einkommen, Bildung, Berufschancen usw., auf sehr verschiedene Weise bewertet und theoretisch begründet werden kann – was ich allerdings hier jeweils nur am Rande werde erwähnen können. Zu den relevanten Theorien nun also gehört zunächst der Liberalismus. Seine Vertreter behaupten, daß die Selbstbestimmung freier Menschen Vorrang habe vor allen Gerechtigkeits- und Wohltätigkeitsüberlegungen, und sehen daher in den Mechanismen eines unbehinderten freien Marktes das einzig gerechte Verfahren.

Da, wo nicht Übervorteilung, Manipulation, Zwang oder anderes Unrecht zu bestimmten Verteilungsmustern geführt haben, sind sie gerecht, wie immer sie aussehen. Solange erwachsene Menschen, ihr Recht auf Selbstbestimmung ausübend, sich krankenversichern oder nicht krankenversichern, Risiken eingehen oder nicht eingehen usw., kann das zwar zu unglücklichen, aber niemals zu ungerechten Unterversorgungen von Patienten führen. Solchem Unglück dann jeweils abzuhelfen, hat niemand eine moralische Verpflichtung, wenn die Abhilfe auch moralisch lobenswert wäre. Diese extreme Position, von der man sagen kann, es sei kein Wunder, daß sie sich in Amerika besonders stark vertreten findet, ist schon für ihre eigenen Befürworter zur Zeit kein praktisches Desiderat, denn gerade sie setzt eine ebenfalls liberalistische Verteilung *aller* Güter voraus, wie sie nirgends realisiert ist. Daneben gibt es eine weniger pragmatische Begründung für eine Abschwächung des extremen Liberalismus, die nämlich gerade in der Versorgung minderbemittelter Kranker ein Element besonderer Wohltätigkeit sieht. Und da Eigen- und Privatinitiativen zur Etablierung eines entsprechenden Versorgungssystems nicht effektiv seien, müsse mit einem sozusagen minimalen kollektiven Paket zur Krankenversorgung Minderbemittelter dieser gesellschaftlich wünschenswerten karitativen Möglichkeit Rechnung getragen werden. Liberalisten können natürlich konsistenterweise sagen, in dem Moment, in dem sich alle Mitglieder einer Gesellschaft frei und selbstbestimmt auf die Einrichtung einer gesetzlichen Krankenversicherung einigten, wäre das dadurch erzielte Verteilungsmuster medizinischer Ressourcen gerecht. Aber sie haben keinen Grund, auf die Einführung eines solchen Systems zu drängen.

Zur Theorie des Egalitarismus

Die 2. Theorie ist die des Egalitarismus, der eine völlige Gleichverteilung aller materiellen Grundgüter mit entsprechenden Konsequenzen für die Krankenversorgung für gerecht hält. Eine spezifischere Theorie plädiert für eine gewisse Entkoppelung von Gesundheitsversorgung und sonstigen Eigentumsverhältnissen mit dem Hinweis darauf, daß Gesundheit ein instrumentelles Gut von einzigartiger Wichtigkeit sei, indem man nämlich ohne sie in der Erreichung aller anderen Lebensziele behindert werde. Das Gesundheitssystem also als eine egalitäre Insel innerhalb eines sonst nicht egalitären Systems; so etwas haben wir zur Zeit mit unserem Krankenversicherungssystem noch. Wo das aber nicht mehr bezahlbar wird, muß der strenge Egalitarismus all jene Leistungen, die nicht mehr allen angeboten werden können, dann auch allen vorenthalten. Er würde also etwa sagen, die Frage, ob wir Herztransplantationen anbieten wollen oder nicht, muß danach entschieden werden, ob wir sie allen in Frage Kommenden bereitstellen können. Entweder für alle oder für keinen. Und er muß ein „opting-out" – ein Sich-Vorteile-Verschaffen – Privilegierter für moralisch unzulässig halten. Von nahem besehen aber ergeben sich insofern keine eindeutigen Entscheidungen, als die Frage der relevanten Gleichheit auf der nächsten Ebene wieder eine Rolle spielt. Man könnte immer noch Egalitarist sein und sagen: „Transplantation für Herzkranke unter 60 mit den und den medizinischen Charakteristika, und das für alle ohne Einschränkung." Insofern bedient sich der Egalitarismus zu seiner praktischen Umsetzung notwendigerweise weiterer Kriterien (s. unten), die allerdings aus Konsistenzgründen nicht das Ergebnis anderweitig inegalitärer Behandlungen sein dürfen. Und schließlich wird eine entsprechende Praxis schon deswegen moderat aussehen, als sich in einer Gesellschaft mit nichtegalitärer Einkommensverteilung nur mit hohen sozialen Kosten würde verhindern lassen, daß Besserverdienende sich privat und ggf. im Ausland Versorgungsvorteile verschaffen.

Zur Theorie des Utilitarismus

Der Utilitarismus als eine weitere eigenständige ethische Theorie hat keine direkte und eindeutige Theorie zu Gerechtigkeit. Als eine Maximierungsethik, die das moralisch Richtige in der Maximierung menschlichen Glücks sieht, benötigt er eine Interpretation dessen, was Glück bedeutet. Dort gibt es unterschiedliche Versionen, und die Frage ist eben, ob man Gesundheit als einen eigenständigen Glücksfaktor anerkennt oder nicht. In jedem Fall aber müssen Utilitaristen nicht nur Gesundheit maximieren wollen, sondern auch soziale Stabilität sowie das Aufrechterhalten bestimmter glücksmaximierender gesellschaftlicher Werte, so daß die meisten Utilitaristen am Ende indirekt einen moderaten Egalitarismus vertreten, weil sie 1. vom abnehmenden Grenznutzen zunehmender Besserversorgung ausgehen und 2. die Nützlichkeitskurven der Menschen in Gesundheitsbelangen für einigermaßen ähnlich halten.

Zur Theorie des Kontraktualismus

Der 4. Typ von Theorie schließlich ist der Kontraktualismus, der wie der Liberalismus kein Verteilungsmuster, sondern ein Verteilungsverfahren zum Maßstab für Gerechtigkeit nimmt. Nach ihm beschränkt sich Gerechtigkeit auf Übereinstimmung mit einem von den Betroffenen diesbezüglich abgeschlossenen Vertrag. Soweit aber solche Vertragstheorien hypothetisch idealisierend interpretiert werden – und das müssen sie, um praktische Relevanz zu erhalten –, machen sie zusätzliche inhaltliche Annahmen über das, was etwa vernünftige Menschen unter spezifizierten Bedingungen für gerecht halten müßten (z.B. John Rawls 1982). Soweit läßt sich festhalten, daß alle bisher genannten Theorien zusätzlicher inhaltlicher Kriterien bedürfen, um für die Gesundheitsökonomie Praktikabilität zu erlangen; daß sie alle auf ein zweiklassiges Versorgungssystem hinauslaufen, sich aber hinsichtlich dessen Begründung unterscheiden sowie in der Frage nach dem Umfang der allgemein zugänglichen Versorgungsleistungen. Für den Liberalismus wird er möglichst klein sein; für den Egalitarismus möglichst groß; Vertragstheorien brauchen zusätzliche Annahmen über ihre hypothetischen Partner; der Utilitarismus bedarf empirischer Daten darüber, wieviel Inegalität glücksmaximierend sei.

Das Lebensalter als Kriterium

Auf der Suche nach den fehlenden inhaltlichen Kriterien sind nun auch ganz andere Strategien eingeschlagen worden, die zunächst unabhängig von diesen zu ihnen quer verlaufend zu sein scheinen. Zwar sind sie von den vorangegangenen Überlegungen nicht wirklich zu trennen, insofern als die genannte Umfangsbestimmung den Rationierungsdruck einerseits vorgibt, andererseits von ggf. unabhängigen Vernünftigkeitsüberlegungen darüber, wie wünschenswert medizinische Leistungen absolut und relativ zu anderen Gütern denn überhaupt sind, beeinflußt wird. Aber in jedem Fall haben sie eigenständige Argumentationskraft jenseits der oben genannten Theorien. Zwei Ansätze sind hier bisher eingeschlagen worden: der eine – in erster Linie von Daniel Callahan (1988), dem Direktor eines bekannten Instituts für medizinische Ethik, des „Hastings Center", vertreten – argumentiert mittels eines normativen Bildes von menschlichem Leben, insbesondere von menschlichem Alter. Der Mensch solle sich darauf zurückbesinnen, daß die Vorgabe der Natur eine Lebensspanne von 75 oder 80 Jahren sei und außerdem der eigentliche Sinn des Alters darin liege, jüngeren Nachkommen Orientierung und Unterstützung zu bieten, von sich selbst und seiner eigenen Lebensverlängerung aber abzusehen. So plädiert er für eine drastische (aber selbstverfügte) Einschränkung geriatrischer Medizin, die auf Lebensverlängerung gänzlich verzichten und sich im wesentlichen auf Komfortabilisierung des verlöschenden Lebens beschränken solle. Quasi nebenbei würde eine solche Einstellung zum Altern auch das Rationierungsproblem lösen helfen. Das Problem für einen solchen naturphilosophischen Ansatz liegt zum einen in seiner mangelnden Konsensfähigkeit (warum soll man denn gerade im Alter von seinen Eigeninteressen absehen, denen man vielleicht ein ganzes aufopferndes Leben lang nicht hat nachgehen können?), zum anderen in der Inkonsistenz, mit der die „Natürlichkeit" von Krankheit und Gebrechen ein Leben lang kein Argument gegen den Einsatz modernster Medizin ist, dies aber dann am Lebensende plötzlich werden soll. Aber Callahans Thesen haben immerhin eine heftige diesbezügliche Diskussion in Gang setzen helfen.

Begrenztes Gesundheitsbudget als Rationierungsprämisse

Der andere Ansatz, sein Hauptvertreter ist Norman Daniels (1988), geht von der Frage aus, wie denn hypothetisch vernünftige Einzelpersonen ihr begrenztes Gesundheitsbudget (Rationierungsprämisse) zu Beginn ihres Lebens verplanen würden. Diese Antizipationsbedingung nun hat einerseits den praktischen Grund, daß man aufgrund von Klugheitsüberlegungen als Versicherungsnehmer oder auch nur als vorausplanender Selbstzahler tatsächlich im voraus festlegen muß, gegen welche Gesundheitsrisiken und für welche Krankheitsfälle man sich auf welche Weise schützen will. Andererseits realisiert diese Antizipationsbedingung auch schon eine ethische Vorgabe. So wie das John Rawls in seiner Gerechtigkeitstheorie entwickelt hat, sollen nämlich die Vorausplaner ihre Entscheidungen hinter einem „Schleier des Nichtwissens" treffen, der sie – in unserem Zusammenhang nun – im Unklaren darüber läßt, welche Krankheiten sie bekommen werden, welche diesbezüglichen Risiken und Dispositionen sie haben werden, welchen Wert sie diesen und jenen Gesundheitsmaßnahmen dann jeweils beimessen werden. Sie sollen eigennützig ihre Chancen, glücklich zu leben, zu funktionieren, Lebenspläne auszuführen, maximieren wollen. Wohl aber soll ihnen das verfügbare anthropologische, psychosoziale und medizinische Wissen ihrer künftigen Gesellschaft zur Verfügung stehen. Und dann müßten sie, so Daniels, zwingend dafür vorsorgen wollen, daß ihnen jeweils ein möglichst großes altersspezifisches Funktionsspektrum erhalten bleibe. Denn einerseits haben Menschen zu verschiedenen Lebensphasen ja ganz unterschiedliche Wertvorstellungen, andererseits ist die Bandbreite der Funktionen, an deren Erhalt jemand interessiert sein könnte, altersspezifisch (ein 95jähriger will nicht Fußball spielen können). Dieser angenommene selektive „Schleier des Nichtwissens" soll also Unparteilichkeit und Chancengleichheit realisieren, ohne Praxisnähe aufzugeben. Und jeder hinter diesem Schleier stehende Mensch (wenn man ihn nur als vernünftig genug idealisiert, bräuchte man nicht einmal Rawls' oder Daniels' Kollektiv von Entscheidern) würde nach Daniels dazu kommen müssen, möglichst viele Ressourcen für evtl. am Anfang seines Lebens auftretende gefährliche Krankheiten bereitzustellen, ziemlich viele für die mittlere Lebensphase und eher wenige für das Lebensende, wo das Nutzenpotential der Medizin verhältnismäßig gering ist. Was am Anfang investiert werde, diene sozusagen dem ganzen Leben, am Ende dagegen bringen große Aufwendungen wenig Frucht. Dort würde der Kluge sich nur noch gegen grundlegende Altersprobleme wie Pflegebedürftigkeit, Schwerhörigkeit, Schmerzen oder Harninkontinenz versichern wollen, nicht aber gegen den Bedarf nach einer Herztransplantation. Diese Argumentation spiegelt Überlegungen wider, nach denen es das Ziel der modernen Medizin sei, die Gesundheitskurve der Menschen über ihre Lebenszeit hinweg möglichst rechteckig zu machen, den Eintritt von Krankheit möglichst weit ins Alter hinauszuschieben, Kranksein zu komprimieren. Und was diese Kompressionsleistung an Ressourcen kostet, muß dann quasi am Ende wieder eingespart werden.

Kritische Anfragen

Den gängigen Vorwurf, damit einer Altersdiskriminierung das Wort zu reden, hat Daniels – wie ich meine – überzeugend entkräftet mit dem Hinweis darauf, daß eine allgemeine Entscheidung zugunsten reduzierter Altersmedizin ja nicht eine bestimmte Gruppe von Menschen benachteilige (wie das rassistische oder sexistische Handlungen täten), sondern uns alle – Eltern-, Kinder- wie Enkelgeneration – beträfe, die wir ja irgendwann einmal alt werden. Aber einmal ganz abgesehen von der offenen empirischen Frage, wieviel sich durch eine (nicht zu einer Einschränkung des Wohlbefindens führenden) Reduktion des medizinischen Aufwandes am Lebensende denn wirklich einsparen ließe, wirft Daniels' Argumentation bei aller Suggestivität zentrale Probleme auf, die ich hier nur anreißen kann.

Entscheidendes von dem nämlich, was da hinter dem Schleier des Nichtwissens entschieden wird, folgt aus bestimmten normativen Vorgaben: Wenn etwa die Verschleierten keine epidemiologischen Kenntnisse hätten, nichts über Krankheitsinzidenzen, Verlaufswahrscheinlichkeiten usw. wüßten, würden sie anders entscheiden als mit solchen Kenntnissen. Im letzteren Fall würde ihr Risikoverhalten eine entscheidende Rolle spielen. Welche Vorgabe ist moralisch richtig: Sollen die Opfer sehr seltener Krankheiten eben aufgrund dieser Seltenheit schlechter versorgt werden?

Oder: Wie sollen die Verschleierten ihre eigene Neigung zu gesundheitsschädigenden Verhaltensweisen prognostizieren? Soll in ihrem künftigen Versorgungssystem die Leistungspflicht gegenüber jemandem aufgekündigt werden können, der durch seinen Lebensstil Krankheitszustände verursacht oder riskiert? Auch hierauf scheint mir die hypothetische Entscheidungskonstruktion keine eindeutige Antwort zu geben. Aber dieser Punkt ist wichtig; man vernimmt zunehmend Stimmen, die von Selbstverschuldung, Risikoprämien und Risikoübernahme reden: die das Drachenfliegen mit einer Versicherungsprämie belegen wollen, welche dann für die Unfallversorgung abgestürzter Flieger verwendet werden soll; die die Nikotin- und Alkoholsteuer direkt in Alkoholiker- und Raucherversorgung fließen lassen wollen usw. Und wir alle finden daran wohl einen verständlichen Kern, meinen wir doch, daß eine gewisse „Entmedikalisierung" unseres Lebens und ein höheres Maß an Eigenverantwortung auch zu einem höheren Maß an allgemeiner Gesundheit führen würden. Ich finde dennoch, daß die Argumente dagegen, daß man Raucher einfach nicht mehr behandelt oder jemanden am alkoholbedingten Leberversagen einfach sterben läßt, viel stärker sind: Erstens kann man bei der bekannten multifaktoriellen Genese von Krankheiten deren faktische Kausalfaktoren jeweils nicht eindeutig identifizieren. Zweitens haben wir schon in Alltagsdingen große Probleme damit, die Freiwilligkeit von Verhaltensweisen festzumachen; bei Drogenabhängigkeit usw. wird das noch schwieriger. Und schließlich wären die sozialen Kosten solcher Schuldzuweisung enorm hoch – man denke nur an all die konsekutive Verunsicherung und Verängstigung, Diskriminierung und Kontrolle.

Zusammenfassung

Trotz allem scheinen mir Ansätze wie der von Daniels hoffnungsvoll und wichtig, erwecken sie doch die Hoffnung darauf, in einem – vielleicht mühsamen – Einigungsprozeß bestimmte medizinische Leistungen für relativ entbehrlich zu halten und demokratisch und antizipierend auf sie zu verzichten. Damit komme ich zu einem letzten mir wichtigen Punkt: Alles bisher Gesagte ging stillschweigend davon aus, daß Rationierung, wenn sie denn notwendig ist, anonym, unpersönlich, transparent und im voraus erfolgen muß. Das möchte ich hier noch einmal explizit betonen. Es macht für unsere Intuitionen über gerechte Verteilung einen entscheidenden Unterschied, ob wir es mit konkreten, identifizierbaren Personen zu tun haben (denen wir als Arzt oder Angehörige zur Seite stehen oder die wir gar selbst sind) oder mit statistischen Adressaten. Diesen Unterschied zu leugnen, mag er auch irrationale Wurzeln haben, wäre vermutlich mit sehr hohen sozialen Kosten verbunden. So wäre es schon deswegen (von Intransparenz und Willkür einmal abgesehen) keineswegs wünschenswert, daß Ärzte persönliche Allokationsentscheidungen gegenüber konkreten Patienten durchführen oder verantworten müßten. „Triagefälle" dürfen nicht absichtlich zur Regel gemacht werden, um so das Problem systematischer Rationierung zu umgehen, auch wenn das zu ihrer Entscheidung wohl allermeist benutzte Kriterium der medizinischen Utilität (der Kränkere kriegt das Bett) zunächst irgendwie intuitiv näherliegender sein mag als alle anderen Verteilungskriterien. Man täusche sich nämlich nicht über die kumulativen Effekte, die dadurch eintreten würden, daß man Fehlbetten, Fehloperationen, eben fehlende Ressourcen als zufällige Engpässe über alle Patienten streute. Und schließlich gehen in die Feststellung der „medizinischen Nützlichkeit" leicht und vielleicht unkontrollierbar unabhängige nichtmedizinische Verteilungskriterien ein, über deren Relevanz wir ja gerade erst diskutieren.

Fazit: Gerechtigkeitsüberlegungen werden uns vermutlich dazu bringen, ein zweiklassiges Gesundheitssystem zu befürworten (das wir im Grunde schon haben, wenngleich dessen nicht allgemein bezahlte „Luxusklasse" bisher einen nur kleinen Umfang hat). Solange bzw. wenn wir uns auf eine allgemein akzeptable weitergehende konkrete Realisierung solcher Zweiklassigkeit trotz Rationierungsdruckes nicht demokratisch einigen können, sollten wir – davon war bisher noch gar nicht die Rede – ein wirklich pluralistisches Krankenversicherungssystem in Erwägung ziehen, das dem einzelnen unterschiedliche Budgetierungsformen (und Rationierungsweisen) anbietet.

Literatur

Callahan D (1987) Setting limits. Medical goals in an aging society. Simon & Schuster, New York London
Daniels N (1988) Am I my parents' keeper? An essay on justice between the young and the old. Oxford Univ Press, New York Oxford
Rawls J (1982) Eine Theorie der Gerechtigkeit. Suhrkamp, Frankfurt am Main

Diskussion 2

Schultz:
Ich kann mich, selbst wenn ich Gerechtigkeit für eine Utopie halte, nicht mit dem Gedanken abfinden, daß wir uns eine Zweiklassengesellschaft gönnen sollten. Die es bezahlen können, bekommen die Medizin erster Klasse, und in bezug auf die anderen kommt das alte Wort wieder hoch, das zu Anfang dieser Republik eine ungute Rolle gespielt hat: „Weil du arm bist, mußt du früher sterben." Bemühungen um Rationalisierung und Rationierung sind deutlich. Von seiten der Politik wird unehrlich argumentiert: Man will die Krankenkassen abspecken, von überflüssigen oder nicht mehr bezahlbaren Lasten befreien, damit sie zahlungsfähig bleiben. Ich habe heute schon einmal gesagt, man sollte staatliche Fremdlasten von der Krankenversicherung wegnehmen, was politisch schwierig ist, aber redlich wäre. Die gesetzliche Krankenversicherung, von Bismarck eingeführt und seit über 100 Jahren bewährt, ist finanzierbar. Die Krankenkassen können gelassen in die Zukunft sehen und sind auch dem Fortschritt der Medizin gewachsen. Jetzt schon den Hirnblasen amerikanischer Philosophen zu folgen würde ich mich weigern wollen.

Zeller:
Herr Schultz hat schon 2mal das Problem der Fremdleistung angeschnitten. Diese Diskussion führt nicht weiter, denn entlasten wir den Versicherungsnehmer von dieser Fremdleistung, er ist ja identisch mit dem Steuerzahler, dann zahlt er das Gleiche über die Steuer.

Pflanz:
Wenn wir, was auch mir eigentlich als ideal erschiene, ein auf das Lebensalter bezogenes Versorgungsmodell hätten, würde mit Sicherheit folgendes geschehen. Ein junger Mensch sagt: Jetzt bin ich kräftig, jetzt will ich, daß alles für meine Gesundheit getan wird. Wenn ich 40 bin, dann werde ich vielleicht sagen, ein bißchen mehr könnte jetzt doch getan werden. Wenn ich alt bin und gewohnt war, daß viel zu meiner Gesunderhaltung aufgewendet wurde, dann will ich ganz sicher nicht plötzlich in ein tiefes Loch fallen. Menschen, die im Laufe ihres Lebens so allmählich im Gesundheitszustand absinken, lernen damit umzugehen. Wenn ich bis 70 nie wirklich krank war, nie mit Schmerzen zurechtkommen mußte, wie lerne ich es dann, mit Einschränkungen trotzdem noch ein erfülltes Leben zu führen?

Zeller:

Frau Schöne-Seifert, Sie haben ein Plädoyer für die Nichtausgrenzung von Leuten abgegeben, die das Gesundheitsrisiko selber erhöhen – durch Sport, durch Rauchen usw. Das wird scheitern, da gebe ich Ihnen recht, z.B. an der Kontrollierbarkeit. Aber ich frage, weil Sie einen Gerechtigkeitsansatz gewählt haben, nach dem christlichen Ansatz, weil er für unsere Bewertung der Gerechtigkeit wichtig ist. Die christliche Gerechtigkeit geht von der Fragestellung aus: Wie weit bin ich selber für die Folgen verantwortlich? Das Christentum lebt von der Schuldhaftigkeit des eigenen Handelns. Kann man von diesem Ansatz her jemanden, der Krankheit schuldhaft herbeigeführt hat, von der Ressource Gesundheit ausgrenzen?

Zum Alter: Es gibt ja schon umgekehrte Tendenzen, bei denen das Alter zwar nicht gerade bestraft, aber stärker belastet wird. In der privaten Krankenversicherung muß man als alter Mensch mehr bezahlen als ein junger. Bei der geplanten Pflegeversicherung wird ein 45jähriger härter angefaßt werden als ein 25jähriger. Wie weit kann man das unter Gerechtigkeitsgesichtspunkten tolerieren?

Schöne-Seifert:

Es ist kein legitimer Anspruch, jemanden, der über Gerechtigkeitstheorien referiert, zu fragen, was er oder sie unter Gerechtigkeitsaspekten zu Sachfragen sagen könne. Ich habe bis auf die eine Stelle, wo ich ein Plädoyer gegen das Verschuldungsprinzip abgegeben habe, mich aber sonst nicht zu Sachfragen äußern wollen. Ich kann also keine Antwort geben. Hier divergieren die Ansichten sehr, und eine Diskussion ist notwendig.

Die Frage, wie lange man durch Entlastung der Krankenkassen der Rationierungsverpflichtung ausweichen kann, ist eine rein empirische. Ob man damit weitere 10 Jahre die Diskussion hinausschieben kann oder nicht, ändert doch nichts an der Tatsache, daß sich dieses Problem irgendwann stellen wird. Mein Ansatz war, daß wir alle nicht über Gerechtigkeitskriterien zur Ausgrenzung nachdenken wollen, aber die Umstände uns dazu zwingen werden. Und dann macht es immer noch einen großen Unterschied, wie man die sog. ausgegrenzten Leistungen, die Luxusmedizin definiert. Einzelzimmeransprüche oder eine besondere Zahnversorgung lassen sich als Behandlung erster Klasse ganz gut tolerieren. Wenn es um Nierentransplantation für 50jährige geht, die als Regelleistung ausgeschlossen wird, die man aber durch Bezahlung erreichen kann, dann würde uns allen ganz schlecht. Das Bekenntnis zu einem Zweiklassensystem ist also zunächst ein formales, und alle Theorien – bis auf den strikten Egalitarismus – laufen auf ein formales Zweiklassensystem hinaus, ohne über Umfang und Leistungskatalog der jeweiligen Klassen etwas zu sagen.

In einem auf das Lebensalter bezogenen Versicherungsangebot müßten viele Menschen Schiffbruch erleiden, weil sie im Laufe ihres Lebens ihr Risikoverhalten ändern. Das wäre eines meiner Argumente gegen das Verschuldungsprinzip. Die Risikoeinschätzung eines gesunden jungen Drachenfliegers ist eine völlig andere als die eines anderen, der schon einmal eine Bruchlandung gemacht hat. Und die christliche Morallehre entlastet uns noch lange nicht davon, alles zu tun, um Selbstverschulden hier auf Erden zu kompensieren.

Horisberger:
Ich habe den Eindruck, daß die Medizinethik immer mehr in Verzug gerät gegenüber dem technologischen und medizinischen Fortschritt einerseits und den
ökonomischen Theorien andererseits. Medizinethik hat zweifellos keine fertige
Lösung anzubieten. Denn wenn sie eine hätte, dann müßte das eine sein, die von
der Mehrheit der Gesellschaft in allen Konsequenzen verstanden und akzeptiert
wird.

Für mich ist das Verteilungsproblem dann gegeben, wenn wir einen Patienten
mit großem Aufwand behandeln sollen und dafür andere, die mit kleinerem Aufwand geheilt werden könnten, nicht oder zu spät behandeln. Solange wir diese
Entscheidung nicht treffen müssen, bleibt das Ganze rein theoretisch.

Die Ökonomen sagen doch, daß man mit zunehmender Verbreitung einer Methode noch einen Nutzen stiften kann, aber dafür die Nachteile und Risiken zunehmen. Wenn die Nachteile den Nutzen überwiegen, dann ist das Ganze nicht
mehr vernünftig. Das ist eine starke Vereinfachung. Diese zwei Dinge, nämlich
die ökonomische und die ethische Betrachtungsweise, scheinen mir konfliktfrei
nicht vereinbar. Was die Amerikaner versuchen, ist eine sehr materialistische
Ethik einerseits und eine absolute Ethik andererseits, die mit der Gegenwart sehr
schwierig in Verbindung zu bringen ist.

Arnold:
Durch Rationalisierung wird Effizienzsteigerung erreicht, d.h. mit weniger Aufwand wird gleicher Output erzielt; und Rationierung bedeutet Verzicht auf effektive Leistung. Rationierung muß den Ökonomen gegen den Strich gehen. Denn
der Verzicht auf effektive Leistung bedeutet ja, am ökonomischen Ziel vorbei-
zugehen. Deshalb könnte ich mir vorstellen, daß der Druck auf Rationalisierung
zunimmt, bevor man an Rationierung denkt. Herr Horisberger hat in seinem
Vortrag eine ganze Reihe von liebenswert boshaften Bemerkungen gemacht, die
zeigen, daß viel Luft im System ist. Wenn alle diese Wirtschaftlichkeitsreserven
ausgeschöpft sind, von denen Frau Schöne-Seifert gesprochen hat, also z.B. der
diagnostische Overkill beseitigt worden ist, und die Notwendigkeit zur Effizienzsteigerung weiter besteht, könnte man auf die Idee kommen, daß ein Herunter-
fahren der Leistungen der Ärzte eine Methode wäre, um Mittel zu mobilisieren.
Damit wäre wirklich eine ganz andere Art von Gerechtigkeit angesprochen.

Schöne-Seifert:
Das sehe ich auch so. Ich habe den Schnitt zwischen Rationalisierung und Rationierung mit der Bemerkung gesetzt, daß man über diese Dinge erst nachdenken
darf, wenn aus Effizienzgründen ärztliche Einkommen ein bestimmtes Niveau
unterschreiten und es etwa zu einer Sozialisierung des Gesundheitssystems käme.
Einiges würde in Unordnung geraten, und man würde Rationalisierungsspiele
treiben. Solange wir die Rationierung, die bei uns heute schon an allen Ecken und
Enden stattfindet, nicht wahrnehmen, ist es einfach blauäugig, zu sagen: „Wir rationieren nicht! Wir finden das unmenschlich und ungeheuer materialistisch!"
Wenn man überhaupt sagen kann, daß es eine angloamerikanische Ethikposition
dazu gibt, die irgendwie einheitliche Couleur hat, dann, Dr. Horisberger, scheint
es mir nicht richtig zu sein, sie ausschließlich als materialistisch zu bezeichnen.

Man kann doch strikten Egalitaristen nicht vorwerfen, sie würden jedes künstliche Herz und alle möglichen materiell-technischen Fortschritte (die Klassifikation ist schwierig) über Bord werfen und sagen, im Interesse einer idealen Gerechtigkeit, einer Gleichverteilung medizinischer Ressourcen verzichten wir auf das alles. Es ist unerträglich, sich vorzustellen, daß auch nur ein Herz oder eine Niere oder ein Intensivbett jemandem aufgrund von Einkommensunterschieden oder irgendwelchen willkürlichen Gerechtigkeitskriterien zukommen könnte. Es ist unerträglich, sich vorzustellen, daß wir wegen einer idealen Gerechtigkeit lieber das Versorgungsniveau einfrieren oder reduzieren. Ich denke, man kann einfach nicht sagen, daß die Ethik da nur eine Couleur hat.

Man kann nicht sagen, daß die ethische Diskussion den eigentlichen Dingen hinterherhinke. In ihren Diskussionsgegenständen hat sie das zwar immer getan, das ist keine Frage, von den Nuklearwaffen bis zur Gentechnologie. Aber man kann doch nicht leugnen, daß die ökonomischen Fragestellungen ethische Aspekte haben, die man als solche wahrnehmen kann und will oder nicht. Jedenfalls ist das doch keine zusätzliche Disziplin und kein zusätzlicher beliebig an- und abstellbarer Blickwinkel, um den es sich da handelt, sondern wenn ein Ökonom mir Rationierung als Rationalisierung verkauft, dann hat das eine ethische Dimension, die man leugnen kann oder nicht. Und das ist dann auch etwas, was man ethisch beleuchten kann und sollte.

Horisberger:
Knapp werdende Ressourcen haben auch die Amerikaner, nicht nur wir, und zwar auf dem Gebiet des Personals. Bestimmte Verfahren sind sehr personalintensiv, und wir können das Personal nicht mehr rekrutieren, um diese Verfahren allen Leuten zur Verfügung zu stellen. Jetzt geht das Personal da hin, wo die besseren Arbeitsbedingungen herrschen. So kommt es einfach zu Unterschieden, und das Kriterium dafür ist ein rein materielles.

Schöne-Seifert:
Ich denke, zu diesem groben Schema würden nur Liberalisten sagen, das sei gut, das sei der Markt. Die privaten Krankenhäuser können bessere Gehälter zahlen, dann gehen eben die guten Pflegekräfte dorthin, und wer es sich nicht leisten kann, in ein solches Krankenhaus zu gehen, der hat Pech – aber das ist nicht ungerecht. Ich halte das für eine entsetzliche Entwicklung, als Gerechtigkeit anzuerkennen, an einer Stelle Pflegekräfte zu rationieren, die dann zu Luxussanatorien gehen, statt dort zu arbeiten, wo sie vordringlich gebraucht werden.

Arnold:
Die Situation in der Welt ist schon längst so: Wir brauchen nur an die Entwicklungsländer zu denken. Insofern führen wir hier eine ganz abgehobene Diskussion. Eines ist sicher: Wir können tun, was wir wollen, um eine Zweiklassenmedizin kommen wir nicht herum. Schon mit mehr Wissen habe ich einen Vorteil gegenüber dem, der weniger informiert ist. Dutzende weitere Kriterien, in denen ich mich von anderen unterscheide, räumen mir einen Vorteil ein. Es wäre unsinnig, zu glauben, daß man wirklich Gerechtigkeit in dem hohen Sinne erreichen kann, wie wir es hier diskutieren.

Firnkorn:
Der Beitrag von Frau Schöne-Seifert erinnerte lebhaft daran, daß sich die Ökonomie originär aus der Moralphilosophie entwickelt hat. Adam Smith war Moralphi-
losoph. Es ist auch nicht schwer, zwischen der Ökonomie und dem Dargestellten
theoretisch einen Zusammenhang herzustellen. Die beiden Hauptprobleme, mit
denen sich die Ökonomie beschäftigt, sind die Allokationsfrage und die Verteilungsfrage.

Allokation fragt danach, wie man die Produktionsfaktoren einsetzen muß, damit ein bestmögliches Ergebnis herauskommt. Das genau ist die Rationalisie-
rungsfrage, die Sie von der ethischen Seite her auch gestellt haben. Die ethische
Implikation dahinter ist die Grundaussage: Verschwendung ist Sünde. Hinter
dem ökonomischen Prinzip steckt zumindest auf der kollektiven Ebene zunächst
einmal ein ethischer Imperativ.

Das zweite ökonomische Problem ist die Verteilung: Man fragt danach, wie das
Sozialprodukt nach Gerechtigkeitsvorstellungen, aber auch nach bestimmten Ef-
fizienzgesichtspunkten, nach Gesichtspunkten der sozialen Befriedung, günstig
und richtig verteilt werden kann. Die Ökonomie hat auch dafür verschiedene Paradigmen entwickelt. Gemeinsamer Kern dieser Paradigmen ist, daß man die Verteilungsfragen in der Ökonomie nicht losgelöst von den Allokationsfragen regeln
kann und umgekehrt; es ergeben sich gegenseitig gravierende Einflüsse. Soziali-
stische Systeme müssen zur Durchsetzung ihrer egalitären Verteilungsvorstellun-
gen bis in den Allokationsbereich hinein vordringen und bestimmte Bereiche der
Produktion und der Dienstleistungen so organisieren, daß ein egalitäres Vertei-
lungsergebnis zustande kommt. Umgekehrt: Wenn man eine Maximierung des
Ertrages der Güterproduktion und der Erstellung von Dienstleistungen anstrebt,
muß man auf seiten der Verteilungsfrage ein bestimmtes Ausmaß an Ungleichheit
in Kauf nehmen, sonst kommt auf der Allokationsseite kein maximales Produktionsergebnis zustande. Deswegen ist auch Herrn Arnold zuzustimmen: „Hochlei-
stung", ein hohes „Produktionsergebnis" in der Medizin muß auf der Verteilungs-
seite zu Ungleichheiten führen, also zur Zweiklassen- oder Mehrklassenmedizin;
und umgekehrt, stärkere egalitäre Tendenzen wirken automatisch negativ auf das
Niveau des Leistungsprozesses, wie wir bei einem Blick auf die früheren sozialistischen Länder feststellen können. Dieser Prozeß hat eine schraubenartige Ab-
wärtstendenz: Da insgesamt weniger zur Verteilung zur Verfügung steht, wird der
Zwang, zu rationieren, also zuzuteilen, um so stärker, was wiederum zu weiteren
Demotivationen im Produktionsbereich führt.

Frau Schöne-Seifert, finden sich in der neueren Literatur Ansätze anderer Ge-
rechtigkeitsbegriffe, die in ähnlicher Weise nützlich und hilfreich sind, wie Sie dies
für die Justitia distributiva aufgezeigt haben?

Schöne-Seifert:
Für die Justitia commutativa, die ausgleichende Gerechtigkeit, gibt es eine Reihe
Ansätze. Wenn die Gerechtigkeitskonzeption, etwa wie bei Daniels, eine ist, die
ein bestimmtes Verteilungsmuster als gerecht ansieht, in dem möglichst alle Menschen ihre rechteckig gemachte Gesundheitskurve bekommen, dann wird völlig
klar, daß jemand, der etwa durch die unglücklichen Umstände seiner genetischen
Veranlagung mit Handikaps auf die Welt kommt, entsprechend mehr bekommen

muß, um dieses Niveau zu erreichen. Dieses Konzept kann den gleichen Anteil an Versorgung für alle nicht als gerecht empfinden. Jemand, der mehr braucht, sollte eben auch mehr haben. Mir scheint das völlig richtig zu sein.

Rudolf:
Was macht die Ethik, wenn sie an ökonomische Grenzen der Gesellschaft stößt, also wenn es nicht allein um Medizin geht, sondern um den gesellschaftlichen Hintergrund? Ich mußte an eine epidemiologische Studie denken, die die Probanden, also die Bevölkerung, nach gesellschaftlichen Schichten einteilt. Die unterste soziale Gruppe enthält 36% dauerhaft psychisch Kranke, das oberste soziale Stratum nur 8%. Spiegelbildlich dargestellt: Dauerhafte psychische Gesundheit ist am stärksten in der obersten sozialen Schicht vorhanden, die geringste Quote in der untersten Schicht. Die vielen Angehörigen der untersten Gruppe hätten die zahlenmäßig stärkste Therapiebedürftigkeit; in der Regel nach RVO versichert, haben sie nur einen geringen Anteil am „Therapiekuchen", die Ersatzkassenversicherten mit ihrer kleinen Quote machen dagegen den höchsten Anteil aus. Die RVO-Kassen haben weniger Geld wie die Ersatzkassen, sie können nur 69 DM für eine Therapiesitzung zahlen, die Ersatzkassen zahlen 90 DM; der Therapeut, der auch nur ein Mensch ist, überlegt sich, ob er für 20 DM weniger arbeitet, wenn er die Wahl zwischen 2 Patienten hat. An diesem Punkt hätte ich große Skepsis gegenüber christlicher Ethik, die mit Schuldzuweisung operiert: Wer sich in die unterste Schicht hineinmanövriert, ist selber schuld und soll sehen, wie er da herauskommt, oder er findet seinen Lohn im Himmel. Die – hier sehr vereinfacht skizzierte – Idee von christlicher Ethik wäre mir sehr unheimlich, die Krankheit als Schuld darstellte.

Schöne-Seifert:
Ich würde erstens auf die theologische Antwort hoffen. Zweitens würde ich als ethische Antwort auf Mißstände nach meinen Vorstellungen aus dem Spektrum der angebotenen Konzeptionen einfach aussuchen, was mir am plausibelsten erscheint. Wenn wir irgendwann einmal dahin kämen (was furchtbar wäre), daß wir Psychotherapien bei Leuten mitten im Leben abwägen müßten gegen Herztransplantationen bei 90jährigen, dann wäre meine Antwort ganz eindeutig, daß das erstere viel wichtiger ist und mehr Funktionseinschränkungen ausgleichen kann, effektive Therapien vorausgesetzt. Aber es sollte zumindest klar geworden sein, daß bei all diesen Überlegungen die sog. sozialen Kosten und die moralischen Kosten für eine Gesellschaft immer mit eingehen. Es ist völlig utopisch zu glauben, daß wir Gesundheit irgendwie „verteilen" und sonst nicht rechts und nicht links schauen könnten. Diese Fragen entscheiden am Ende über die Gesellschaft, in der wir leben; welche Gerechtigkeitsvorstellungen in ihr herrschen. Es gibt eben leider keine Gerechtigkeitskriterien, die wir der menschlichen Natur ablesen können, sondern diese setzen wir irgendwo.

Schräder:
Es hat vielleicht ein Mißverständnis gegeben. Frau Schöne-Seifert ging in ihrem Vortrag von der Hypothese aus, daß wir in Zukunft mit Rationierung rechnen müßten. Dabei ist vielleicht bei einigen der Eindruck entstanden, sie meinte, wir

hätten gegenwärtig keine Rationierung. In den letzten Minuten ist dieser Eindruck etwas korrigiert worden. Ich denke, wir würden uns weit von der Realität in diesem Lande entfernen, würden wir nicht sehen, daß wir in einem gigantischen Ausmaß Rationierung im Gesundheitswesen haben. Sie ist sozusagen implizit da, wir thematisieren sie nicht – oder wenn wir es denn tun, wird diese Frage sehr schnell mit einem spezifischen gesundheitspolitischen Odium behaftet. Diese Diskussion haben wir vor etwa 10 Jahren in der Bundesrepublik geführt. Es hat damals eine erbitterte Auseinandersetzung zwischen den Vertretern der ärztlichen Verbände und denen der Förderorganisationen entsprechender Forschungsprogramme gegeben. Die Verbände hatten angenommen, mit dieser Fragestellung und mit dem Aufzeigen sozialer Unterschiede, die das Gesundheitssystem und das Gesellschaftssystem insgesamt hervorbringt, sei der moralische Vorwurf individuellen Fehlverhaltens des einzelnen Arztes verbunden. Einige der damaligen Untersuchungen und die Äußerungen von Herrn Arnold in den letzten 5 Jahren, der den angelsächsischen Stand der Diskussion in dieser Frage bekanntgemacht hat, haben bei den Ärzteverbänden zu einem Wandel in den Auffassungen und zu einer höheren Akzeptanz geführt, daß wir in unserem Gesundheitssystem solche Unterschiede haben, daß wir implizit eine Fülle von Rationierung betreiben. Ich will nur schlaglichtartig einige Bereiche nennen: Gesundheitsvorsorge in den Gefängnissen, die Psychiatrie, die gesundheitliche Betreuung von vielen Behinderten, die Geriatrie u.a. Die gesundheitsökonomischen Fragen sind unsere Fragen! Das sind nicht die Probleme irgendwelcher amerikanischer Wissenschaftler, sondern das ist sozusagen das Nachholen von ständiger impliziter Rationierungspraxis. Es ist an der Zeit, daß wir uns in der Bundesrepublik viel intensiver mit den Kriterien auseinandersetzen, die wir für diese Rationierung heranziehen.

Schöne-Seifert:
Ich habe darauf verzichtet, einen weiteren Entwurf darzustellen: Gerecht ist, die Rationierung möglichst nicht offenkundig werden zu lassen. Es spräche nichts dagegen, zu rationieren, solange wir das intransparent machen können. Ich halte das für eine Horrorvorstellung, aber ich glaube, es würden sich ziemlich viele Anhänger der Ansicht finden, daß es wichtiger sei, daß jeder Mensch in unserer Gesellschaft glaubt, für ihn würde alles getan, als daß er analysieren und verstehen könne, nach welchen Gerechtigkeitskriterien vorgegangen wird. Wenn wir dahin kommen, in noch größerem Maße als bisher zu rationieren, wäre ich der Hoffnung, daß wir uns damit abfinden könnten, zumal wenn wir es heute für übermorgen tun. Zwar nehmen wir uns allen Chancen, und das ist bedauerlich, aber dafür haben wir eben vieles andere. Die Verteilung ist unter dem Strich ein Nullsummenspiel, und was wir hier wegnehmen, haben wir dort und umgekehrt.

Salzl:
Es gibt niemanden mehr, der Pflegekraft im Krankenhaus werden will, nicht nur deswegen, weil zu schlecht bezahlt wird, sondern weil es ein unangenehmer Job ist, der nicht in unsere Lebenswelt paßt. Es gibt also Zwänge zur Rationierung, die schwierig beeinflußbar sind. Ein weiterer Gesichtspunkt: Der Gesetzgeber hat mit dem Gesundheitsreformgesetz einen Weg in Rationierungsrichtung beschritten; er hat nämlich die einfachen Erkrankungen und Befindlichkeitsstörun-

gen aus dem Leistungsrahmen genommen. Dadurch ist aber niemand in die Lage versetzt, sich bei diesen Befindlichkeitsstörungen diese Leistungen nicht doch selbst beschaffen zu können. Der Aufwand dafür ist jedem zuzumuten, davon geht der Gesetzgeber aus. Daraus folgt die Konsequenz: Wenn schon rationiert werden muß, dann bei den Leistungen im Versicherungsleistungswesen, die am einfachsten für den Staatsbürger zu finanzieren sind. Man kann außerdem Härtefallregelungen einbauen. Damit ist Rationierung von unten nach oben, von den billigsten Leistungen zu den teuersten Leistungen, noch der verträglichere Weg, und dann brauchen wir auch nicht darüber zu reden, daß die teueren Leistungen wie Herztransplantationen rationiert werden müssen. Es ist ja heute schon darauf hingewiesen worden, daß gerade diese teureren Leistungen am Gesamtvolumen der Leistungsausgaben den geringsten Anteil ausmachen.

Schirmer:
Es ist sicher positiv, wenn man keine Zweiklassenmedizin haben will; und wenn man sich die Bundesrepublik Deutschland heute ansieht, kann man vielleicht eine solche Forderung aufstellen. Aber weltweit gibt es heute schon mehr als eine Zweiklassenmedizin, und wenn man sich Deutschland als Ganzes ansieht, dann gibt es eine Zweiklassenmedizin, nämlich die bundesdeutsche und die DDR-Medizin – und das bringt außerordentliche Unterschiede für die Patienten und wird uns auch noch ein Weilchen beschäftigen. Deshalb wird es notwendig sein, zwischen dem Liberalismus und dem Egalitätsprinzip einen vernünftigen Kompromiß zu finden. Sicher wird es von den politischen und ökonomischen Möglichkeiten abhängen, wie sozial verträglich man einen solchen Kompromiß gestalten kann. Da spielt auch die psychologische Seite, wie man ihn geschickt kaschiert, keine ganz unwichtige Rolle. Und für den Arzt, wenn er am Bett des Kranken steht, ist das immer eine Entscheidung, die wissenschaftliche, soziale und ökonomische Konsequenzen hat. Der Arzt muß solche Entscheidungen eigentlich an jedem Tag treffen. Deshalb halte ich es für gut, wenn wir den Fragen der Ethik mehr Raum widmen als bisher.

Schöne-Seifert:
Ich will nur darauf hinweisen, daß ein System, das entscheidet, so zu rationieren, daß man *oben* den Hahn zudreht und einfach *unten* „zufällige" Engpässe zustande kommen läßt, z.B. eine Herztransplantation gegen 5 billigere andere Operationen aufrechnet, ethisch nicht zu rechtfertigen wäre. Das sähe zwar wertfrei aus, als sei es eine tragische, aber nicht irgendwie begründete und von uns gewollte Entscheidung. Es käme jedoch zu ungeheuer ungerechten Situationen.

Wer trägt eigentlich die Verantwortung für die Gesundheit?*

H.-M. Sass

Vor langer, langer Zeit lebte ein kleiner Prinz. Seine Eltern nannten ihn Adam. Zu seiner Geburt schenkten sie ihm einen wundervollen strahlenden Edelstein. Alle Prinzen und Prinzessinnen besaßen einen nur für sie bestimmten, einzigartigen strahlenden Stein. Einige Steine waren glänzender als andere, manche waren farbiger; sie hatten verschiedene Formen und Größen und waren unterschiedlich schwer; alle wurden geladen mit kleinen Sonnenenergiebatterien, die die wundersame Strahlkraft der Steine erneuerten. Und diese Strahlkraft war es, die Körper, Seele und Geist stärken und stützen konnte.

Der Besitzer mußte seinen Stein immer bei sich tragen und durfte ihn nicht verkaufen. Aber es war ihm erlaubt, einige der Kräfte seines Steines einzutauschen gegen andere, da die Steine, obschon alle sehr kostbar, die von den Prinzen und Prinzessinnen geschätzten Eigenschaften in unterschiedlichen Ausprägungen enthielten. Ein richtiger Markt entwickelte sich für den Austausch und Handel mit diesen Eigenschaften.

Die Prinzen und Prinzessinnen mußten auf ihre persönlichen Edelsteine gut achtgeben, denn jeder erhielt nur einen einzigen. Die kostbaren Steine konnten verlorengehen, gestohlen oder durch Vernachlässigung oder Mißhandlung zerstört werden. Verlor ein Prinz seinen Edelstein, war er kein Prinz mehr und mußte sterben. Edelsteine, die vernachlässigt wurden, verloren mit der Zeit ihre Wirksamkeit; man unterstützte sie dann durch erhaltende Maßnahmen. Man kümmerte sich um die Solarbatterien und achtete darauf, daß sie regelmäßig Sonnenlicht bekamen. Maßvolle Übungen kräftigten und stabilisierten ihre Aufnahmekapazität und verlängerten ihre Strahlungsdauer.

So entstand der Beruf des Edelsteinarztes. Edelsteinärzte beschäftigten sich eingehend mit der Erforschung der Strahlungskräfte der Steine, mit Vorsorge und Diagnose bei Problemen und Gefährdungen, mit der Wiederherstellung bestimmter Fähigkeiten und manchmal auch nur damit, einen weiteren Verfall aufzuhalten.

Natürlich ging es mit allen Strahlungskräften früher oder später zu Ende. Aber Achtsamkeit und gute, manchmal auch teure Edelsteinärzte konnten die Strahlungsdauer verlängern, sogar in Fällen von offensichtlichem Mißbrauch und Mißhandlung durch den Besitzer. Früher hatte es ein staatliches Reparaturwesen gegeben mit kostenlosen Edelsteinbehandlungen und Erhaltungsmaßnahmen; nach

---

* Nichtautorisierte Übersetzung eines englischsprachigen Referates, das wegen Erkrankung des Autors auf der Tagung nicht gehalten werden konnte.

2 Generationen wurde es jedoch aufgegeben. Manche sprachen von Bankrott, weil so viele Prinzen und Prinzessinnen im Vertrauen auf das subventionierte Reparatursystem verantwortungslos mit ihren Edelsteinen umgegangen waren, andere meinten, es wäre deshalb aufgegeben worden, weil es technisch so effizient wurde, daß die Strahlungszeiten weit überzogen wurden und man darauf bestand, einige wenige Funktionen eines Steins zu erhalten, auch wenn seine essentiellen Kräfte längst erloschen waren. So mußten manche Prinzen mit blassen und kraftlosen Edelsteinen mit recht konfuser Ausstrahlung herumlaufen, während andere Prinzen ihre Steine gar nicht mehr benutzten aus Angst, daß auch aus ihnen solche freudlosen und schwachen Wesen werden könnten. Die Prinzen und Prinzessinnen erhielten jetzt Scheine, mit denen sie sich verschiedene Leistungen der Edelsteinärzte kaufen konnten, wie z.B. Untersuchungen, regelmäßige Überwachung, Informationen zur Selbsthilfe, Erziehung zur Vorsorge, Hilfe im Notfall und sogar Beistand am Ende.

Zurück zu Prinz Adam. Wie erwähnt, schenkten ihm seine Eltern einen wunderschön strahlenden Stein voller Kraft. Er genoß die Fähigkeiten seines Steins sehr und tauschte manche von ihnen gegen intellektuelle, ökonomische, soziale und sexuelle Kräfte von Steinen seiner männlichen und weiblichen Spielkameraden aus. Manchmal ging er jedoch zu weit. Er genoß Sex, Drogen, Essen und Sport; manches davon erhöhte die Regenerationskräfte seines Edelsteins. Aber anderes, im Übermaß und längere Zeit genossen, schwächte die Strahlkraft seines Steins, ebenso wie die exzessiven Spiele um Macht, Geld und Glück.

Prinz Adam war schlau; jedenfalls glaubte er das. Bei jeder Panne ging er in den Edelsteinreparaturshop, während er sein hektisches Leben weiterführte. Schließlich ging es Prinz Adam sehr schlecht, und als er auf seinen Edelstein sah, erinnerte er sich an die Worte seiner Eltern, daß die Reparaturkünste der Edelsteinärzte begrenzt und die Ergebnisse manchmal schmerzhaft und unerwünscht seien; deshalb solle er eher auf die Heilkräfte und Regenerationsfähigkeit des Wundersteins vertrauen. Aber es war zu spät: Etwas stimmte nicht mehr mit der Wiederaufladekapazität des Edelsteins; es war wie eine Leberzirrhose bei gewöhnlichen Menschen. Edelsteinärzte wurden eingeschaltet, konnten jedoch den anhaltenden Schwund der Strahlungskräfte nicht zum Stillstand bringen; sie brachten die Dinge sogar noch mehr durcheinander, und das einstmals kraftvoll erstrahlende Wunder fand ein jämmerliches Ende. Als der Prinz seinen kostbarsten Besitz verlor, wurde er so traurig, daß er starb.

Die Geschichte von Prinz Adam und seinem Wunderstein ist eine traurige Geschichte. Natürlich hören alle strahlenden Steine eines Tages auf zu strahlen. Aber dies war ein vorzeitiges Ende, herbeigeführt durch Verantwortungslosigkeit und verschuldet von niemand anderem als Prinz Adam selbst. In diesem Fürstentum erlitten 50% dasselbe Schicksal wie der Edelstein von Prinz Adam; die Ursache dafür heißt „Lebensstil". Nur 25% der Steine hörten durch „natürliche" Ursachen auf zu strahlen. 10% wurden durch falsche Handhabung bei den Edelsteinärzten zerbrochen und 15% durch Gefährdungen in der natürlichen oder sozialen Umgebung zerstört. Diese Zahlen liegen nahe bei den Zahlen für die Todesursachen im größten Land der gewöhnlichen Menschen auf unserem Planeten, der Volksrepublik China. In welchem Verhältnis mögen sie zu den Zahlen in Amerika und Europa stehen?

Auf 4 Fragestellungen, die durch das unglückliche Schicksal von Prinz Adams Edelstein aufgeworfen werden, möchte ich eingehen:

1) Wer ist verantwortlich dafür, daß auf die Edelsteine der einzelnen Besitzer (auf die individuelle Gesundheit) achtgegeben wird?
2) Was wäre die angemessene Rolle eines Edelsteinarztes (Rolle des Arztes)?
3) Wie können wir uns in gegenseitiger Solidarität dabei helfen, für unser Eigentum zu sorgen (Krankenversicherung)?
4) Wie können innerhalb der politischen Strukturen die Risikoprävention sowie die Wiederherstellung und Aufrechterhaltung der Edelsteine verbessert werden (medizinische Versorgung)?

Warum ich selbst für meine Gesundheit sorgen sollte

In der Medizin beherrschen heute 2 Themen die Diskussion: der technische Fortschritt und die Spirale der Kosten für die medizinische Versorgung (Bundestag, Enquetekommission 1990; Callahan 1987; Galliant 1990; Nord 1988). Die Frage, wer für die Erhaltung der Gesundheit verantwortlich ist, wird kaum ernsthaft gestellt; die Frage nach der moralischen Verantwortung des einzelnen für seine eigene Gesundheit steht nicht an vorderster Stelle bei politischen, ethischen, medizinischen und wissenschaftlichen Diskussionen. Die meisten Menschen halten im Gegenteil „den Staat" für verantwortlich für das Gesundheitswesen.

Im Hinblick auf den technologischen Fortschritt wird weithin angenommen, daß die moderne Medizin in der Lage sei, in unbegrenztem Umfang die Gesundheit wiederherzustellen, vor Krankheiten zu schützen und das Leben zu verlängern; durch einen ungesunden Lebensstil zugezogene Schäden sollen sogar wieder ungeschehen gemacht werden können. Die Hoffnungen und Erwartungen, die sich auf weitere technologische Durchbrüche im Kampf gegen Krebs und andere gegenwärtig unheilbare Krankheiten richten, sind allgemein sehr hoch. Doch auch Warnungen werden immer lauter, die Hightechmedizin könnte zuviel des Guten tun, namentlich das Leben über den Punkt hinaus verlängern, wo es noch lebenswert wäre.

Im Hinblick auf die Spirale der Kosten im Gesundheitswesen scheint die Ansicht verbreitet zu sein, daß „jemand" diese Kosten tragen sollte, vorzugsweise der Staat (d.h. der Steuerzahler, da der Staat kein eigenes Geld besitzt) oder unter staatlicher Aufsicht stehende Organisationen. Das vorherrschende Argument besagt, daß Gesundheit für jedermann so wichtig ist, daß die Kosten auf jeden Fall übernommen werden sollten, ungeachtet ihrer Höhe. Die Verfügbarkeit medizinischer Versorgung wird als Menschenrecht bezeichnet und das Vorhandensein eines öffentlichen Gesundheitswesens als Bürgerrecht. Scharfe Auseinandersetzungen finden statt zwischen Befürwortern eines staatlichen Gesundheitswesens und jenen, die argumentieren, daß von oben festgelegte Standards unter Ausschluß von marktwirtschaftlichen Wettbewerbsmechanismen zwischen potentiellen Anbietern medizinischer Leistungen sowohl zu Ungerechtigkeit führen wie auch die Effektivität mindern würden; dies führe vielmehr zu bürokratischen Auswüchsen und zur Dominanz der Politik und in der Folge zur Bürokratisierung,

Politisierung und Ökonomisierung dessen, was einst die karitative Beziehung zwischen hippokratischem Arzt und Patient war.

Ich stimme mit den Positionen überein, die Gesundheit als ein sehr wichtiges Gut bezeichnen, da sie die Vorbedingung ist für viele andere Güter, die wir anstreben mögen. Aber ich biete einen anderen Weg an, herauszufinden, wer für Gesundheit verantwortlich sein sollte. Wenn Gesundheit eine wesentliche Bedingung ist und Voraussetzung für das Leben, zumal für ein gutes Leben, dann sollte der einzelne selbst das größte Interesse an seiner Gesundheit haben. Er sollte sich selbst deshalb nicht nur als den hauptsächlichen Nutznießer seiner Gesundheit verstehen, sondern auch vorrangig selbst für sie sorgen und für die Kosten ihrer Erhaltung, Unterstützung und Verbesserung aufkommen. Wenn dieses Argument wahr ist, dann sollte das Sprechen von „Rechten", das in der Debatte um das Gesundheitswesen weit verbreitet ist, einem Sprechen von „Verantwortung" als dem primären begrifflichen Rahmen weichen, innerhalb dessen Fragen des Gesundheitswesens diskutiert werden sollten (Sass 1988, 1990 c).

Unsere Haltung gegenüber unserer Gesundheit und die damit zusammenhängenden Werte werden neu zu definieren sein. Von den technischen Parametern, die die laufende medizinische Versorgung bestimmen und in der akuten Notfallmedizin ebenso wie beim bloßen technischen Verlängern von Lebensfunktionen um jeden Preis zum Tragen kommen, werden wir uns zugunsten neuer wissenschaftlich-ethischer Parameter für medizinische Intervention lösen müssen. Hier wären zu berücksichtigen Bewußtseinsbildung im Hinblick auf Langzeitdiäten, Fragen des Lebensstils und der Gesundheitserziehung, Formulierung und Unterstützung individueller Konzepte für Lebensqualität und individuelle Präferenzen in Anerkennung medizinischer Kompetenz wie auch der Priorität medizinischer Intervention (Sass 1990 b; Tabelle 1).

Tabelle 1. Das Spektrum der Verantwortlichkeiten für die Gesundheit

Maßnahmen	Nutzen	Kosten
Erziehung	Gesundheitsbewußtsein, niedrigere Krankheitsrate	Keine/niedrig
Routineuntersuchungen	Früherkennung von Krankheiten	Niedrig
Notfallmedizin	Krisenintervention	Sehr hoch
Prävention	Möglichkeit frühzeitigen Eingreifens	Mittelhoch
Grundversorgung	Medizinische Grundversorgung, höheres Risikobewußtsein	Mittelhoch/hoch
Ergänzende Versorgung	Volle Intervention	Sehr hoch

Es wurden Nutzen und Kosten medizinischer, ethischer, sozialer und ökonomischer Art berücksichtigt.

In pluralistischen Gesellschaften mit einer Vielfalt moralischer und kultureller Werte existieren individuell sehr unterschiedliche Prioritäten im Hinblick auf soziale Güter, Lebensziele und Lebensqualität. Deshalb wird niemand die Autorität haben können oder dürfen, allgemeingültige Normen festzulegen. Für den Bereich der Medizin heißt das, daß der einzelne Bürger als Patient selbst die Prioritäten in seinem Lebensstil, seinen Zielen und seiner Vorstellung von Lebensqualität setzen muß; er oder sie hat die erste und die letzte Verantwortung für seine oder ihre Gesundheit zu tragen, dafür, wie sie erhalten, gestärkt und wiederhergestellt wird und wann eine medizinische Intervention beginnen und enden sollte.

Tabelle 1 zeigt verschiedene Stufen medizinischer Intervention mit unterschiedlichen immateriellen Ergebnissen. Immaterielle Güter wie Gesundheitserziehung, Gesundheitsbewußtsein, niedrigere Krankheitsrate sowie die Einstellung gegenüber chronischen oder akuten Krankheiten werden günstig beeinflußt durch Betonung erzieherischer und präventiver Medizin und durch regelmäßige Untersuchungen, verbunden mit Aufklärung über Gesundheitsgefährdungen und ärztlichen Empfehlungen.

Die Medizinisierung der Risiken individuellen Lebensstils wie auch der Veränderungen durch den natürlichen Alterungsprozeß und die Medizinisierung des Todes würden vielleicht zurückgehen, wäre das Bewußtsein für Gefährdungen der Gesundheit höher entwickelt. Auch eine ethisch und kulturell angemessene Haltung im Umgang mit den unvermeidlichen Realitäten als Folge der natürlichen Lebenszyklen könnte dazu beitragen. Diejenigen medizinischen Maßnahmen, die die günstigsten Auswirkungen auf Moral, Kultur und individuelle Gesundheit hätten, wären in wirtschaftlicher Hinsicht die billigsten. Diese Umkehrrelation zwischen medizinisch-ethischem Gewinn für das Individuum und technischem und wirtschaftlichem Aufwand für den einzelnen wie für die Gesellschaft wurde von den Hauptakteuren in der gesundheitspolitischen Arena bis jetzt noch nicht erkannt. Soweit diese Akteure von hohen oder steigenden wirtschaftlichen Kosten profitieren, sind sie sich der gegenläufigen Relation zwischen ökonomischem Aufwand und medizinisch-ethischem Gewinn vielleicht bewußt, werden jedoch keinen Anlaß sehen, sie in Frage zu stellen (Baier 1988; Herder-Dorneich 1983; Olson 1974; Sass 1990 c, d). Es wurde jedoch bewiesen, daß eine kluge Handhabung von Selbstbestimmung des einzelnen in der medizinischen Versorgung sich wirtschaftlich enorm kostensenkend auswirken würde (Belloc 1973; Breslow 1978). Allerdings liegen noch keine genauen Daten vor, die belegen würden, daß eine individuelle Umsicht im Hinblick auf Gesundheitsgefährdungen mit einer Vermeidung extremer gesundheitlicher Belastungen einen immateriellen Gewinn bringen würde.

Bereiche ärztlicher Verantwortung als Unterstützung individueller Verantwortung

Den Ärzten wird eine wichtige Rolle in der Transformation der Arzt-Patient-Beziehung von einem Vertrauensverhältnis karitativer Art hin zu einem informativen Vertrauensverhältnis zukommen, später dann zu einem kommunikativ geprägten Vertrauensverhältnis und schließlich zu einem Vertrauensverhältnis, in dem das wesentliche Element die Kooperation ist (Sass 1990 d). Die Ärzteschaft ist aufgefordert, ihre Haltung im Hinblick auf eine sinnvolle Anwendung medizinischer Technik wie auch im Hinblick auf ihre Grenzen neu zu überdenken. Ebenso sollte die Rolle des Arztes innerhalb bestimmter Szenarien überdacht werden.

Im Zeitalter der Hightechmedizin und angesichts der Möglichkeiten, über die Technik und Informatik heute verfügen, wird medizinische Autorität mehr und mehr definiert werden müssen durch Information, Entwicklung von Konzepten und Strategien, Überwachung, Erziehung und Beratung in einer professionalisierten Gesellschaft mit professionalisierten Patienten. Die traditionelle, auf Werte und Sachkenntnis gegründete hippokratische Autorität des Arztes muß umgewandelt werden in eine Autorität der Beratung und Koordination, die sich nicht allein auf wissenschaftliche Sachkenntnis stützen kann (Tabelle 2). Erfolg oder Mißlingen einer Überführung des traditionellen ärztlichen Berufsethos in die neuen Rahmenbedingungen von Hightechmedizin und Gesundheitsgefährdungen, die in erster Linie mit dem Lebensstil zusammenhängen, werden nicht nur wesentlich die künftige gesellschaftliche Rolle des ärztlichen Berufsstands mitbestimmen, sondern auch entscheidend zu einer Verbesserung des Gesundheitsbewußtseins, der Lebens- und der Sterbequalität zivilisierter Menschen beitragen.

Tabelle 2. Die Verantwortlichkeit für die Gesundheit und die Rolle des Arztes

A. Für den Patienten	Grundwert	Situation
1) Dr. Akut	Patriarchismus	Notfall
2) Dr. Sorge	Mitleid	Chronische Krankheit
3) Dr. Berater	Information	Prävention
4) Dr. Wissenschaft	Abrechnung	Prävention
5) Dr. Technolab	Fertigkeiten	Dienstleistung
6) Dr. Regierung	Gerechtigkeit	Öffentliches Gesundheitswesen
7) Dr. Geld	Profit	Geschäft
B. Für das Team		
1) Dr. Boß	Kontrolle	Mitarbeiterführung
2) Dr. Lehrer	Erziehung	Lehre
3) Dr. Partner	Dialog	Kooperation
C. Für Gleichgestellte	**Grundwert**	**Situation**
1) Dr. Partner	Kooperation	Teamwork
2) Dr. Spezial	Fertigkeiten	Expertise
3) Dr. Beispiel	Charakter	Alle
D. Für die Öffentlichkeit		
1) Dr. Berater	Rat	Politik
2) Dr. Lehrer	Erziehung	Medien, Bildungswesen
3) Dr. Bürger	Kooperation	Alle

Die Kunst, von professioneller Väterlichkeit und Mitleid bei einem Notfall zu einem angemessenen Verhalten zu finden, wenn es um langfristige Prävention geht, erwächst aus verbesserten Methoden der Kommunikation zwischen Arzt und Patient und aus verbesserten Möglichkeiten, instrumentelle Kriterien für Lebensqualität und, daraus folgend, für medizinische Versorgung und Selbsthilfe zu schaffen (Sass 1990 b). Die Kriterien für die medizinische Versorgung sind:

1) technische Machbarkeit,
2) lineare Selbsteinschätzung,
3) Wertanamnese,
4) Einschätzung des voraussichtlichen Szenarios,
5) Wille des Patienten,
6) Wille des Vormunds,
7) Ethikkommission.

Kriterien für die technische Machbarkeit, wie die Karnofsky-Skalen, helfen, technische Daten zu bestimmen; diese technischen Daten werden jedoch oft vermischt mit Kriterien der Lebensqualität, oder sie werden sogar gleich in medizinisches Handeln umgesetzt. Ihre falsche Anwendung ist symbolisch für eine patriarchalische Technokratie, die sich vom traditionellen westlichen medizinischen Ethos weit entfernt hat. Fragebogen zur Selbsteinschätzung, die bei Chemo- und Strahlentherapien ausgegeben werden, liefern wertvolles Material für die Beurteilung der Kommunikation zwischen Ärzten und Patienten und geben dem Patienten Gelegenheit, sich zu den Aspekten außerhalb des technischen Bereichs der Versorgung zu äußern; aber auch die Ergebnisse solcher Fragebogen können nicht unmittelbar in medizinisches Handeln umgesetzt werden. Ein besserer Weg zu einer dauerhaften und stabilen Bestimmung der Qualität medizinischer Versorgung und Selbsthilfe auf der Basis des Vorrangs individueller Präferenzen im Hinblick auf Lebensqualität wäre, Methoden für eine Werteanamnese zu entwikkeln. Die Werteanamnese, zuerst anläßlich nichtakuter medizinischer Situationen durch den Hausarzt erhoben, wird sich neben der technischen Anamnese etablieren. Die gewonnenen „axiomskopischen" Resultate werden auf das Krankenblatt eingetragen, zusammen mit hämoskopischen, rektoskopischen, gastroskopischen und anderen differenzierten diagnostischen Daten; sie werden der Rückbestätigung bedürfen, der Ausarbeitung, Änderung und Überprüfung anläßlich weiterer Konsultationen. Alles in allem werden sie auf lange Sicht als Instrument zur Verbesserung des Gesundheits- und Risikobewußtseins der Bürger dienen. Sie werden dem Arzt dabei helfen, im Patienten die ganze Person zu sehen, anstatt nur seine oder ihre Symptome wahrzunehmen, und allgemein zu einer ganzheitlicheren Medizin beitragen, die sich auf Werte stützt und nicht nur auf Technologie. Eine Einschätzung des voraussichtlichen Szenarios (Sass 1990 a) wird zusätzlich helfen, Notfallversorgung innerhalb nichtakuter Situationen einzuüben; dies kann in anleitenden Gruppensitzungen oder in privaten Konsultationen geschehen. Den wohlbekannten Fall wird es allerdings immer geben, daß Patienten es sich anders überlegen und andere Lösungen wünschen, als zuvor von ihnen oder ihren Ärzten festgelegt wurde; aber die Fluktuation sich ändernder Stimmungen und Vorlieben würde vielleicht abnehmen. Selbstverständlich werden andere, traditionelle Methoden im Umgang mit der besonders heiklen Aufgabe, die „beste Behandlung" für einen geschäftsunfähigen oder im Koma liegenden Patienten zu bestimmen, sich nach Möglichkeit an den Letzten Willen, an Entscheidungen eines Vormunds oder an die Empfehlungen einer Ethikkommission halten; ihre Arbeit würde immens erleichtert durch fundierte Informationen aus früheren axiomskopischen Resultaten von Werteanamnesen. Das Bochumer Zentrum für Medizinische Ethik wird in Kürze ein Projekt beginnen, in dem axiomskopische Langzeitmethoden auf der Grundlage einer guten Kommunikation zwischen Arzt und Patient getestet werden und wo die Aufnahme axiomskopischer Resultate in das Krankenblatt eingeführt werden soll.

Persönliche Verantwortung und solidarische Risikoversicherung

Ein Grundwert des Lebens scheint Solidarität zu sein, gegenseitige Hilfe und Unterstützung, besonders für junge und unerfahrene Menschen, für Schwache, Unintelligente, Bedürftige, Alte und ganz allgemein für all jene, die, aus welchen Gründen auch immer, sich nicht selbst helfen können. Sogar die glühendsten Verfechter minimierter staatlicher Reglementierung – Anarchisten wie Kropotkin – sprechen vom moralischen Grundwert der gegenseitigen Hilfe. In seinem berühmten Buch „Über den Ursprung der Arten durch natürliche Zuchtwahl" (1859) bemerkt Charles Darwin in einer Fußnote, daß die menschliche Art sich sehr wahrscheinlich nicht nur durch eine rein biologische, sondern auch durch eine kulturelle und ethische Selektion nach Kriterien wie Solidarität und gegenseitige Hilfe entwickelt hat.

Hätten wir alle dieselben Bedürfnisse, wäre es auch angebracht, für alle dasselbe System solidarischer Hilfe und Risikovorsorge anzubieten. Aber da unsere Bedürfnisse unterschiedlich sind, gegründet auf unterschiedliche biologische, kulturelle und persönliche Kriterien für unseren Lebensstil, tragen wir auch unterschiedliche Risiken (Sass 1985, 1990 c); entsprechend unterschiedlich sind auch unsere Anforderungen an Solidarität.

Nur eine sorgfältige und differenzierte Analyse individueller Bedürfnisse und des damit verbundenen Bedarfs an Solidarität wird das ethisch und technisch adäquate und erforderliche Maß an Solidarität bestimmen können. Ich unterscheide 3 Formen von Bedürfnissen: Bedürfnisse, die eng mit unserer biologischen Herkunft und unserer Natur als biologische und sterbliche Wesen zusammenhängen, kulturell verankerte und akzeptierte Bedürfnisse und solche, die auf persönliche Präferenzen und individuelle Kriterien für Lebensqualität zurückgehen (Sass 1986). Diese 3 Formen von Bedürfnissen, die solidarische Unterstützung erforderlich machen könnten, werden sich in vielen Fällen überlappen, jedoch nicht notwendigerweise. Tatsächlich können sie einander sogar entgegenstehen. Religiöser oder sexueller Flagellantismus beispielsweise dient vielleicht bestimmten kulturellen Werten oder persönlichen Vorlieben, obwohl er für die biologische Gesundheit nicht gut ist; dies trifft auch auf andere mit Lebensstil oder Kultur zusammenhängende Werte zu, wie z.B. einem rigiden Arbeitsethos, das seine Wurzeln im Calvinismus haben kann, aber auch in einem starken persönlichen Streben nach Macht oder sozialer Anerkennung. Gegenseitige Unterstützung bei allen und jeden kulturell oder individuell erzeugten „Bedürfnissen" wäre deshalb ein logischer und ethischer Irrtum; dies würde zu einer totalitären Unterdrückung von Kultur und Persönlichkeit führen.

Grundbedürfnisse sind bescheidene, minimale Bedürfnisse, die sich aus der biologischen Natur des Lebens ergeben und deren Bestimmung demokratischen

Tabelle 3. Die differenziert strukturierten Formen von Versicherung und Verantwortung

Grundversicherung	Ergänzende Versicherung
Obligatorisch	Freiwillig
Abdeckung der Grundbedürfnisse	Abdeckung von auf den Lebensstil bezogenen Bedürfnissen
In privater Trägerschaft	In privater Trägerschaft
In öffentlicher Trägerschaft auf Kreditbasis	Von Wohlfahrtsorganisationen getragen

Prozessen vorbehalten werden sollte; sie müssen Schmerzbekämpfung, Gesundheitserziehung und -information beinhalten sowie eine preiswerte kurative Grundversorgung, die nicht unbedingt die effektivste sein muß.

Auf den Lebensstil bezogene individuelle Bedürfnisse sind individuell definiert; sie werden die Kosten für mit dem Lebensstil zusammenhängende gesundheitliche Risiken enthalten müssen.

Eine öffentliche Kostenträgerschaft wäre – für jedermann – gegen Berechtigungsschein und – für besonders Bedürftige – auf Kreditbasis möglich.

Systeme differenzierter Versicherung stellen erstens eine gerechte Versorgung aller hinsichtlich der Grundbedürfnisse und -risiken, wie Erziehung, medizinische Versorgung, Ernährung, Arbeitslosigkeit und Alter, sicher; zweitens werden sie gegen Ausgabe von Berechtigungsscheinen bezahlt; drittens erhöhen sie die individuelle Eigenverantwortlichkeit des einzelnen und sein Risikobewußtsein; und viertens reduzieren sie Auswüchse der Bürokratie und beschränken ihre Macht (Tabelle 3).

Solidarische Prinzipien werden auf die erwähnten 3 Formen von Bedürftigen differenziert angewandt werden müssen. Grundbedürfnisse, die uns als biologischen Wesen allen gemeinsam sind, werden eine „Basissolidarität" erfordern. Darin eingeschlossen ist die gegenseitige solidarische Hilfe bei Schmerzen, Hunger und Durst und Beistand im Prozeß des Sterbens; ferner würde sie das Prinzip der Nichtdiskriminierung beinhalten. Es läßt sich wahrscheinlich eine apriorische Ethik hinsichtlich der Schmerzbehandlung, Wundversorgung, Menschenachtung sowie des würdevollen Umgangs mit Sterbenden formulieren. Diese Formen der Sorge sind so grundlegend (biologisch), daß sie alle kulturellen Verschiedenheiten und individuellen Eigenarten transzendieren; wo immer diese apriorische Ethik verletzt wird, müssen wir uns wahrscheinlich zuerst fragen, ob mit dieser einzelnen Kultur oder Person etwas nicht stimmt; und in der Tat haben das Zeitalter der Rationalität in der westlichen Zivilisation und grundlegende kulturelle und religiöse Strömungen in der Geschichte der Menschheit diese apriorische Ethik gegenseitiger Solidarität unterstützt. Es wäre nur angemessen, wenn eine differenzierte Ethik der Solidarität dieser apriorischen Ethik Gestalt verleihen würde in Form von Schemata der gegenseitigen Versicherung gegen die grundlegendsten biologischen Lebensrisiken, unabhängig von kulturellen, religiösen oder persönlichen Unterschieden und Divergenzen.

Dieselben strengen Prinzipien auf individuell gewähltes Verhalten und persönliche Präferenzen auszudehnen, ergäbe logisch und ökonomisch keinen Sinn. Aus logischer und ethischer Sicht kann von mir nicht verlangt werden, einen Kurs zu unterstützen, der mit meinen eigenen persönlichen Prioritäten nicht in Einklang steht und den ich im Gegenteil nicht für unterstützenswert oder für unmoralisch, unklug oder einfach unakzeptabel halte. Personen, die dieselben individuellen Ziele teilen, könnten sich jedoch zur gegenseitigen Unterstützung zusammenschließen und Versicherungsfonds oder andere Systeme der Unterstützung schaffen. Im Bereich der medizinischen Versorgung könnten solche speziellen Präferenzen vielleicht auch besondere Werte im Hinblick auf Reproduktion beinhalten oder Sterbehilfe, kosmetische Chirurgie, homosexuelle Medizin, Technologien zur Lebenserhaltung und weitere Angebote, die weder biologisch a priori notwendig sind noch in einer Kultur übereinstimmend verlangt werden. Auf der einen Seite würde es das ethische Prinzip der Solidarität zerstören, alle aus verschiedenen Lebensstilen resultierenden Bedürfnisse zu unterstützen; es wäre wirtschaftlich untragbar und politisch eine Bürde und würde zu gesellschaftlichen Auseinandersetzungen um den Vorrang solidarischer Unterstützung im wohltätigen Sinn oder der Unterstützung kulturell abhängiger „Spielereien" führen (Sass 1990 c).

Es gibt allerdings eine Verantwortung zur Solidarität im Hinblick auf Information und Erziehung zu Gesundheitsbewußtsein, die, wie ich glaube, jede Gesellschaft der jüngeren Generation schuldet. In einer gebildeten Gesellschaft mit einer großen Vielfalt an individuell definierten kulturellen und persönlichen Werten muß die Gesundheitserziehung im öffentlichen Bildungswesen und in der öffentlichen Kultur an oberster Stelle stehen. Kostenlose regelmäßige Routineuntersuchungen zusammen mit allgemeinverständlichen Informationen über individuelle gesundheitliche Risiken und Möglichkeiten ihrer Vermeidung bilden die herkömmliche differenzierte Form der Gesundheitsinformation und -erziehung als Teil der allgemeinen Erziehung und Bildung.

Systeme und Krankenversicherung werden von Kultur zu Kultur variieren und deshalb auch die einzelnen Merkmale, die in den Solidarverträgen abgedeckt werden. Manche Kulturen mögen gemeinsamem Besitz und seiner gemeinschaftlichen Nutzung großes Gewicht beimessen, während andere mehr Wert auf Individualität legen; die entsprechenden Krankenversicherungssysteme werden solche Unterschiede widerspiegeln müssen. In anderen Kulturen herrscht vielleicht weitgehendes Einverständnis in der Zurückhaltung gegenüber Dingen wie Abtreibung, Organtransplantation, Alkoholkonsum, Wiederbelebung, Langzeitintensivbehandlungen, Blutspenden, Sterbehilfe, palliative Operationen, Scheidung, Tanzveranstaltungen usw. Diese Kulturen werden ihre traditionellen Werte in der Beschaffenheit ihrer sozialen Sicherungssysteme wie auch ihrer Gesetze zum Ausdruck bringen. Solange solche Gesellschaften die Freiheit zu innerer oder äußerer Emigration und den Respekt vor individueller Persönlichkeit und den erwähnten apriorischen Grundwerten gewährleisten, werden sie auch weiterhin zum Reichtum der kulturellen Vielfalt unter uns Menschen beitragen.

Ein System verschiedener Versicherungsformen unter Einschluß der Versicherung der Grundbedürfnisse für alle wäre am besten geeignet, das Solidaritätsprinzip in die soziale Realität medizinischer Versorgung zu transformieren. Würde die Pflichtversicherung mehr als die biologischen Grundbedürfnisse abdecken, entstünde die Gefahr der Ausbeutung des Systems durch einzelne Individuen auf Kosten der anderen. Solch eine Ausbeutung mag die wissenschaftliche Mißachtung individueller lebensstilbezogener Gesundheitsrisiken sein, aber auch in einem Streben nach allgemein anerkannten Zielen liegen, das jedoch zu einer finanziellen Belastung des Systems führt. Eine Theorie für den Umgang mit Risiken wird nicht nur aus technischer, sondern auch aus ethischer Sicht erleichtert, wenn sie durch die folgenden 4 Punkte gestützt wird:

1) klug gewählte Beitragsermäßigungen,
2) klar definierte Risikoabdeckung, die Benachteiligungen wie auch ethische Gefahren in der Basisversicherung vermeidet,
3) spezielle und gezielte Risikoabdeckung, die gemeinschaftlich klar in Zusatzversicherungsverträgen definiert wird, und
4) Kombination von Kranken- und Lebensversicherung, um Krankenversicherungsgesellschaften einen zusätzlichen Anreiz für das Anbieten einer möglichst adäquaten medizinischen Versorgung zu geben.

Verantwortliche und solidarische Gesundheitspolitik

Die Frage nach der bestmöglichen Verteilung der Ressourcen in der medizinischen Versorgung ist nicht mehr nur eine bioethische Frage. Verteilungsfragen sind gesundheitspolitische Fragen. Während Fragen der Verantwortlichkeit für Gesundheit, des Verhältnisses zwischen Arzt und Patient und der medizinischen Versorgung in den Bereich der medizinischen oder klinischen Ethik fallen und Versicherungsprobleme und der adäquate Rahmen für Solidarität durch eine Ethik des Umgangs mit Risiken und des Managements beantwortet werden müssen, ist die Struktur des öffentlichen medizinischen Versorgungssystems eine Frage der politischen sowie der regulativen und administrativen Ethik. Die Sphäre der Politik kann durch die 3 Grundprinzipien definiert werden, die die Verfassung der Vereinigten Staaten schützen: Freiheit, Gerechtigkeit und das Streben nach Glück. Eine demokratisch gewählte Regierung hat die Freiheit des Volkes gegen fremde Aggressoren, einheimische Gangster und Diebe, ideologische Dominanz und ökonomische Ausbeutung zu schützen. Sie hat dafür zu sorgen, daß die Menschen gleiche Behandlung auf allen Ebenen der Gesellschaft genießen, ungeachtet ihrer Ungleichheit in Rasse, Geschlecht, Alter und anderer persönlicher Merkmale. Während sie die Freiheit schützt und Gerechtigkeit durchsetzt, darf sie doch niemals versuchen, das Glück der Menschen zu erzwingen. Für Glück zu sorgen ist nicht Aufgabe einer Regierung; ein solcher Versuch würde vielleicht in sehr unglücklichen Szenerien enden und bestenfalls zu einer gleichförmigen, von Propaganda und Protektion beherrschten Gesellschaft führen.

Wo immer eine Regierung beabsichtigt, eine unmittelbare Rolle beim Schutz der Gesundheit zu spielen, wird sie gesundheitliche Ziele wie das Einhalten bestimmter Diäten, Übungen oder Gewohnheiten definieren und durchsetzen, die als unerläßlich für die Gesundheit betrachtet werden. Der zentralistische Wohlfahrtsstaat wird Begriffe wie Wohlfahrt, Gesundheit und Krankheit, adäquate Behandlungsformen und angemessene Gebührentabellen zentral und einheitlich definieren müssen und dabei nicht vermeiden können, für manche Menschen wichtige Dinge auszuschließen und gleichzeitig solche zu beinhalten, die von vielen als unerwünscht betrachtet werden. Dies würde zu prinzipiell unlösbaren Konflikten bei der Bestimmung und Verteilung von Wohlfahrt führen (Sass 1990 c).

Tabelle 4. Die Systeme der Verantwortung für die medizinische Versorgung

Systeme	Nutzen	Kosten
National, zentral	Gleiche Abdeckung	Hohe wirtschaftliche Kosten, Primat der Politik, bürokratische Auswüchse, potentieller Mißbrauch, möglicherweise schlechte Versorgung
Privat, diversifiziert	Ungleiche Abdeckung	Konkurrenzfähige Kosten, möglicherweise gute Versorgung
Gemischt, staatlich/privat	Gleiche Abdeckung von Grundbedürfnissen, höheres Risikobewußtsein	Gemischte Kostenstruktur, keine Deckung hoher Kosten

Während Gesundheit, Arbeitslosigkeit, Umwelt, Erziehung und Alter bestimmte Szenarien beschreiben, in denen Einzelpersonen in der Tat auf Solidarität und Hilfe zur Selbsthilfe angewiesen sind, muß andererseits eine differenzierte Ethik die mittelbare gesundheitspolitische Verantwortung bestimmen, um das Funktionieren individuell und gesellschaftlich akzeptabler Märkte sicherzustellen, wo Güter wie medizinische Versorgung und Gesundheitserziehung gehandelt werden und wo andere Güter und Dienstleistungen verfügbar gemacht werden, für die eine Nachfrage besteht (Tabelle 4).

Das deutsche System der Bereitstellung medizinischer Versorgung unter Einbeziehung einer hochdifferenzierten Mischung aus Staat, Arbeitgeber und privater Versicherung mit in Verhandlungen festgelegten Gebührentabellen und Behandlungsformen wurde als quasimarktwirtschaftliches System bezeichnet (Herder-Dorneich 1983). Im quasimarktwirtschaftlichen System gibt es keine Individuen, die freie Verträge schließen würden, sondern eher mächtige Agenturen, Institutionen, professionelle Organisationen und spezielle Interessengruppen, die über die Regeln, Ziele, Kosten und Gewinne des differenzierten Systems der medizinischen Versorgung verhandeln. Das Resultat ist eine Mischung aus Ordnungspolitik und Markt mit teilweise öffentlicher und teilweise privater Übernahme der Kosten (Sass 1988) und mit relativ großer Wahlfreiheit für diejenigen, die sich das leisten können, während die Grundbedürfnisse derer, die die Möglichkeit der Wahl aus Gründen der Intelligenz oder der finanziellen Mittel nicht haben, auf eine leicht patriarchalische Weise geschützt werden.

Dem Markt die medizinische Versorgung völlig zu überlassen ohne staatliche Aufsicht und Vorgaben, könnte vielleicht zu einigem ethischem Nutzen führen, wie z.B. zu einem sehr hohen Risikobewußtsein der Mehrzahl der Bürger und zu konkurrenzfähigen Leistungsangeboten. Ethische Risiken, die mit völlig unregulierten Märkten einhergehen könnten, wären vielleicht ein völliger Mangel an Solidarität mit Mitmenschen in schwerem Leid sowie ein völliger Mangel an Gesundheitserziehung und medizinischer Versorgung für die Jugend und für Geschäftsunfähige. Dies könnte zu schwerer innenpolitischer Unzufriedenheit und zu einer langfristigen Zerstörung der sozialen Errungenschaften einer Gesellschaft führen, die auf Respekt füreinander und auf ein bescheidenes Maß an Solidarität gegründet ist. Die öffentlich-private Mischung von sozialer und politischer Verantwortung für Gesundheit könnte ein besseres Modell bieten als eine zentral verwaltete und verstaatlichte Medizin oder als das 100%ige marktwirtschaftliche Modell. Eine nicht ideologisch geprägte, differenzierte Ethik würde ein flexibles System sowohl aus staatlichen und marktwirtschaftlichen als auch aus öffentlichen und privaten Komponenten der sozialen Absicherung empfehlen, einschließlich medizinischer Versorgung, Arbeitslosenversicherung, Gesundheitserziehung und anderer Formen sozialer Solidarität. Ein unmittelbares staatliches Eingreifen in die laufende medizinische Versorgung wäre höchst unerwünscht, da Bürokratien immer wieder ihre Unfähigkeit unter Beweis gestellt haben, effiziente, kosteneffektive und professionelle Dienstleistungen zu bieten. Nahrung, Toilettenpapier und Seife sind essentielle menschliche Grundbedürfnisse, aber jene Systeme, die es gewagt haben, die Versorgung ihrer Bürger mit diesen Grundbedürfnissen zu übernehmen mit der Begründung, sie seien so essentiell, daß die Regierung ihre gerechte Verteilung sicherstellen müsse, haben immer versagt. Warum sollten sie ihre Inkompetenz auf dem Gebiet der medizinischen Versorgung aufs neue testen?

Zudem scheint die politische Diskussion um das Pro und Kontra staatlicher Einmischung in die medizinische Versorgung aus den Fugen geraten zu sein und sich von der Realität weit entfernt zu haben. Ist einem marktwirtschaftlichen System in einigen unterentwickelten und abgelegenen Gegenden und einem verstaatlichten System in einer reichen industrialisierten Gesellschaft der Vorzug zu geben, oder sollte es gerade andersherum sein? Die Qualität professioneller medizinischer Versorgung, die Ergebnisse medizinischer Forschung und die individuellen Lebensstile der Menschen haben mehr Gewicht als jede Form politisierter oder ökonomisierter Medizin.

Einige Aspekte staatlicher Verantwortung jedoch sollten am besten wahrgenommen werden durch indirekten Einfluß auf die Mechanismen der Versorgung mit Gesundheitserziehung und mit den Möglichkeiten zur freien Wahl und gerechter Pflege- und Versicherungssysteme. Zu diesen Mechanismen gehören:

1) Gesundheitserziehung, die wesentliche Informationen über Gesundheitsrisiken, Gesundheitserhaltung und Krankenversicherung bietet,
2) Krankenversicherung, am besten auf den 2 Säulen der Pflichtversicherung für Grundbedürfnisse und der freiwilligen Zusatzversicherung basierend,
3) Erteilung von Konzessionen für professionelle Anbieter von Leistungen und
4) Unterstützung medizinischer Forschung einschließlich der Erforschung lebensstilbezogener Risiken.

Die Qualität staatlicher Gesundheitsfürsorge wird von der Erreichung hoher Ergebnisse in allen 4 genannten Bereichen abhängen und nicht von der Verwaltung von Krankenhäusern oder von bezahlten Arztrechnungen. Unter diesen 4 Kriterien für eine differenzierte staatliche Ethik scheint die Gesundheitserziehung das wichtigste Kriterium zu sein, da die anderen von differenzierten Märkten übernommen werden, solange es bewußte Verbraucher gibt, die eigene Entscheidungen treffen können. Ich unterstütze völlig die Vision von Professor Peng Rui Cong, daß „Gesundheitserziehung eine wichtige, wenn nicht die wichtigste Rolle spielen wird in der Gesundheitsfürsorge des nächsten Jahrhunderts".

Literatur

Baier H (1988) Gibt es eine Ethik des Sozialstaats? In: Gäfgen G (Hrsg) Neokorporatismus und Gesundheitswesen. Nomos, Baden-Baden, S 231-252
Belloc NB (1973) Relationship of health practices and mortality. Prev Med 2: 67-81
Breslow L (1978) Prospects for improving health through reducing risk factors. Prev Med 7: 449-458
Bundestag, Enquetekommission (1990) Endbericht der Enquetekommission „Strukturreform der gesetzlichen Krankenversicherung". Bundestagsdrucksache 11/6380
Callahan D (1987) Setting limits. Medical goals in an aging society. Simon & Schuster, New York
Galliant P (ed) (1990) Assurance – maladie. Quelle révision? Réalites Sociales, Lausanne
Herder-Dorneich P (1983) Ordnungstheorie des Sozialstaates. Mohr, Tübingen
Nord D (1988) Marktwirtschaftlicher Wettbewerb und gerechte Selbstbeteiligung. In: Sass H-M (Hrsg) Ethik und öffentliches Gesundheitssystem. Springer, Berlin Heidelberg New York Tokyo, S 175-187
Olson M (1974) The logic of collective action, Public goods and the theory of groups. Oxford Univ Press, Cambridge/GB
Sass H-M (1985) Verantwortung unter Risiko. Vom Ethos ordnungsethischen Risikomanagements. Koellen, Alfter-Oedekoven
Sass H-M (1986) The moral „a priori" and the diversity of cultures. Husserliana 20: 407-422
Sass H-M (1988) National health care systems. Concurring conflicts. In: Health care systems. Kluwer, Dordrecht
Sass H-M (1990 a) Training in differential ethics and quality control. Zentrum für Medizinische Ethik, Bochum
Sass H-M (1990 b) Lebensqualität – ein Bewertungskriterium in der Medizin? Zentrum für Medizinische Ethik, Bochum
Sass H-M (1990 c) Zielkonflikte im Wohlfahrtsstaat. In: Sachsse C (Hrsg) Grundfragen der Sozialpolitik. Suhrkamp, Frankfurt
Sass H-M (1990 d) Professional organizations and professional ethics. Ethics and the professions. Georgetown Univ Press, Washington

Probleme der Makro- und Mikroallokation

C. Fuchs

H. Tristram Engelhardt (1988) identifiziert 4 Diskussionsebenen, die im folgenden leicht modifiziert dargestellt werden.

1) Makroallokation obere Ebene: Gesundheitsausgaben insgesamt, z.B. Anteil am Bruttosozialprodukt.
2) Makroallokation untere Ebene: Aufteilung des Gesamtgesundheitsbudgets auf verschiedene Bereiche wie Prävention, Gesundheitserziehung, kurative Medizin, Rehabilitation und Palliativmaßnahmen.
3) Mikroallokation obere Ebene: Einteilung von Bevölkerungs- und Patientengruppen unter dem Aspekt der Ressourcenzuteilung, z.B. nach regionalen Kriterien, Altersgruppen, medizinischen Indikationen, sozialen Gesichtspunkten.
4) Mikroallokation untere Ebene: Aufwendungen für den konkreten Einzelpatienten, z.B. Diagnose- und Therapieentscheidungen am Krankenbett.

Dieses Modell ist nicht als starres Gebilde mit klaren Schnittstellen zu verstehen. Es ließe sich lange über Variationen diskutieren. Als gedanklicher Impuls ist das Modell jedoch hilfreich.

Es leuchtet ein, daß diese 4 Ebenen in wechselseitiger Abhängigkeit zueinander stehen. Auch kann man mit Hilfe dieser Darstellung Aspekte ableiten, nach denen verschiedene Gesundheitssysteme international verglichen werden können.

In einem dirigistischen und planwirtschaftlichen System z.B. geht die Dominanz von Ebene 1 aus. Alle darunter liegenden Bereiche haben sich danach zu richten, wie hoch der Anteil der Gesundheitsausgaben am Bruttosozialprodukt sein darf. Bei Knappheit der Mittel sind bestimmte Therapieangebote nicht gegeben. So gibt es z.B. Ostblockländer, in denen keine künstlichen Gelenke implantiert werden. In der ehemaligen DDR wurden pro 1 Mio. Einwohner 143 Patienten mit der künstlichen Niere behandelt, während es in der Bundesrepublik 395 waren. Diese Diskrepanz um den Faktor 3 ist wohl kaum Ausdruck von mehr Nierengesundheit in der ehemaligen DDR.

Das SGB V läßt sich partiell dahingehend interpretieren, daß auf Ebene 2 eine Entscheidung zugunsten von mehr Prävention, Gesundheitserziehung und Eigenverantwortung getroffen wurde.

Ein Beispiel für Ebene 3 bietet Großbritannien, wo entschieden wurde, daß dialysepflichtige Nierenkranke im Prinzip nicht an die künstliche Niere angeschlossen werden, wenn sie über 60 Jahre alt sind.

Für die Bundesrepublik gab es über viele Jahre wohl eine Prädominanz von Ebene 4. Aber je höher der Anteil der Gesundheitskosten am Bruttosozialprodukt wurde, desto stärker wurden gegensteuernde Kräfte. Diese Gegensteuerung fand u.a. mit dem Ziel statt, die Beitragssätze stabil zu erhalten. Unter dieser Maxime, die kein in sich begründetes ethisches Prinzip darstellt, wurde versucht, Finanzierungsreserven auszuschöpfen und im Sinne einer Effizienzsteigerung zu rationalisieren.

Am Ende dieser Darstellung ist festzustellen, daß die Frage, von welcher der sich wechselseitig beeinflussenden Ebenen die primäre Steuerung in Zukunft ausgehen soll, offen erscheint.

Problemstellungen auf allen Ebenen

In einem nächsten Schritt sind die Probleme zu erörtern, von denen wohl alle Ebenen mehr oder weniger betroffen sind. Dabei geht es nicht um eine abschließende Aufzählung. Ein Kernproblem der ganzen Rationierungsdebatte ist sicher eine weitgehende Ignoranz der Betroffenen. Die Frage, ob es überhaupt eines Nachdenkens über Verteilungsprobleme im Gesundheitswesen bedarf, wird von vielen entweder noch gar nicht erkannt oder geleugnet. Ich will im folgenden „Unruheherde" hinsichtlich der Bewertung unseres Gesundheitswesens aufzeigen, die sehr wohl als Indikatoren dafür interpretiert werden können, daß es nicht nur eines Nachdenkens über Verteilungsprobleme, sondern auch über Verteilungsgerechtigkeit bedarf.

Vorab sei jedoch ein deutliches Bekenntnis zur modernen Medizin abgelegt. Sie hat in den vergangenen Jahrzehnten unzähligen Patienten Heilung gebracht, oft Leidensdruck erspart oder gemindert und Leben gerettet. Neben den Verbesserungen in der Wohnungs- und Sozialhygiene hat insbesondere die erfolgreiche Bekämpfung von Infektionskrankheiten die Lebenserwartung entscheidend verbessert. Diese lag in Deutschland vor 100 Jahren noch bei etwa 44 Jahren, gegenwärtig liegt sie bei 74 Jahren.

Und dennoch stellen wir heute bei der Bewertung unseres Gesundheitswesens Unsicherheiten und Unruhe fest. Insbesondere die folgenden Gründe kommen als Erklärungsmöglichkeiten für diese Unruhe in Frage:

1) Gesundheit gilt unverändert als eines unserer höchsten Güter. Jedoch erscheint sie nicht mehr für jedermann beliebig erreichbar. Sorgen und Ängste breiten sich aus, die z.T. auf der Erkenntnis beruhen, daß mit höheren Gesundheitsausgaben nicht automatisch mehr Lebensjahre erkauft werden können. Wir stellen fest, daß mit einem Mehr an Lebensjahren sogar ein Weniger an Lebensqualität verbunden sein kann.

2) Dabei ist es nicht wenig, was in der Bundesrepublik Deutschland für Gesundheit ausgegeben wurde. Die 225 Mrd. DM, die 1988 auf den Gesundheitssektor entfielen, entsprechen 11% des Bruttosozialproduktes und sind in dieser Größenordnung anderen Industrienationen vergleichbar. Allerdings scheint Nachdenklichkeit angezeigt, wenn wir feststellen, daß der Betrag, den wir in der Bundesrepublik allein für Gesundheit ausgeben, ebenso hoch sein soll

wie das gesamte Bruttosozialprodukt der Türkei. Schon dieser internationale Vergleich läßt die Frage nach den Verteilungsproblemen im Gesundheitswesen gerechtfertigt erscheinen. Und die Frage der Verteilungsgerechtigkeit macht uns in diesem Zusammenhang betroffen, wenn wir feststellen, daß die 75% der Menschheit, die in den Entwicklungsländern leben, sich mit 15% des Weltbruttosozialprodukts abzufinden haben.

3) Beschränken wir uns auf die Bundesrepublik, so ist die Unruhe über unser Gesundheitswesen auch darin begründet, daß es nicht allein um die Ressource Geld geht. Die Diskussion um das Gesundheitsreformgesetz hat zwar die Kostenüberlegungen weit in den Vordergrund gerückt, doch sollten wir nicht verkennen, daß auch andere Ressourcen zur Gesundheitsversorgung knapp geworden sind. Zu denken ist an Pflegekräfte, an soziale Dienste, an das Maß menschlicher Begleitung von Schwerstkranken, an die Ressourcen Zeit und soziale Kompetenz. Müssen wir allein angesichts unserer demographischen Entwicklung nicht auch hier schon mit Verteilungsproblemen kämpfen?

4) Das Unbehagen an der Kostenstruktur im Gesundheitswesen beruht auch darauf, daß sich die verschiedenen Interessengruppen laut artikulieren und gegenseitig bekämpfen, die eigentlichen Zielgruppen jedoch, nämlich die Patienten oder die gesunde Bevölkerung, kaum zu Wort kommen. Zwar geben viele Interessenverbände vor, im Sinne der Patienten zu argumentieren, doch gemeint sind häufig doch nur die eigenen Interessen. Die Selbsthilfegruppen haben zwar zum Teil gelernt, sich in der Öffentlichkeit darzustellen. Doch gibt es weiterhin soziale Brennpunkte, die der schützenden Hand bedürfen und wo Interessenausgleich im Sinne einer gerechteren Mittelverteilung geboten erscheint. Ich nenne als Beispiel die psychisch Kranken und die Gruppe der Drogenabhängigen.

5) Ein weiterer Unruheherd bei der Bewertung des Gesundheitswesens ist schließlich darin begründet, daß die dort ausgegebenen Mittel auch im Zusammenhang und in Konkurrenz zu anderen Ausgabenblöcken zu sehen sind. So sind die Gesundheitsausgaben Teil des Sozialbudgets, mit dem z.B. das noch nicht befriedigend gelöste Problem der häuslichen Pflege finanziert werden soll. Gesundheitsausgaben stehen auch in Konkurrenz bzw. im Zusammenhang mit dem gesundheitsbezogenen Umweltschutz.

6) Unruhe hat auch die Diskussion um das Gesundheitsreformgesetz gebracht. Dort wurde als Leitlinie die Beitragssatzstabilität der gesetzlichen Krankenversicherung postuliert. Dies läßt vermuten, daß die Gesundheitsausgaben in Höhe von 11% des Bruttosozialproduktes in der Bundesrepublik als sozialadäquat angesehen werden. Innerhalb dieses 11%igen Anteils soll nach Aussagen des Bundesministers für Arbeit und Sozialordnung der medizinische Fortschritt auch in Zukunft finanzierbar bleiben, soweit er ärztlich indiziert ist. Es ist zu prüfen, ob diese Aussage Bestand haben wird oder ob sie mehr dem Prinzip Hoffnung folgt. Denn auch in Zukunft wird es in der Bundesrepublik gesellschaftliche Entwicklungsprozesse geben, die erfahrungsgemäß kostentreibend wirken. Zwei Aspekte sind u.a. zu nennen: der medizinische und medizin-technische Fortschritt sowie die gestiegene Lebenserwartung mit daraus resultierender teils chronifizierter Polimorbidität, d.h., daß beim älteren Menschen auf Dauer mehrere Organsysteme erkrankt sind.

Zwischen medizinischem Fortschritt und der gestiegenen Lebenserwartung besteht ein enger Zusammenhang. Nach einer Modellrechnung des Statistischen Bundesamtes zur Bevölkerungsentwicklung ist von 1988 bis zum Jahre 2000 mit einem merklichen Anstieg der über 60jährigen zu rechnen. Infolge des medizinischen Fortschritts steigt die Lebenserwartung, die zwangsläufig nicht nur mit chronischen Krankheitsbildern, sondern auch mit Polimorbidität verbunden ist. Die wenigen Daten, die wir zur Gesundheitsstatistik in der Bundesrepublik zur Verfügung haben, belegen eindeutig, daß die Gesundheitskosten der über 65jährigen um ein Mehrfaches die Kosten in anderen Altersgruppen übertreffen. Was in diesem Zusammenhang den medizinischen Fortschritt anbelangt, so ist einzugestehen, daß auch der perfekteste diagnostische und therapeutische Einsatz „um jeden Preis" nur dazu führen kann, daß die kostenrelevante Krankheitslast auf einen möglichst schmalen Zeitraum vor dem Tod verschoben wird.

Statistisch gesehen, bezogen auf den Gesundheitszustand der Gesamtbevölkerung, bewirkt der medizinische Fortschritt eine Verschlechterung! Die durchschnittliche Gesundheit der Bundesbürger ist nicht deshalb so schlecht, weil die Medizin untätig ist, sondern weil die Medizin so viele Kranke am Leben erhält, die früher längst gestorben wären. Je mehr die Medizin vermag, desto höher ist der Krankenstand. Nach Krämer (1989) geraten wir in eine Fortschrittsfalle.

Dazu ein fiktives Beispiel: Einem 78jährigen Diabetiker mit Osteoporose wäre nach seiner Koronarbypassoperation der künstliche Darmausgang wegen Dickdarmkrebs vor 20 Jahren erspart geblieben, weil er diese Tumorerkrankung im wahrsten Sinne des Wortes nicht erlebt hätte. Er hätte damit die Gesundheitsstatistik auch nicht belasten können.

Mit diesen Ausführungen soll nun keineswegs der Eindruck erweckt werden, daß solche statistischen Überlegungen dafür herhalten sollen, diesen 78jährigen Patienten wegen seines Darmkrebses nicht zu operieren. Im Gegenteil, der verantwortliche Arzt wird zwangsläufig die entsprechende Indikation individuell prüfen und dann stellen müssen. Nur liegt diese Entscheidung auf einer anderen Betrachtungs- und Verantwortungsebene. Mit diesen Ausführungen soll nur abgeleitet werden, daß statistisch gesehen medizinischer Fortschritt die Gesellschaft im Endeffekt kranker macht. Dies führt dann zwangsläufig zu begründeten Mengen- und Leistungsausweitungen und damit zu Kostensteigerungen im Gesundheitswesen.

Der Begriff „Fortschrittsfalle" erscheint daher nicht so glücklich, weil er eine Negativbehandlung beinhaltet. Wertfreier und treffender wäre es, von einer „Fortschritts-Kosten-Spirale" in der Medizin zu sprechen. Zwangsläufig ergibt sich dann die Frage, wie hoch sich denn wohl diese Kostenspirale schrauben wird. Sichere Prognosen sind nicht möglich. Auf Dauer werden jedoch auch nach Ausschöpfung aller Einsparmöglichkeiten Gesundheitsausgaben von deutlich mehr als 11% des Bruttosozialproduktes dem Bürger sozialadäquat erscheinen. Dies erscheint plausibel, weil die Bürger durchaus bereit sind, für Konsumgüter, Urlaubs- und Freizeitgestaltung hohe Beträge auszugeben, die gesamtpolitisch als Finanzierungsreserve für Gesundheitsleistungen in Frage kämen.

Im Prinzip jedenfalls ist unser Gesundheitswesen unersättlich. Es steuert mit guter Wahrscheinlichkeit auf eine Budgetierung zu, d.h. auf eine Begrenzung oder Deckelung der Gesundheitsausgaben.

Diese bisherigen Ausführungen lassen es nachvollziehbar erscheinen, daß trotz sicher noch vorhandener Finanzierungsreserven die Mittel knapp und ungleich verteilt sind. In Zukunft laufen sie Gefahr, einem Budget unterworfen zu sein. Zwangsläufig stellt sich somit die Frage nach der richtigen und damit auch gerechteren Verteilung dieser Mittel.

Im Kern all dieser Probleme stecken daher nicht pragmatische Fragen, wie die der Effizienz, sondern prinzipielle, nämlich der Verteilungsgerechtigkeit. Es liegt damit ein genuin ethisches Problem vor.

Innerlich sträuben wir uns, diesen Fragen nachgehen zu müssen. Im festen Vertrauen auf ein in der Vergangenheit bewährtes Solidarprinzip verkennen wir, daß dieses Prinzip an die Grenzen seiner Finanzierbarkeit gestoßen und damit gefährdet ist. Wollen wir es aber retten – und dies muß für die Zukunft bejaht werden –, so wird es einer Neuordnung im Gesundheitswesen bedürfen, die nicht nur ordnungspolitisch, sondern auch ordnungsethisch begründet werden muß.

Ordnungspolitisch erscheint es geboten, die prozentuale Anteilssteigerung der Gesundheitskosten am Bruttosozialprodukt so lang wie möglich zu verhindern bzw. zu bremsen. Ordnungsethisch bedarf es einer Doppelstrategie, nämlich:

1) Neubestimmung von Gesundheitszielen.
2) Nachdenken über Verteilungsgerechtigkeit unter den Bedingungen eines festgelegten Kostenrahmens.

Auf das Gesundheitsverständnis in unserer Gesellschaft sei näher eingegangen, da es das zweite Problem ist, vor dem alle 4 Ebenen stehen. Wir müssen feststellen, daß es keinen Konsens gibt zu dem, was unter Gesundheit zu verstehen ist und welche Ziele unser Gesundheitswesen verfolgt oder verfolgen soll.

Geläufig ist der Gesundheitsbegriff der WHO, wonach bis zum Jahr 2000 ein „Zustand des vollkommenen biologischen, sozialen und psychischen Wohlbefindens" erreicht werden soll. Dieser Gesundheitsbegriff ist nach Gerok (1986) unbrauchbar. Er führt zu Illusionen. Hilfreich an diesem Verständnis ist allenfalls, daß die Gesundheit nicht eindimensional biologisch gesehen wird, sondern soziale und psychische Befindlichkeiten und Befindlichkeitsstörungen eingeschlossen sind. Utopisch ist er, weil er unerfüllbare Erwartungen in menschliches Handeln setzt; gefährlich, weil diese Erwartungen in Anforderungen und Ansprüche umgesetzt werden.

Durch den WHO-Gesundheitsbegriff wird weitgehend eine Betreuungsmentalität in unserer Gesellschaft gefördert. Ausdruck dieses Bewußtseins ist die Erwartung vieler Patienten, daß jede Störung des Befindens durch ärztliche Maßnahmen angegangen werden kann. Die utopische Grenzziehung zwischen Gesundheit und Krankheit führt dazu, daß Fragen der Lebensbewältigung zu Gesundheitsfragen degenerieren, daß dem medizinischen Urteil über Gesundheit eine falsche Universalität zuerkannt wird.

Neuorientierung im Gesundheitswesen heißt also dann einen besseren Gesundheitsbegriff zu entwickeln. Es bietet sich an, dem Vorschlag Rösslers (1977) zu folgen und Gesundheit nicht nur als die Abwesenheit von physischen oder psychischen Störungen, sondern als die Kraft zu verstehen, mit Störungen zu leben. Im Umkehrschluß wäre zu folgern, daß Krankheiten Lebensvorgänge jenseits der Grenze individuell möglicher Anpassungen an Störungen sind. Solche Anpassungen können durchaus so weit gehen, daß Krankheit bejaht wird und man deshalb – subjektiv – gesund ist. Daraus resultiert ein Mehr an Lebensqualität.

In einem nächsten Schritt wäre zu untersuchen, was auf dem Weg zu diesem Gesundheitsverständnis – beim Verfolgen dieser Zielsetzung – in unserer Gesellschaft beachtet werden müßte. Die Ausrichtung auf die kurative Medizin allein genügt nicht mehr. Der frühere Generaldirektor der WHO, Mahler, hat den Weg wie folgt beschrieben (ich skizziere aus dem Gedächtnis):

Gemeinsam arbeiten an der
– Förderung der Gesundheit,
– Verhütung von Krankheiten,
– Linderung von nicht vermeidbaren Krankheiten und Behinderungen,
– Verbesserung der Prozesse von Geburt, Kindheit und Jugend.

Gemeinsam dafür sorgen, daß alle gesund sind, um
– produktiv arbeiten zu können und
– sich aktiv in das soziale Netz der Umwelt einbinden zu lassen.

Gemeinsam erleichtern:
– ein würdevolles Altern,
– ein würdevolles Sterben.

Dieser Vorschlag, der wegweisend erscheint, sieht eine stärkere Gewichtung von Präventivmedizin, sozialer Vor-, Für- und Nachsorge und Gestaltung des Lebensabends vor.

In diesem Zusammenhang wirft die WHO die Frage auf, inwieweit die Primär-, Sekundär- und Tertiärprävention gegenüber der kurativen Medizin gestärkt werden muß. Es ist dies eine Frage an alle 4 Ebenen von Engelhardts Modell.

Ein weiteres Problem, vor dem alle 4 Ebenen stehen, ist die miserable Datenlage zum Gesundheitssystem in Deutschland. Der überfällige Aufbau einer Gesundheitsberichterstattung würde zumindest manch eine Entscheidung erleichtern. Dies setzt die Erhebung von Daten über Verbreitungs- und Schweregrad der in der Bevölkerung vorkommenden Erkrankungen, über deren prinzipielle Beeinflußbarkeit und über die Kosten der verfügbaren Maßnahmen voraus. Benötigt werden Instrumente, die es erlauben, im Gesundheitssystem gegenwärtige und zukünftige Entwicklungen zur Frage der angemessenen Behandlung oder zur Frage von Unterversorgungen abzuschätzen. Defizite des bestehenden Systems sind zu analysieren und Engpässe zu prognostizieren. Damit müßte es langfristig möglich werden, die derzeitigen Allokationsentscheidungen unseres Versorgungssystems nachzuvollziehen. In diesem Zusammenhang sind auch die Anliegen der Qualitätssicherung zu nennen. Durch die Gesundheitsberichterstattung würde auch der Blick für die Frage geschärft werden können, ob Hochleistungsmedizin für wenige stattfinden soll auf Kosten der Grundversorgung für viele.

Als letztes der gemeinsamen Probleme aller 4 Ebenen sei die Gedanken-, Sprach- oder Verständnislosigkeit zu nennen, auf die man stoßen kann, wenn es um die Frage geht, nach welchen Kriterien, Normen oder Prinzipien der auf seiner Ebene Verantwortliche entschieden hat. Gut ist es, wenn der jeweilige Entscheidungsträger solche Kriterien hat, noch besser ist es, wenn er sie transparent macht, d.h. wenn er auch zu erkennen gibt, von welchen Wertvorstellungen er sich bei seiner Entscheidung hat leiten lassen. Man muß sich in einem so hochkomplexen System, wie es das Gesundheitswesen darstellt, natürlich auch des multiprofessionellen Rates bedienen. Und dort stellen wir fest, daß im interdisziplinären Diskurs, soweit er überhaupt stattfindet, die Sprache der Ärzte und Ökonomen, der Juristen und Philosophen und der Politiker nur begrenzt aufeinander abgestimmt ist.

Probleme auf den einzelnen Ebenen

Auf der Ebene 4 müßte vor allem untersucht werden, ob die Bemühung bzw. der Zwang zur Rationalisierung nicht heute in Rationierung mündet. Dabei ist unter Rationierung das geplante Vorenthalten an sich gewünschter Güter zu verstehen. Als Beispiele seien genannt: Pflegesatzverhandlungen legen das Finanzbudget eines Plankrankenhauses für das darauffolgende Jahr fest. Dies bedeutet eine Prädominanz der Ebene 3 nach Engelhardt, in der über Kosten entschieden wird. Ebene 4 muß sehen, wie sie mit dieser Entscheidung zurechtkommt. Dies kann bedeuten, daß

- Personal eingespart werden muß trotz kurzer Verweildauer, höherer Fallzahl und schwereren Krankheitsverläufen,
- Intensivstationen suboptimal besetzt sind mit statistischem Risiko für die Patienten,
- bei Verbrauchsmaterialien gespart werden muß und Einmalartikel wiederverwendet werden,
- nicht das beste Medikament zum Zuge kommt, sondern das zweitbeste und billigere ggf. verbunden mit vermeidbaren Risiken,
- Patienten vorzeitig entlassen werden, weil noch gefährdetere Patienten aufgenommen werden müssen.

Eine solche Liste ließe sich beliebig fortsetzen. Es sind Indikatoren für Rationierung zumindest im Sinne einer suboptimalen Gesundheitsversorgung. Die damit verbundenen Risiken mögen im Einzelfall noch vertretbar sein, sie gehen jedoch über Rationalisierung hinaus. Der Zwang zur Rationalisierung war und ist sicher hilfreich, um Finanzierungsreserven auszuschöpfen. Wir sollten jedoch nicht aus dem Auge verlieren, daß dies in Rationierung münden kann.

Die Frage ist nur, wer diese Rationierung, die ja versteckt und nicht offen stattfindet, zu vertreten hat. Der kurativ tätige Arzt auf der Ebene 4 kann in diesem Rahmen nur begrenzt Mitverantwortung tragen. In erster Linie gilt für ihn und unverändert *salus aegroti suprema lex*.

Er hat aber auch eine darüber hinausgehende Verantwortung, wie sie in der Bundesärzteordnung verankert ist. Dort heißt es in § 1: „Der Arzt dient der Gesundheit des einzelnen Menschen und des gesamten Volkes."

Insoweit muß ihm auch klar sein, daß er innerhalb eines Budgets mit jeder kostenwirksamen Maßnahme für den einen Patienten den Handlungsspielraum für den anderen Patienten einengt. Der Arzt muß darüber hinaus erkennen, daß sein Handeln nicht nur Auswirkungen innerhalb der Ebene 4, sondern auch auf die anderen Ebenen von Engelhardts Modell hat. Dies bedeutet, daß er um Rationalisierung und Kosteneffizienz bemüht bleiben muß. Er darf das Gebot der Rationalisierung auch nicht durch den terminologischen Schwindel unterlaufen, indem er Kosteneffizienz als Rationalisierung qualifiziert und ablehnt. Er wird bei vorgegebenem Budget auch Verständnis dafür aufbringen müssen, daß es oberhalb seines Verantwortungsrahmens Institutionen gibt oder geben muß, die für Interessenausgleich zu sorgen haben.

An dieser Stelle sind dann aber auch die entsprechenden Institutionen, Körperschaften und Gesundheitsverwaltungen gefordert, d.h. konkret angesprochen sind Staat, Gesetzgeber und Krankenkassen. Sie dürfen sich innerhalb der Rationierungsdebatte nicht hinter den Entscheidungsträgern auf Ebene 4 verstecken, sondern müssen offen und öffentlich zu erkennen geben, nach welchen Kriterien sie Prioritäten und Posterioritäten gesetzt haben.

Auch wenn der Entscheidungsspielraum auf allen Ebenen einem Budget unterworfen ist, sollte bewußt bleiben, daß Spannungsfelder nur dann überwunden werden können, wenn Dialogbereitschaft und Verständnis für den eingeengten Handlungsspielraum des anderen bestehen. Dabei ist einzuräumen, daß der Handlungsspielraum auf Ebene 4 insofern geringer ist, als der Arzt sich in einem Vertragsverhältnis zu dem ihm individuell anvertrauten Patienten befindet. Aus diesem Verhältnis kann sich der Arzt nicht entlassen. Demgegenüber darf und muß der Gesundheitspolitiker in größerer Distanz zum individuellen Geschehen in statistischen Größenordnungen denken und entscheiden. Er darf nach dem Grenznutzen bestimmter Maßnahmen fragen und z.B. feststellen, daß es zwar Sinn macht, für 30 Mio. DM die Säuglingssterblichkeit von 15 auf 7 pro 1000 Geburten zu senken, daß eine weitere Absenkung von 7 auf 5 zum gleichen Preis jedoch solange nicht sinnvoll ist, wie für dieses Geld durch den Ausbau des Rettungswesens jährlich 400 Menschen rechtzeitig ein Krankenhaus erreichen. Dies ist nur ein fiktives Beispiel.

Die Last der Verantwortung drückt den Arzt ebenso wie den Politiker, gleichgültig, ob nun über individuelle Risiken oder über statistische Risiken entschieden werden muß.

Für die Ebenen 2 und 1 sei nur der Hinweis gegeben, daß die dort Verantwortlichen eine deutliche Neigung zeigen, mit dem Hinweis auf die Notwendigkeit der Rationalisierung auf Ebene 4 der Rationierungsdebatte auszuweichen.

Probleme der Ebenen untereinander

Die bisherigen Ausführungen unterstreichen schon, daß es keine starre Trennung zwischen den Ebenen gibt. Es wären die Probleme zu wiederholen, die im Rahmen des 4-Ebenen-Beziehungsgeflechtes angesprochen wurden:
- Es ist gekennzeichnet vom St.-Florians-Prinzip, wonach der andere die Last des einen trage.
- Es mangelt an Transparenz bezüglich der Gründe und Kriterien bei den einzelnen Entscheidungen.
- Verständnis und Sprache sind interdiziplinär nicht hinreichend aufeinander abgestimmt.

Lösungshilfen

Benötigt wird nicht nur eine überfällige Gesundheitsberichterstattung. Als gesundheitspolitische Hardware würde sie zwar Hilfestellung für einzelne Entscheidungen geben können, sie schützt jedoch nicht vor Dilemmasituationen, vor ethischen Konflikten, bei denen sich verschiedene Interessen und Güter unvereinbar gegenüberstehen und wo gleichwohl entschieden werden muß. Es geht daher um viel mehr als um Gesundheitsberichterstattung. Es geht um Dialogbereitschaft und um Verständnis für die jeweiligen Entscheidungsträger auf den anderen Ebenen, die sich letztlich auch dem Diktat der leeren Kassen beugen müssen. Es geht aber u.a. um die Entwicklung von Entscheidungskriterien.

Es sei daher zum Schluß noch versuchsweise skizziert, welchen Beitrag die Medizinethik zur Lösung in diesen Konfliktsituationen liefern kann. Dabei kann es auf keinen Fall um ein ubiquitär anwendbares und einheitliches „Ethikkonzept" gehen. Entwickelt werden können jedoch normative Aspekte von Verteilungsoptionen. Es sind Entscheidungen zu treffen, nach welchen Zielen man sich orientiert.

Es stellt sich die Frage, ob es in Zukunft ausreicht, sich allein Organisationsziele vorzunehmen, die Strukturschwächen und Effizienzmängel aufheben. Auch wird es zu wenig sein, ordnungspolitisch neutrale Ziele anzusteuern – wie grundlegende Gesundheitsbedürfnisse oder die Zielsetzung der WHO „Gesundheit für alle im Jahr 2000".

Für die Zukunft wird es eher ein entscheidendes Instrument sein, sich verstärkt normativer Ziele zu bedienen. Dabei wird das hochkomplexe Feld der Gesundheitspolitik nicht allein dadurch lösbar, daß isolierte Wertaussagen getroffen werden. Ziel muß es sein, durch Deduktion Konkretisierungen herzuleiten, aus denen heraus auf der Basis ethischer Normen Begründungen für verantwortliches Handeln abgeleitet werden können.

Wenn wir ein tragfähiges, solidarisches und ethisch verantwortbares Gesundheitswesen haben und behalten wollen, dann seien mit Engelhardt 4 Forderungen formuliert, die in gegenseitiger Abwägung pragmatisch und im konkreten Fall bedacht werden müssen:

1)   bestmögliche medizinische Versorgung,
2)   gleiche Versorgung für alle,
3)   Effizienz der Kosten,
4)   optimale Wahlfreiheit für Erbringer und Nachfrager von Gesundheitsleistungen.

Diese Forderungen sind Zielsetzungen, die als solche im Widerspruch zueinander stehen müssen. Aber gerade die Identifizierung und Gewichtung dieser Widersprüche werden hilfreich sein, um auf ethischer Grundlage ordnungspolitische Entscheidungen im Gesundheitswesen oder Entscheidungen im ärztlichen Alltag vorbereiten und treffen zu können.

Zur Aufgabe der Medizinethik gehört es, bestehende moralische Konflikte zu identifizieren, Dilemmasituationen aufzuweisen, Handlungsanweisungen zu überprüfen und ggf. zu rechtfertigen.

Auch angesichts einer wertepluralistischen Gesellschaft kann und darf die Medizinethik nicht für eine bestimmte Ethik sprechen oder durch offizielle Verlautbarungen umschriebene Wertpositionen bestimmen. Vielmehr muß die Öffentlichkeit von ihr erwarten können, daß sie durch die Darstellung unterschiedlicher Denkmodelle und Argumentationen dazu beiträgt, ethische Probleme in der Medizin wahrzunehmen, begrifflich zu klären und einer sachgerechten Diskussion näherzubringen.

Medizinethik versucht somit auf der Basis wissenschaftlicher Analysen Interpretationsmodelle zu erarbeiten, die der Problemlösung insoweit dienen, als unter normativen Aspekten Optionen dargestellt werden. Dazu gehört, daß die zur Debatte stehenden Optionen, Positionen und Argumentationsketten herausgearbeitet und in öffentlicher Diskussion deutlich werden.

Aufgabe der Medizinethik kann es daher nicht sein, Ärzten, Gremien und Institutionen in aktuellen, schwierigen Situationen unmittelbar Entscheidungen abzunehmen. Die Zielsetzung der Medizinethik ist vielmehr auf eine Sensibilisierung für die Wahrnehmung von Problemstellungen ausgerichtet. Sie will durch das Aufzeigen möglicher Bewältigungsstrategien deren Handhabung erleichtern.

Damit werden auch die Grenzen der Medizinethik deutlich, wenn es um die Probleme der Mittelverteilung im Gesundheitswesen geht. Auf allen Ebenen von Engelhardts Modell sind Situationen vorstellbar, wo unterschiedliche Rechtsgüter wie Forschungsfreiheit und Menschenwürde, wo die Frage der Spitzenversorgung für wenige auf Kosten der Basisversorgung für viele, wo die Selbstbestimmung des einzelnen und das Solidarprinzip unvereinbar gegenüberstehen. An solchen Stellen kann die Medizinethik die Dilemmasituation herausarbeiten und im Konflikt identifizieren. Sie kann jedoch keine unmittelbare Entscheidungshilfe geben. Sie vermag lediglich Handlungsalternativen aufzuzeigen, die durch unterschiedliche ethische Normen und Prinzipien begründet sind.

In der so schwierigen Diskussion um die Verteilungsgerechtigkeit im Gesundheitswesen kann die Medizinethik also nur einen methodischen und geisteswissenschaftlich begründeten Beitrag leisten. In der Bewältigung konkreter Konfliktsituationen ist die Medizinethik jedoch keine moralische Instanz. Die entscheidende moralische Instanz bleibt das Gewissen des einzelnen.

Zusammenfassung

Infolge des medizinischen Fortschritts und der gestiegenen Lebenserwartung nimmt statistisch gesehen der Krankenstand unserer Gesellschaft zu. Dies führt zu begründeter Mengen- und Leistungsausweitung der gesundheitlichen Versorgungssysteme und damit zwangsläufig zu Kostensteigerungen.

Im Prinzip ist unser Gesundheitswesen unersättlich. Es steuert auf eine Budgetierung hin. Ausdruck einer beginnenden Budgetierung sind Rationalisierungsbemühungen, die der Effizienzsteigerung dienen und ordnungspolitisch geboten sind. Diese Rationalisierung grenzt in Teilbereichen aber heute schon an Rationierung, d.h., daß optimale Medizin wegen Ressourcenknappheit nicht erbracht werden kann.

Von daher ist die Frage nach der gerechteren Mittelverteilung zu stellen. Es ergibt dies ein genuin ethisches Problem. Im Bemühen um mehr Verteilungsgerechtigkeit können hilfreich sein:

1) die Neubestimmung von Gesundheitszielen,
2) der Aufbau einer Gesundheitsberichterstattung,
3) die Rückbesinnung auf die verschiedenen Entscheidungs- und Verantwortungsebenen und
4) die Entwicklung von Entscheidungskriterien unter normativen Aspekten.

Die Medizinethik kann zur Entwicklung und Anwendung von Entscheidungskriterien einen wichtigen methodischen Beitrag leisten, indem sie Konfliktsituationen identifiziert, auf der Basis ethischer Normen Optionen erarbeitet, Bewältigungsstrategien aufzeigt und einer sachgerechten Diskussion zuführt. Sie kann jedoch keine Entscheidungen abnehmen. Die letztentscheidende moralische Instanz bleibt das Gewissen des einzelnen. Dies gilt für alle Ebenen von Engelhardts Modell und damit auch für den gesundheitspolitischen Raum.

Literatur

Engelhardt HT (1988) Zielkonflikte in nationalen Gesundheitssystemen. In: Sass H-M (Hrsg) Ethik und öffentliches Gesundheitswesen. Springer, Berlin Heidelberg New York Tokyo, S 35-43
Gerok W (1986) Der Geist der Medizin ist leicht zu fassen. Neue Ärztliche 163:7
Krämer W (1989) Die Krankheit des Gesundheitswesens. Fischer, Frankfurt am Main, S 28 ff.
Rössler D (1977) Der Arzt zwischen Technik und Humanität. Piper, München

Diskussion 3

Arnold:
Klaus D. Henke, der allen als Gesundheitsökonom und Mitglied des Sachverständigenrats bekannt sein dürfte, hat vor der Einrichtung des Rates den Begriff des „Durchwurschtelns im Gesundheitswesen" geprägt. Er wollte damit zum Ausdruck bringen, daß man dort eigentlich keine Rationalität ausmachen könne, sondern daß es irgendwie im Interessenausgleich gelingt, das System am Leben zu halten. Er hat damals nachdrücklich die Forderung nach mehr Rationalität in der Gesundheitspolitik erhoben. Ich glaube, daß eine solche Forderung zwar keinen Erfolg haben wird, aber das Bemühen um mehr Rationalität in der Gesundheitspolitik ist einfach inzwischen soziale Wirklichkeit. Doch möchte ich in diesem Zusammenhang auf ein Buch von Friedrich v. Hayek verweisen, im 2. Weltkrieg in den USA publiziert, in dem er zu zeigen versuchte, daß immer dann, wenn sich in einem so komplexen System wie der Wirtschaft – um die ging es damals – die Dinge nicht ganz so gestalten, wie man sich das wünscht, weil man z.B. keine Geduld hat, spontanen Entwicklungen zu vertrauen, die Neigung zunimmt, einzugreifen im Glauben, man könne selbst mit seiner eigenen Rationalität in einem solchen System Verbesserungen erzielen. Dies läuft auf eine völlige Überschätzung der Fähigkeit der menschlichen Intelligenz hinaus. Bei einer Tagung der Robert Bosch Stiftung vor 2 Jahren über die Probleme der politischen Beratung in der Politik ist dieses Thema ebenfalls dargestellt worden. Ich habe damals zu belegen versucht, daß dies ein törichtes Unternehmen ist und daß sich die Rationalität auch in einem komplexen sozialen System wie dem Gesundheitswesen von selbst ergibt, so wie es auf dem Markt eine so gute Selbstorganisation und eine so hohe Rationalität gibt, die niemals von einer Zentrale her erreicht werden können. Wie richtig das ist, zeigt ja die wirtschaftliche Situation in den zentralgelenkten sozialistischen Staaten. Es war für mich geradezu eine Bestätigung der Gedanken von Hayek, von Herrn Schirmer zu hören, daß, je schlechter die Situation im Gesundheitswesen der DDR war, man sich um so mehr bemüht hat, die Entscheidungen zu zentralisieren.

Ich habe gestern deutlich zu machen versucht, daß das Gesundheitswesen kein Markt ist und sich nur daraus im Grunde genommen überhaupt die externen Eingriffe rechtfertigen lassen. Wir haben das leider hier nicht weiter vertieft, aber vielleicht ergibt sich die Gelegenheit, diesen Gedanken noch einmal zu erörtern, denn es kommt ja wesentlich darauf an, daß wir dieses Zusammenspiel von Medizinern und Ökonomen beleuchten, das auch Herr Fuchs hier dargestellt hat.

Von Wirtschaftlichkeitsreserven haben wir gestern bis zum späten Abend geredet, auch ich, und ich weiß doch, daß das im Grunde genommen völliger Unsinn ist. Ich bin davon überzeugt, daß unser Gerede über Wirtschaftlichkeitsreserven nichts anderes ist als der Versuch, sich um die Wahrheit und um die Entscheidung zu drücken. So hat z.B. der Sachverständigenrat in seinen Empfehlungen für den Krankenhaussektor höhere Ausgaben bei Beibehaltung der Beitragssatzstabilität durch eine Reallokation der Mittel aus dem Pharmasektor in den Krankenhaussektor für möglich gehalten. Am Ende müßte wahrscheinlich die Pharmaindustrie noch etwas dazulegen. Überall taucht nämlich der Pharmasektor als der große geheimnisvolle Sack auf, aus dem man beliebige Mengen herausnehmen kann, um die Löcher an anderen Stellen zu stopfen. Das ist doch völliger Unsinn. Ich bin auch im Zweifel, ob die Gesundheitsberichterstattung, die hier gefordert wird, die auch der Sachverständigenrat gefordert hat (was ich mit unterschrieben habe), geeignet sein könnte, die Reserven zu mobilisieren, durch mehr Transparenz die Effizienz zu erhöhen und die Versorgung wirklich zu verbessern.

Ich will noch eine weitere Behauptung aufstellen, nämlich die, daß Gerechtigkeit im Gesundheitswesen überhaupt nicht voll herzustellen ist, alleine schon wegen der unterschiedlichen Kosten, die für die einzelnen entstehen, und nicht etwa nur Kosten in Form von Geld, sondern Kosten in Form von Zeit, von Wegstrekken, um Gesundheitseinrichtungen zu erreichen.

Im übrigen: Woraus leitet sich eigentlich die Forderung nach Gerechtigkeit gerade auf dem Gesundheitssektor ab, dem einzigen Sektor, wo wir wirklich eine materielle Gleichstellung aller anstreben? Warum nicht gleiche Lebensbedingungen im Hinblick auf Wohnen, auf Essen, auf Arbeit, die über die Dauer des Lebens gesehen viel wichtiger sind? Warum ausgerechnet im Gesundheitssektor, wo allein schon die Tatsache, daß die Versorgung schwerpunktmäßig im hohen Alter erfolgt, die Ineffizienz unweigerlich ist? Ich nähere mich auch diesem Alter, und mir wäre der Gedanke gar nicht lieb, daß mir dann gesagt wird, man könne nichts mehr machen, es wäre kein Geld mehr da. Aber ist das wirklich richtig, daß wir von Effizienz reden und einen enormen Aufwand gerade bei den Leuten treiben, die kurz vor dem Tode stehen? Woraus läßt sich die Rechtfertigung des gleichen Anspruchs an Gesundheitsversorgung ableiten? Ich fände es gut, wenn wir darüber einmal sprechen könnten.

Zeller:
Ich habe zunehmend Zweifel, auch im Lichte dieser Diskussion, ob unsere These stimmt, daß wir für Gesundheit nur 11% unseres Bruttosozialproduktes ausgeben, insbesondere wenn ich die WHO-Definition heranziehe. Ich möchte zu sagen wagen, daß wir unsere Investitionen im Umweltschutz für die Gesundheit tätigen – den Fröschen das Leben zu verschönern, mag dabei ein ethischer Nebeneffekt sein. Jeder Jogginganzug, jeder Sicherheitsgurt im Auto ist eine Investition für die Gesundheit. All das zusammen gibt erheblich mehr als 11% des Bruttosozialprodukts. Damit verlagern sich zwar die Mittel, aber sie sind nicht knapp, wie Herr Fuchs ausführte, sondern doch insgesamt sehr üppig vorhanden. Das Wort knapp bringt eine etwas zu negative Schlagzeile in die Diskussion hinein. Wir haben in der BRD einen Arzneimittelmarkt von 120 000 Produkten, wir haben zu viele Krankenhausbetten, wir haben zu viele Ärzte – das sind üppige Ressourcen. Wenn ich diese Komponente ansehe, dann ist es gar nicht so schlecht um unser Gesundheitswesen bestellt. Ich habe nicht die Befürchtung von Herrn Fuchs, daß wir in nächster Zeit in eine Budgetierung hineinschlittern.

Fuchs:

Ich habe lediglich formuliert: Wenn die Mittel knapp und ungleich verteilt sind, dann sollten wir uns Gedanken darüber machen, wie wir mit Budgetmitteln umgehen. Im übrigen habe ich ja deutlich gemacht, daß im Vergleich zu anderen Ländern unser Gesundheitswesen an Luxus bis Verschwendung grenzt. Da gibt es überhaupt keinen Zweifel. Der entscheidende Punkt ist, und darüber müßte die Diskussion geführt werden: Ist etwas dran an dieser Fortschritts-Kosten-Spirale? Wenn ja, steuern wir auf ein Budget zu? Wenn wir auf ein Budget zusteuern, sind wir darauf vorbereitet?

Die zweite mir wichtige Aussage meines Beitrags sollte die Frage sein, inwieweit wir unter normativen Aspekten auch jetzt schon handeln und heute schon rationieren. Und da bin ich mit Herrn Arnold nicht einer Meinung. Sein Diskussionsbeitrag konzentrierte sich auf Ebene 4 (vgl. S. 67) Mich interessiert insbesondere das Spannungsfeld zwischen Ebene 4 und 3, die Frage des Verständnisses für den anderen. Wie gehen wir denn mit der Situation um? Diktat von Ebene 4 oder zunehmende Einflußnahme von Ebene 3 auf Ebene 4? Wir müssen einmal erkennen, daß es diese unterschiedlichen Verantwortungsebenen gibt, die nicht in einen gemeinsamen Diskurs geführt werden.

Firnkorn:

Herr Zeller, in der Ökonomie setzt man die Worte begrenzt und knapp gleich. Genauer gesagt spricht man von relativer Knappheit, um auszusagen, daß die Mittel im Verhältnis zu den als tendentiell unbegrenzt angesehenen Bedürfnissen immer knapp oder immer begrenzt sind; daraus ergibt sich, und davon lebt die Ökonomie, der Auftrag zum Rationieren, zum Rationalisieren, zum effektiven Einsatz der Ressourcen. Weil die Mittel, die uns zur Verfügung stehen, prinzipiell knapp sind (dies gilt beispielsweise auch für die Zeit), müssen sie deswegen auch prinzipiell bewirtschaftet werden. Und das heißt Optimierung beim Faktoreinsatz und Optimierung bei der Verteilung der Produkte. Das schließt nicht aus, daß sich in bestimmten Bereichen oder zu bestimmten Zeiten Üppigkeiten ergeben, daß sich innerhalb verschiedener Ebenen, Herr Fuchs hat sie genannt, Verschiebungen weg vom Optimum entwickeln. So wie sich bei einem einzelnen Mittel akkumulieren können, die im Gerechtigkeitssinn „falsch" verteilt sind, so daß er seine private Bedürfnisbefriedigung bis über die Sättigungsgrenze treiben kann, so können Bereiche des Gesundheitswesens wegen bestimmter Verteilungsstrukturen so ausgestattet sein, daß sich in ihnen das Knappheitsproblem viel weniger stellt als in anderen. Dies heißt übertragen auf die Gesellschaft: Der Gesundheitsbereich kann so ausgestattet sein, daß andere Bereiche notleiden (oder umgekehrt). Auch in einem solchen Sinn spricht der Ökonom dann von relativen Knappheiten.

Schirmer:

Antworten der Ressourcenverteilung im Sinne der Makroallokation müssen sehr gründlich durchdacht werden. Wir geben sicher zu wenig Geld für das Gesundheitswesen aus, aber die Frage ist: Welche Verteilung ist denn sinnvoll, für Gesundheit, für die Umwelt, für gesunde Ernährung, für den Sport usw.? Eine Erkenntnis, die wir schon längere Zeit haben: Wir brauchen wesentlich mehr Mittel für die Prophylaxe. Es gab in der DDR ein paar platte Vorstellungen in dieser

Richtung: Wenn wir ein Sportstadion bauen, dann brauchen wir kein Krankenhaus. Unsere Erfahrungen sind, daß es die angesprochene Spirale auch bei uns gibt, und daß auch Prophylaxe nicht dazu führt, daß das Gesundheitswesen billiger wird, sondern ganz im Gegenteil. Die Menschen leben länger und bedürfen damit auch einer längeren Behandlung und intensiverer medizinischer Betreuung. Das heißt also, die Tendenz zur Ausweitung medizinischer Leistungen ist ganz sicher objektiv, wobei natürlich die konkrete Wertung der Ergebnisse oft außerordentlich kompliziert ist. Die Säuglingssterblichkeit z.B. liegt bei uns bei 7,6‰, mit großen Differenzen zwischen den einzelnen Territorien, ohne daß jemand exakt sagen kann, warum wir in Chemnitz eine niedrigere Säuglingssterblichkeit haben als beispielsweise in der Hauptstadt Berlin, die technisch viel besser ausgerüstet ist. Es gibt also offensichtlich viele komplexe Einflußfaktoren, die man dabei berücksichtigen muß.

Grupp:
Ein Instrumentarium der Transparenz und des Dialogs von Kriterien ethischer Art reicht nicht aus. Man muß tiefer fragen: Sind in der Struktur Konflikte angelegt? Ich nenne ein paar Beispiele, ohne daß ich sagen könnte, daß ich Lösungen hätte. Bei massivem Anstieg der Zulassungen von Ärzten auf Ebene 4 und bei einer Struktur der Einzelleistungsvergütung, die wir trotz mancher Korrekturen noch haben, steht der einzelne Arzt in einem permanenten Konflikt zwischen Medizin und Ökonomie. Bei einem Vergütungssystem, das letztlich eine Mengenausweitung prämiert, stoßen natürlich Rationalität und ethische Prinzipien beim einzelnen Arzt permanent auf Konflikte; ethische Kriterien sind nicht ohne weiteres umsetzbar. Der Arzt wird sich häufig zu Gunsten einer medizinisch zweifelhaften Medizinausweitung entscheiden müssen, wenn er sich ökonomisch richtig verhält. Das gleiche kann man beim Patienten festmachen. Bei Zuzahlung von 3 oder 4 DM auf Arzneimittel möchte er selbstverständlich möglichst ein teures Arzneimittel. Die Strukturen verhindern, daß nach Ratio und nach sinnvollen Kriterien gehandelt wird. Das gleiche ist auch auf der mittleren Ebene festzumachen, etwa bei den Krankenkassen oder bei den kassenärztlichen Vereinigungen, die steuernd tätig sein müssen. Eine Kassenstruktur, bei der Wettbewerb ein notwendiges Element ist, ist kontraproduktiv zur Aufgabe, rationale Medizin zu machen. Krankenkassen stehen im Wettbewerb um den Versicherten, und der Arzt ist in seinem Tätigwerden ein wichtiger Werbeparameter auch für die Wahl der Kasse von den Versicherten. Hier ist die Gefahr, daß von der Struktur her Kriterien der Transparenz und des Dialogs verfälscht werden. Ich nenne als letztes Beispiel den Krankenhausbereich. Wenn die Absicherung der Pflege fehlt, wenn Alternativen zur stationären Behandlung etwa im ambulanten Pflegebereich fehlen, dann ist es wahrscheinlich unvermeidlich, daß Fehlentscheidungen entstehen, nämlich das Behalten des Patienten, auch wenn es medizinisch nicht indiziert ist, auch wenn es ökonomisch sogar falsch ist.
Zusammenfassend: Die Vorschläge von Herrn Fuchs müßten m. E. um Vorschläge ergänzt werden, die an die Strukturen bei der Leistungserbringung und der Leistungsnachfrage heranreichen. Was helfen die schönsten ethischen Entscheidungskriterien, wenn sie auf eine Struktur treffen, in der Ethik und Ökonomie, Ratio und Ökonomie, Einzelwirtschaft und sinnvolles medizinisches Behan-

deln im Konflikt stehen. Wenn bei den niedergelassenen Ärzten der ökonomische Druck immer stärker wird, dann wird mit den vorgeschlagenen Instrumentarien letztlich nichts erreicht werden, wenn man nicht auch an der Struktur ansetzt.

Läuft es auf eine Budgetierung hinaus, wenn wir das alles nicht besser und rationaler strukturieren? Aus meinen Erfahrungen in den letzten Jahren habe ich den Eindruck, daß die globale Budgetierung ein Gedanke von gestern ist. Ich sehe eher den Zwang, sich mit den Strukturen auseinanderzusetzen. Ein Beispiel: In der Vergangenheit ist die Frage, ob wir im Pflegebereich und bei den Ärzten genügend Personal haben, dadurch gelöst worden, daß man budgetiert hat. Das einzelne Krankenhaus mußte mit seinem Budget zurechtkommen. Damit sind, Herr Fuchs hat dies angesprochen, Entscheidungen getroffen worden, die zu Engpässen und zu Mängeln im Personalbereich geführt haben. Die Reaktion ist inzwischen nicht die, daß man den Budgetierungsgedanken verstärkt, sondern die, wenn ich es richtig sehe, daß die Selbstverwaltung gezwungen ist, sich mit der Struktur auseinanderzusetzen. Eine Verordnung für das Personal in der Psychiatrie, die wir gerade vorbereiten müssen, ist weit weg von dem Gedanken der Budgetierung. Sie beginnt mit der Frage: Welche Patienten sind in den psychiatrischen Krankenhäusern und welche Behandlungsziele sind geboten? Dann kann man Patienten und Behandlungsziele in verschiedene Behandlungseinheiten zusammenfassen – Regelbehandlung, Akutbehandlung, rehabilitative Behandlung, Intensivbehandlung – und daraus abzuleiten versuchen, welche pflegerische Leistungen welchen Personalbedarf notwendig machen. Wir werden diese Verordnung in den nächsten Wochen vorlegen, und diese wird im Grunde genommen eine Abkehr vom Gedanken der Budgetierung enthalten. Das gleiche wird, dies prophezeie ich, im Bereich der Pflegekräfte in den Krankenhäusern allgemein passieren. Weil im Grunde genommen die Budgetierung in der Vergangenheit ein Notanker der Politik mangels Wissen um die Inhalte der Medizin war, glaube ich, daß die Politik und die, die auf den Ebenen 2, 3 und 4 Entscheidungen treffen müssen, sich immer stärker mit den medizinischen Inhalten auseinandersetzen müssen. Damit wird es zwingend notwendig, Gesundheitsberichterstattung und Kriterien zu haben. Wenn vom Einzelarzt oder auf der Ebene 4 ohne Kriterien entschieden wird, dann ist das von begrenzter Wirkung. Wenn aber auf den Ebenen 2, 3 und 4 – und ich sehe in der Politik zunehmend den Zwang zu Entscheidungen – ohne die notwendigen Fakten entschieden wird, dann wird es in der Tat so zweifelhaft und hat solche Auswirkungen, daß man das gar nicht verantworten kann.

Pflanz:

Was ist eigentlich das Ziel der Gesundheitsversorgung? Wenn man diese Frage stellt, muß man zugleich die Frage stellen, welches Menschenbild wir haben. Der Mensch, der medizinisch behandelt wird, ist das der Mensch, der etwas produziert und seinen Wert daraus ableitet? Wenn das so ist, dann müssen die optimal versorgt werden, die zur Produktion beitragen. Und dann kann man sagen, im Alter brauche man dann nicht mehr so viel zu tun. Bei einem Menschenbild mit religiösem oder humanistischem Hintergrund, das besagt, der Mensch sei ein Wert an sich, können wir dies nicht mehr sagen. Dann brauchen, genau umgekehrt, die Bevölkerungsgruppen, die am verwundbarsten sind, den meisten Schutz. Ich glaube, die Klärung dieser Frage ist Voraussetzung, daß wir überhaupt darüber reden können, an welcher Stelle wir streichen wollen, wenn wir streichen müssen.

Es wird als negativ gewertet, daß so hohe Ausgaben in einem späten Abschnitt des Lebens nötig werden. In Wirklichkeit ist es ein Fortschritt, daß in den früheren Jahren zunehmend weniger gebraucht wird. Das Ziel sollte eigentlich sein, daß der Abschnitt der Multimorbidität im Leben des Menschen möglichst kurz wird – was natürlich bedeutet, daß dann besonders viele Ausgaben erforderlich werden.

Herr Arnold sprach darüber, daß es unsinnig sei, alle Patienten gleich behandeln zu wollen. Aber eigentlich war der Ausgangspunkt nicht eine Gleichheit der Verteilung, sondern eine Gerechtigkeit der Verteilung, und Gerechtigkeit bedeutet ja keineswegs, daß alle das Gleiche bekommen. Ich glaube, daß es ganz wichtig ist, auch ein bißchen darüber nachzudenken, was es bedeutet, daß einem Menschen sein Recht geschieht. Es gibt nicht *ein* Recht für alle, sondern es gibt ein je individuelles Recht. Und das wurde gestern abend ja auch gesagt, daß zur Verteilungsgerechtigkeit irgendwo auch die ausgleichende Gerechtigkeit dazugehört.

Mir sind zwei Trends der Diskussionsbeiträge aufgefallen. Der eine Trend besagt, diese ganze Diskussion sei nicht dringlich, denn so schlecht stehe es ja nicht. Das stimmt, bei uns steht es nicht schlecht. Der andere Trend ist, zu sagen, wir müßten die Probleme analysieren, und das stimmt ebenfalls, und das eine schließt das andere nicht aus. Die Gesundheitsversorgung ist bei uns relativ gut, wir sind finanziell nicht nur relativ, sondern, gemessen an der übrigen Welt, auch absolut wirklich gut dran. Das heißt aber nicht, daß diese Probleme nicht auf uns zukommen. Und wenn es hier um Ethik geht, dann sollte man sich klar machen, daß es nicht um eine nachhinkende, rechtfertigende Ethik geht, sondern um eine Ethik, die Entscheidungshilfen gibt, bevor man in der Tinte steckt. Die notwendigen Einsparungen sollten wir auch ethisch, nicht nur ökonomisch begründen.

Fuchs:
Herr Grupp, Ihren Beitrag empfinde ich als konstruktive Kritik. Ich hatte subsummiert, daß die Strukturbetrachtung unter den Komplex Gesundheitsberichterstattung fällt, ich sprach einmal von Versorgungsstrukturen, aber man muß es tatsächlich schärfer herausarbeiten. Vom methodischen Ansatz aber hoffe ich, daß wir gleichwohl einig sind, daß auch die Analyse der Strukturen letztlich nach bestimmten Kriterien erfolgt. Ich vermisse in dieser Gesellschaft diese Bewertungskriterien, die durchaus auch von normativen Aspekten geprägt sein können. Wenn über die Analyse hinaus neue Strukturen geschaffen werden sollen, sind natürlich wiederum diese ethisch begründeten Entscheidungskriterien notwendig. Wir sind uns wohl einig, daß das sehr weit vorne stattzufinden hat, damit wir wirklich in eine Ex-ante-Betrachtung kommen, wie es Frau Pflanz gerade dargestellt hat.

Die Steigerung der Lebenserwartung, zunächst einmal eine in sich geschlossene Größe, ist aber gleichwohl mit Polimorbidität im Alter verbunden. Die Hauptursachen für die Steigerung der Lebenserwartung in den letzten 100 Jahren waren mit Sicherheit die Verbesserung der sozialen Verhältnisse und die Intensivierung der Landwirtschaft. Wenn wir uns fragen, was heute den medizinischen Fortschritt auslöst, dann ist es in der Tat die Möglichkeit, daß wir auch durch Hochleistungsmedizin Patienten am Leben erhalten oder ihnen eine Lebensperspektive eröffnen, die wir vor 10, 20 Jahren nicht eröffnet hätten. Ich nenne als Beispiel den Bereich der Dialysebehandlung von diabetischen Kindern. Diese Lebensprognose muß aber medizinisch intensiv begleitet werden, und dies bedeutet Mengen- und Leistungsausweitung in begründeten Fällen. Ich möchte selber nicht so verstanden werden, daß ich die Möglichkeit, auch im Alter noch zu behandeln, in irgend einer Form inkriminiere. Ich bejahe ausdrücklich, daß wir das können, aber auf Ebene 4. Gleichwohl müssen wir erkennen, daß dies eben zu Engpässen führt, die in die Allokationsproblematik münden. Und ganz ausdrücklich meine ich, daß wir uns in Zukunft wesentlich stärker um Ex-ante-Begründungen der Entscheidungen auf ethischer Grundlage bemühen müssen, und da schließe ich ganz bewußt die Forschung mit ein. Das wäre einmal ein eigenes Thema für Bad Boll: Wie frei ist unter diesen Bedingungen Forschung noch? Sollten nicht auch innerhalb der verschiedenen Verantwortungsebenen Akzente gesetzt werden? Nicht, daß ich die Forschungsfreiheit inkriminieren will, aber Forschung um ihrer selbst willen hat nicht mehr in jedem Fall ihre Rechtfertigung.

Salzl:

Im Lauf der Diskussionen ist deutlich geworden, daß der Zwang zur Rationierung aus der solidarischen Finanzierung erwächst. Gebe es diese nicht, dann würde der Arzt nach wie vor altruistisch handeln, würde das ihm zustehende Honorar unter Beachtung der wirtschaftlichen Leistungsfähigkeit seines Patienten in Rechnung stellen, der würde es akzeptieren und zahlen, soweit er dazu in der Lage ist. Ein weiterer Zwang zur Rationierung erfolgt aber aus dem medizinischen Fortschritt heraus, weil teure Behandlungsmethoden entwickelt worden sind, die der einzelne nicht mehr finanzieren kann und deswegen ja auf eine solidarische Finanzierung angewiesen ist. Wir müssen also untersuchen, wie weit Untersuchungen auf Möglichkeiten von Strukturänderungen darauf ausgerichtet sind, daß möglichst viel nur auf der Ebene 4 passiert, ohne Einfluß der Ebenen 1 bis 3, weil die Ebenen 1 bis 3 aus der solidarischen Finanzierung erwachsen. Die Ebene 4 für sich allein zwingt dem Arzt ja nur rationelles und nicht rationiertes Handeln auf. Deswegen ist es notwendig, den Einfluß der Ebenen 1 bis 3 auf die Ebene 4 so gering wie möglich zu halten und zu diesem Zweck Strukturänderungen zu überlegen. Die Folgerung für mich daraus ist, daß das solidarische Finanzierungsmodell auf die teure Medizin beschränkt werden muß, während die einfache Medizin dem Patienten-Arzt-Verhältnis direkt zugeordnet wird.

Rudolf:

Die Begriffe, die scheinbar ganz festgefügt sind, sind im Grunde doch sehr im Fluß. Dies wurde mir bei der Beschreibung des Gesundheitsbegriffs von Mahler (vgl. S. 72) deutlich. Dieser Gesundheitsbegriff ist in seiner weiten Fassung identisch mit einem sinnvollen Leben oder einem erfüllten oder verantwortlichen menschlichen Dasein. Das finde ich sehr gut. Gleichzeitig haben wir damit aber die Schwierigkeit, den Gegenpol des Krankheitsbegriffs zu fassen. Wäre also Krankheit eine Beeinträchtigung dieser verschiedenen Ebenen, dann ist auch der Krankheitsbegriff ein sehr weiter. In der Praxis tun wir so, als hätten wir einen ganz klaren Krankheitsbegriff, wie ihn etwa die RVO vorgibt. Der paßt natürlich für so etwas wie Herzinfarkt, Krebs, Typhus und die Krankheiten, die bei der Einführung dieses Begriffs eine Rolle gespielt haben, aber auf die heutige Situation der Patienten paßt er nur recht und schlecht, finde ich. Ein Teil der Patienten, die zum Arzt kommen, hat diese Krankheiten, aber viele nicht. Viele haben psychosoziale Probleme, die sie, um sich dem System anzupassen, somatisch umdefinieren. Wir sehen es immer wieder, daß Patienten, die eigentlich unter Angstanfällen leiden, das als Schwindelattacken oder Kreislaufstörungen definieren; sie verbalisieren die Dinge im Rahmen der geltenden Sprachregelung. Ein anderer Teil der Patienten hat körperliche oder sonstige Befindlichkeitsstörungen und geht vorsorglich zum Arzt. Auch diese müssen natürlich als krank definiert werden, damit sie abgerechnet werden können, man kann ja keine Gesunden abrechnen. Aber die Frage, die uns immer wieder gestellt wird, lautet: Welche Rolle messen wir diesen anderen Diensten zu? Schwangerenberatung oder Erziehungsberatung oder therapeutisch betreutes Wohnen für psychisch Kranke sind Grenzbereiche, und die Frage, ob das alles zu Lasten der Krankenversicherung gehen soll oder nicht, ist auf einer anderen Ebene zu entscheiden. Auf jeden Fall ist dieses Feld relativ unscharf und schwer abzugrenzen, und sicher gibt es da auch einen Verteilungskampf (95% der Kosten in der Medizin werden im naturwissenschaftlichen und etwa 5% im psychosozialen Sinne aufgewandt). Eine Hoffnung wäre, daß bei der psychosomatischen Grundversorgung durch die Umverteilung der Bewertung eine Änderung einsetzt.

Firnkorn:

Ich möchte eine Bemerkung machen, die sich auf die Rolle und die Funktion der Ökonomie bezieht. Es ist mitnichten ein ökonomisches Ziel, zu sparen oder keine Kosten zu produzieren. Es wäre Unsinn, dies der Ökonomie zu unterstellen. Mit einer solchen Auffassung von Ökonomie wäre es sinnvoll, keine Automobile oder Häuser zu bauen, weil man damit Ressourcen einspart. Die Ökonomie selber beschäftigt sich nicht mit der gesellschaftlichen Festlegung und Rechtfertigung von grundsätzlichen Produktionszielen, sondern sie setzt eine Stufe später ein, wenn aufgrund der verschiedensten gesellschaftlichen Prozesse der Bedürfnisbefriedigung oder aufgrund von individueller Nachfrage bei marktwirtschaftlicher Regelung bestimmte Produktionsziele festgelegt wurden oder am Markt erschienen. Der Ökonom fordert dann alle am Produktionsprozeß Beteiligten auf, diese Ziele, diese und jene Produktion, diese und jene Leistung in dieser und jener Menge und Qualität auf kostengünstigste Weise zu erreichen. Man darf also von der Ökonomie keine Antwort darauf erwarten, ob etwa in Zukunft die Gesundheitsausgaben für die Gruppe der über 80jährigen zu erhöhen sind oder nicht. Die evtl. Verweigerung einer solchen Ausgabensteigerung darf dann auch nicht mit ökonomischen Argumenten begründet werden.

Zollner:

Herr Grupp hat dargestellt, wo das Dilemma bei den Kassenärzten liegt: in der Abrechnung. Wir haben ein gedeckeltes Honorar, die Kassenärztlichen Vereinigungen zahlen nach Einzelleistungsvergütung, und der Grundwert wird Quartal für Quartal nach den angeforderten Leistungen festgesetzt. Diejenigen Ärzte, die „restriktiv" abrechnen, merken spätestens beim Honorarbescheid, wo sie stehen, und werden dies – man müßte ein Übermensch sein, wenn man das nicht täte – bei der nächsten Abrechnung zu korrigieren versuchen, indem sie, auch dies ist völlig legitim, in die Leistungsausweitung gehen. Hinzu kommt die Niederlassungsfreiheit, kommen die vielen Ärzte, die auch in die ambulante Medizin drängen und dadurch mit am Punktwertverfall teilnehmen.

Das 2. Problem sind die Krankenkassen, die in Konkurrenz zueinander stehen, und Konkurrenz belebt natürlich das Geschäft. Das Geschäft ist um so besser, je mehr Leistungen die Kasse anbietet und dadurch Mitglieder anzieht. Die ökonomische Lösung des Problems wäre, die Ärzte nach einer Pauschale zu bezahlen: jeder Arzt bekommt das gleiche, oder pauschal je Krankenschein wird eine bestimmte Summe bezahlt – dann ist wieder der besser dran, der mehr Krankenscheine hat. Außerdem wäre eine Einheitskrankenkasse wie in der DDR einzuführen. Es gibt aber neben der Ökonomie noch andere Werte in der Versorgung der Patienten, z.B. die Güte der Versorgung. Ich bin ein entschiedener Gegner einer Pauschalierung, weil durch eine Pauschalierung die Güte der Versorgung sinkt. Durch eine Einheitskrankenkasse sinkt die Leistungsfähigkeit – dies möchte ich jetzt einmal ungeschützt so sagen –, und darum meine ich, daß wir die Diskussion, die wir hier führen, nicht nur am Geld festmachen dürfen, sondern wir müssen auch die Güte der Versorgung und andere Werte sehen. Sollen wir wirklich einer Pauschalierung das Wort reden?

Risikoselektion in der gesetzlichen Krankenversicherung

W. F. Schräder

Veränderte informationelle Rahmenbedingungen der Krankenkassen

Die informationellen Rahmenbedingungen der gesetzlichen Krankenkassen haben sich in den letzten Jahren stark verändert. Zu diesen Rahmenbedingungen zähle ich die Erhebung von Daten über die Inanspruchnahme von Leistungen sowie über das Beitragspotential, die Aufbereitung dieser Daten für empirische Studien, die technischen und organisatorischen Voraussetzungen für die Durchführung entsprechender Auswertungen sowie über die personellen (bzw. intellektuellen) Ressourcen zur Interpretation dieser Auswertungen für die Begründung von Unternehmenszielen der Krankenkassen und die Ableitung entsprechender Maßnahmen.

Aus diesen veränderten Rahmenbedingungen (mehr Daten, mehr Computer, bessere Auswertungsmethoden, mehr Interpretationskapazität) resultieren viele neue Möglichkeiten zur Analyse der Risikostruktur der Versicherten. Unter dem „Risiko" eines Versicherten wird hier das Versicherungsrisiko der Krankenkasse verstanden: Wir wirkt sich die Zugehörigkeit einer Person auf die Einnahmen bzw. Ausgaben der Kasse aus?

Neue Möglichkeiten zur Analyse der Risikostruktur

Beispiel Frühinvalide

Am Beispiel einer Analyse, die jüngst durchgeführt und deren Ergebnis veröffentlicht wurde (Jacobs u. Schräder 1989), soll einleitend aufgezeigt werden, welche Möglichkeiten der Darstellung und Interpretation der Risikostruktur gegenwärtig gegeben sind.

Betrachtet wurden die Leistungsausgaben für Ärzte, Krankenhaus und Medikamente, und zwar differenziert für die Mitglieder nach dem Alter. Aus einer Erhebung für ca. 100 000 Mitglieder (einschließlich der Rentner) wurden die Ergebnisse gewonnen, die in der Abb. 1 wiedergegeben sind.

Es findet sich für die Mitglieder insgesamt eine starke Zunahme der Ausgaben nach dem Alter. Es wurde dann gesondert die Gruppe der Frühinvaliden betrachtet inklusive der Altersrentner, die vor Erreichen der Altersgrenze von 65 Jahren Frühinvaliden waren. Hier zeigt sich nun, was auch nicht anders zu erwarten war, daß die Ausgaben für Frühinvalide in einzelnen Altersgruppen bis zum Zehnfachen über den Werten für die Mitglieder insgesamt liegen. Es sind ja gerade gesundheitliche Einschränkungen, die zur Einstufung in die Gruppe der Invaliditätsrentner führen.

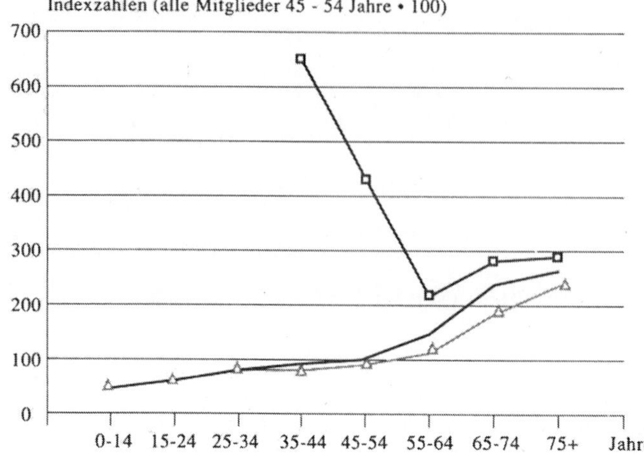

Abb. 1. GKV-Ausgaben für Mitglieder für Ärzte, Krankenhaus und Medikamente.
— alle Mitglieder (GKV und KVdR), □—□ BV/EV-Rentner (einschließlich „ehemalige" BV/EV-Rentner), ∆—∆/ Mitglieder ohne BV/EU-Rentner. (Nach Ministerium für Arbeit, Gesundheit, Familie und Sozialordnung Baden-Württemberg 1990)

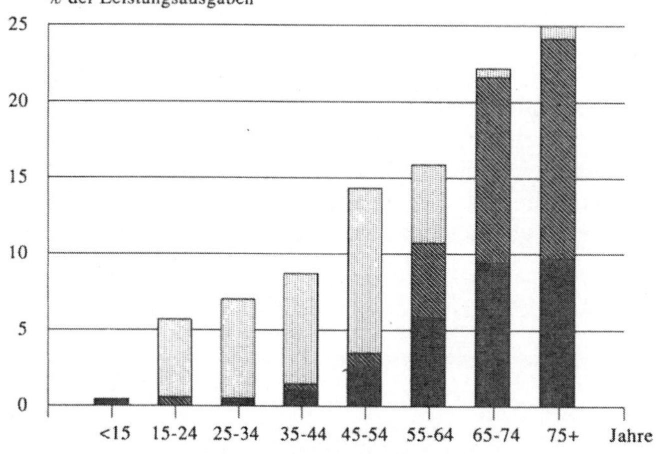

Abb. 2. GKV-Ausgaben für Mitglieder für Ärzte, Krankenhaus und Medikamente.
▬ BV/EV-Rentner, ▨ sonstige KVdR-Mitglieder, ▩ AKV-Mitglieder. (Nach Ministerium für Arbeit, Gesundheit, Familie und Sozialordnung Baden-Württemberg 1990).

Nun könnte man diesen Befund vernachlässigen, wenn die Zahl der Frührentner sehr gering und entsprechend ihr Anteil an den Ausgaben niedrig wäre. Das ist jedoch nicht der Fall, wie Abb. 2 zeigt. In der Altersgruppe 35-44 Jahre entfallen 10,4% der Ausgaben auf Frühinvalide; bei den 45- bis 54jährigen sind es 18,7%, und bei den 55- bis 64jährigen steigt der Anteil gar auf 37,4%. Dieses Ergebnis ist v.a. auch deshalb von Bedeutung, weil die Frühinvaliden auf die einzelnen Krankenkassen und Kassenarten ungleich häufig verteilt sind.

Welche Konsequenzen muß nun eine Krankenkasse bei der gegenwärtigen Organisationsform aus einem entsprechenden empirischen Befund ziehen? Da die Ausgaben für die Rentner und damit auch für die Frührentner nach dem SGB vollständig über einen bundesweiten kassenartenübergreifenden Finanzausgleich für die Krankenkasse gedeckt werden, besteht hier bislang keinerlei ökonomischer Anreiz für die Kasse, weder auf die Zahl bzw. Struktur ihrer Rentner noch auf deren Gesundheitsausgaben einzuwirken. Jedoch ist es von Vorteil, potentielle Frührentner, die in der Regel auch zur Zeit ihrer Beschäftigung ein ungünstiges Risiko darstellen, möglichst früh zum Wechsel vom Status eines Mitglieds der „allgemeinen Krankenversicherung" zum Status des Frührentners zu veranlassen – ein gesundheits- und sozialpolitisch mißlicher Anreiz.

Das Sozialgesetzbuch sieht nun in Zukunft in Abänderung des alten Ausgleichsverfahrens die Einführung kassenspezifischer Interessenquoten vor (§ 269 Abs. 2 SGB V), nach denen die einzelne Kasse einen bestimmten Anteil ihrer Ausgaben für Rentner und damit auch für Frührentner selbst finanzieren soll. Daraus würde sich für die einzelne Krankenkasse nunmehr ein Anreiz ergeben, so wenig Frühinvalide wie möglich zu versichern. Entsprechend müßte sie ihre Unternehmenspolitik gestalten.

Weitere „Risikogruppen"

Das vorgenannte Ergebnis – Beispiel für die neuen informationellen Möglichkeiten der Krankenkassen – basiert auf einer methodisch differenziert durchgeführten Risikostrukturanalyse. Viele andere heute ins Feld geführte Positionen zu besonderen Risikogruppen können sich nicht auf entsprechend differenziert durchgeführte Analysen stützen. So wurden zum Beispiel die Arbeitslosen, die Teilzeitbeschäftigten, die Rehabilitanden, die Behinderten, die Sozialhilfeempfänger und andere Bevölkerungsgruppen inzwischen zu besonderen Risikogruppen erklärt. Neue Untersuchungen weisen hier jedoch aus, daß das abweichende Ausgaben- bzw. Einnahmevolumen dieser Gruppen – abgesehen zunächst einmal von den Arbeitslosen – so gering ist, daß der Einfluß auf den Beitragssatz selbst bei stark betroffenen Krankenkassen im Promillebereich liegt.

Besonders viele Fehlschlüsse sind bei der Analyse der Gruppe der Arbeitslosen gezogen worden. So wurde bisher für diese Gruppe in der Regel die Altersstruktur nicht berücksichtigt (Meydam 1988). Ferner ist nicht bekannt, inwieweit eine zeitlich verschiebbare Leistungsinanspruchnahme (z.B. Zahnersatz, Krankenhaus) aus Zeiten der Beschäftigung in Zeiten voraussehbarer Arbeitslosigkeit lediglich verlagert wird. In diesem Fall würde der Kassse ja keine zusätzliche Belastung entstehen. Für die Arbeitslosen ist bisher kein wissenschaftlicher Nachweis dafür erbracht worden, daß sie eine besondere Risikogruppe für die Krankenversicherung darstellen. Dies bedeutet nicht, daß Arbeitslose – insbesondere Langzeitarbeitslose – keine besonderen Gesundheitsrisiken aufweisen. Dies gilt aber auch für viele Erwerbstätige, so daß den Kassen durch die Versicherung von Arbeitslosen insgesamt kein besonderes Versicherungsrisiko entsteht.

Insgesamt läßt sich feststellen, daß das Wissen über die vorgenannten besonderen Risikogruppen gegenwärtig wegen theoretischer und methodischer Defizite noch unvollständig ist. Es ist jedoch erkennbar, daß die Defizite im Gefolge der veränderten informationellen Rahmenbedingungen bei den Kassen bald behoben sein werden.

Die wichtigen Faktoren

Wesentlich weiter ist der Stand der Analyse in bezug auf die Risikofaktoren, die für die einzelne Krankenkasse von unmittelbarer Bedeutung sind (Paquet et al 1988).

So sind hinsichtlich der Einnahmen der Krankenkasse Mitglieder mit überdurchschnittlich hohem Grundlohn leicht als günstige Risiken zu erkennen. Oder umgekehrt könnte man fast die Hälfte aller Mitglieder mit unterdurchschnittlichem Grundlohn in diesem Sinne als ungünstiges Risiko definieren.

Dasselbe gilt natürlich für mitversicherte Familienangehörige, für die bekanntlich überhaupt keine Einnahmen entstehen.

Auf der Ausgabenseite ist das Alter der Versicherten ein erprobter Indikator zur Unterscheidung guter und schlechter Risiken. Das zeigt auch die folgende Abb. 3. Hier wird zudem erkennbar, daß auch das Geschlecht einen zu berücksichtigenden Faktor darstellt.

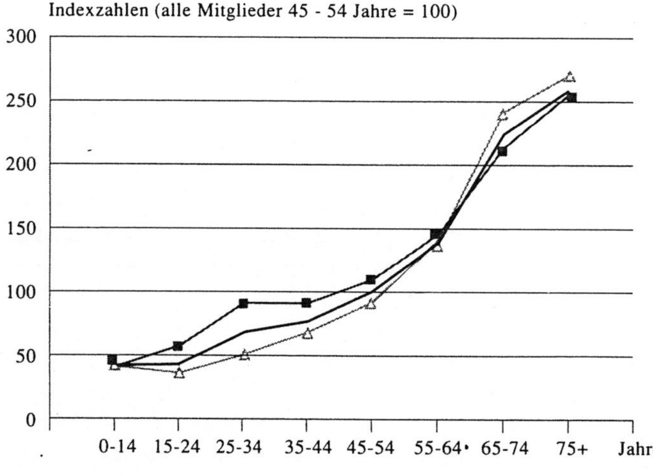

Abb. 3. GKV-Ausgaben für Mitglieder für Ärzte, Krankenhaus und Medikamente. — alle Mitglieder, Δ—Δ Männer, ■—■ Frauen. (Nach Ministerium für Arbeit, Gesundheit, Familie und Sozialordnung Baden-Württemberg 1990)

Wettbewerb um „günstige Risiken" als Strukturproblem der GKV

Diese alten und neuen analytischen Möglichkeiten versetzen die Krankenkassen zunehmend in die Lage, das wichtige Unternehmensziel „niedriger Beitragssatz" durch differenzierte Strategien der Selektion günstiger Risiken anzustreben. Wie gezeigt wurde, können solche Risikostrukturanalysen dazu führen, daß schließlich fast die Hälfte aller Versicherten auf der Schattenseite der Unternehmensinteressen landen kann. Dies gilt z.B. für Angestellte mit unterdurchschnittlichem Grundlohn, für Arbeitnehmer mit Kindern oder gar einer mitversicherten Ehefrau sowie für Versicherte, die das Alter von 40 Jahren deutlich überschritten haben.

Nach den bisherigen gesetzlichen Regelungen haben die Krankenkassen nur geringe Möglichkeiten, diese „schlechten Risiken" nicht aufzunehmen. Mit der

Einführung des Rechts auf freie Kassenwahl für die Versicherten soll der Spielraum der Krankenkassen erweitert werden, die „Belastungen" durch vermeintlich „schlechte Risiken" durch intensive Werbung um gute Risiken auszugleichen. Es bestehen in der Öffentlichkeit wenig Kenntnisse und Vorstellungen darüber, daß gegenwärtig in verschiedensten Bereichen der sozialen Krankenversicherung mit hoher Intensität neue Strategien der Selektion ausgearbeitet werden und ihre Umsetzung vorbereitet wird.

Wie weit der Wandel im Bewußtsein mancher Mitarbeiter der sozialen Krankenversicherung gediehen ist, mag ein Flugblatt belegen, das vor einiger Zeit bei Personalratswahlen in einer großen westdeutschen Krankenkasse verteilt wurde. Darin wurde dem Spitzenkandidaten eine Liste vorgehalten, daß er als Mitarbeiter der Krankenkasse eine Abmahnung von seiner Geschäftsführung erhalten habe, weil er die Geschäftsinteressen der Krankenkasse nicht hinreichend vertreten habe. Wie könne er da ein geeignetes Mitglied des Personalrats sein?

Welcher Sachverhalt lag nun der Abmahnung zugrunde? Der Innenrevisor hatte routinemäßig die Neuaufnahme von Mitgliedern der letzten Jahre in der Geschäftsstelle der Krankenkasse geprüft. Dabei war festgestellt worden, daß 4 Versicherte aufgenommen worden waren, nachdem sie eine Krebsbehandlung schon begonnen hatten. Die findige Arbeit des Revisors führte in allen 4 Fällen zu eben jenem Sachbearbeiter, den wir als Spitzenkandidaten schon kennen, der die Aufnahmegespräche geführt hatte. Der Revisor beschreibt, was er gefunden hat, die Geschäftsleitung handelt: Sie mahnt den Mitarbeiter ab, weil er zu wiederholten Malen bei der Durchführung von Aufnahmegesprächen die Interessen der Krankenkasse nicht hinreichend beachtet hat. Damit kein Zweifel entsteht: Ich spreche hier von einer gesetzlichen Krankenkasse.

An diesem Beispiel ist nicht nur die Tätigkeit des Revisors bemerkenswert; ebenso bemerkenswert ist die Handlung der Geschäftsführung, und besonders auffällig ist die Einstellung der Flugblattschreiber, die selbst Mitarbeiter der Krankenkasse waren.

Dieses Beispiel aus dem Leben der sozialen Krankenversicherung mag manchen kraß erscheinen. Die Vielzahl von umfassenden Aktivitäten, mit denen die Krankenkassen ihre Fähigkeit zu einer gezielten Auswahl beitretender Mitglieder verbessern, die Analysen zur Bestimmung entsprechender Gruppen, die Schaffung von Anreizen für die Mitarbeiter bei der Werbetätigkeit, ja die Neustrukturierung des organisatorischen Aufbaus haben viel weitreichendere Auswirkungen struktureller Natur, als sie in meinem Beispiel sichtbar gemacht werden konnten.

Der einzelne Mitarbeiter der Krankenkasse ist in einer schwierigen Lage. Einerseits ist er den Zielen der solidarischen Krankenversicherung verpflichtet, die Versicherungsschutz unabhängig von Alter, Geschlecht, sozialer Lage und Krankheit gewähren soll und die ihre Beiträge einkommensabhängig gestaltet und Familienangehörige beitragsfrei mitversichert. Andererseits steht er mit seiner Organisation im Wettbewerb mit anderen Krankenkassen, und hier ist der Beitragssatz der Krankenkasse ein wesentlicher Parameter. Der Beitragssatz wird aber weitgehend von der Zusammensetzung der Versicherten hinsichtlich der Höhe ihres Einkommens, ihres Alters und Geschlechts und ihrer sozialen Lage bestimmt.

Die primäre Orientierung an den Zielen der solidarischen Krankenversicherung wird dem Mitarbeiter besonders schwer gemacht, wenn er sieht, daß die Selektion von Mitgliedern ja gegenwärtig ein wesentliches Begründungsmoment des gegliederten Systems der Krankenversicherung ist.

So kann ein Betrieb eine Betriebskrankenkasse gründen, wenn es ihm opportun erscheint. Und diese Opportunität besteht, wenn ihm mit der Gründung der Betriebskrankenkasse eine starke Selektion günstiger Risiken gelingt, also von Versicherten mir relativ hohem Einkommen, von möglichst wenig Teilzeitbeschäftigten, von möglichst jüngeren Männern ohne Familienangehörige, von Facharbeitern und qualifizierten Angestellten.

Der einzelne Mitarbeiter der Kasse sieht, daß diese Selektion von Kollektiven immer wieder praktiziert wird. Warum soll für die Selektion eines einzelnen Mitgliedes etwas anderes gelten als für die Selektion großer Kollektive?

Und der Mitarbeiter in der GKV sieht, wie in einem weiteren Auswahlprozeß die private Krankenversicherung eine Auslese zu Lasten der GKV-Versicherten betreibt. Das können nur Versicherte mit hohem Einkommen sein (weil ja sonst die Pflichtversicherung greift). Die privaten Krankenversicherungen können Gesundheitsuntersuchungen durchführen lassen; die Kranken bleiben in der GKV. Und mit vielen Familienangehörigen wird ein Hochverdiener, wenn er in der GKV ist, diese nicht verlassen.

Die von der jetzigen Organisationsstruktur der Krankenkassen gesetzten Anreize zur Selektion günstiger Risiken, die aufgrund der entwickelten informationellen Rahmenbedingungen nunmehr ihre Wirkung voll entfalten können und dieses um so mehr tun, wenn mit der Einführung der Wahlfreiheit die letzten Hindernisse weggeräumt sind, führen dazu, daß die soziale Krankenversicherung in ihren Grundfesten erschüttert wird. Die in den letzten Jahren zunehmenden Verwerfungen in der Risikostruktur zwischen den einzelnen Kassenarten sind nicht zuletzt auf die ersten Auswirkungen dieser veränderten informationellen Konstellation zurückzuführen.

Handlungsmöglichkeiten

Laissez faire

Die 1. Möglichkeit besteht darin, nichts zu tun. Es wird den einzelnen Mitarbeitern und Geschäftsleitungen der Krankenkassen überlassen, inwieweit sie sich in diesem Nullsummenspiel engagieren. Denn das Hin- und Herschieben von Versicherten zwischen den einzelnen Krankenkassen ist weitgehend ein Nullsummenspiel. Die Risiken insgesamt mindern sich nicht. Gesundheitspolitisch sind die Aktivitäten ohne Folge. Volkswirtschaftlicher Nutzen ist nicht zu erkennen. Gleichwohl entstehen bei den einzelnen Kassen nicht unerhebliche Kosten für diese Wettbewerbsaktivitäten. Wer sich an diesem Spiel nicht beteiligt, wird dann auf Dauer im Wettbewerb untergehen.

Zugleich überlassen wir den einfachen Mitarbeiter der Kasse dem Dilemma, ob er sein Handeln an den Grundsätzen bzw. Grundgedanken der sozialen Krankenversicherung orientiert oder ob er den Unternehmensinteressen seiner Krankenkasse größere Bedeutung beimißt.

Analysen verbieten

Eine 2. Handlungsmöglichkeit besteht darin, die informationellen Rahmenbedingungen zu ändern. Man könnte versuchen, die Erhebung und Erfassung von Daten oder die Durchführung von Analysen zu unterbinden. Entsprechende defensive sozialpolitische Konzepte haben allerdings wenig Chancen, in der Praxis des Wettbewerbs Wirkung zu entfalten. Zudem haftet ihnen der Ruch von Bilderstürmerei an, zumal sie sich auch kaum auf datenschutzpolitische Konzepte stützen können, weil die Analysen nicht auf personenbezogene Daten angewiesen sind und zudem nur sehr kleine Stichproben erhoben werden müssen. Außerdem liegen – wie gesehen – bereits zahlreiche Untersuchungen vor, deren Ergebnisse bekannt sind und in entsprechende Kassenaktivitäten umgesetzt werden können.

Einheitskrankenkasse

Eine 3. Möglichkeit besteht darin, den volkswirtschaftlich sinnlosen Wettbewerb abzuschaffen, indem die Vielfalt der Krankenkassen abgeschafft wird: Dafür sprechen viele gute Gründe, die ich hier keineswegs vortragen will. Ich persönlich bin für Wettbewerb in der Krankenversicherung, weil ich davon ausgehe, daß die Interessen der Versicherungsnehmer, also der Versicherungskonsumenten bzw. Verbraucher, in dieser Form differenzierter aufgenommen werden können.

Neue Wettbewerbsordnung

Jedoch macht dieser Wettbewerb nur Sinn, wenn er so geordnet wird, daß er den Versicherteninteressen dient. Das bedeutet, daß die Anreize zur Selektion günstiger oder vermeintlich günstiger Risiken beseitigt werden müssen. Die Lösung dieses Problems ist im Prinzip sehr einfach:

– Für die heute allgemein anerkannten Faktoren der Risikostruktur – Grundlohn und Altersstruktur der Versicherten – wird ein Risikostrukturausgleich bundesweit und kassenartenübergreifend eingeführt.
– Für die insbesondere regional bedingten Unterschiede in der Inanspruchnahme von Leistungen und deren Kosten, die ganz erheblich auf regional unterschiedliche Angebotsdichte und Preise zurückzuführen sind, wird *kein* Ausgleich durchgeführt. Das bedeutet zugleich, daß alle Kassenarten ihre Beitragssätze regional kalkulieren und festsetzen müssen.
– Versichertengruppen, für die darüber hinaus der wissenschaftliche Nachweis erhöhter Leistungsausgaben erbracht werden kann, können auf Antrag in einen Risikostrukturausgleich einbezogen werden.

Hier komme ich nun auf meine anfänglichen Ausführungen zurück: Dieser Nachweis ist beim gegenwärtigen Stand der Risikostrukturanalysen lediglich für die Gruppe der Frühinvaliden geführt worden. Für alle anderen bisher in der öffentlichen Diskussion genannten Gruppen ist dieser Nachweis nicht geführt worden, oder das Volumen für einen begründeten Ausgleich ist so gering, daß der Verwaltungsaufwand für den Ausgleich zu hoch ist.

Wenn man davon ausgeht, daß der Gesetzgeber in naher Zukunft ein entsprechendes Gesetz zur GKV-Organisationsreform verabschiedet und damit die strukturgefährdenden Anreize zur Risikoselektion nimmt, zudem den Versicherten ein allgemeines Wahlrecht hinsichtlich ihrer Krankenversicherung gibt, dann ist ein günstiger Beitragssatz nicht mehr vornehmlich Ausdruck verzerrender Zuweisungsregelungen oder effektiv angewandter Selektionsstrategien der einzelnen Krankenkasse. Dann kommt im Beitragssatz zum Ausdruck,

- wie intensiv das jeweils regional vorhandene Angebot an Leistungen des Gesundheitssystems in Anspruch genommen wird,
- wie krankheitsgerecht, d.h. wirksam und bedarfsgerecht, die finanzierten Leistungen sind,.
- zu welchen Preisen die Leistungen erbracht werden,
- wie wirksam die Maßnahmen zur Förderung gesundheitsgerechten Verhaltens der Versicherten sind und schließlich
- wie effektiv die Verwaltungsorganisation der Kasse ist.

Unter den veränderten Bedingungen ergeben sich mithin neue Schwerpunkte für den Wettbewerb der Krankenkassen und damit eine neue Akzentsetzung für die Unternehmensziele der Krankenkassen.

Für die daraus resultierenden Aufgaben einer neuen Kassenpolitik machen nunmehr beim weit entwickelten Stand der informationellen Rahmenbedingungen Analysen zum Inanspruchnahmeverhalten und zu den Preisen der Leistungen. Sinn, insofern daraus die empirische Fundierung der neuen Politik gewonnen werden kann.

Selbst die differenzierte Analyse spezieller Versichertengruppen (besonderer Risikogruppen) wird sinnvoll. Wenn es nämlich einer Krankenkasse gelingt, den wissenschaftlichen Nachweis zu führen, daß eine bestimmte Versichertengruppe – unabhängig von Alter und Geschlecht sowie einem sozialversicherungsrechtlich definierten Status gesundheitlicher Beeinträchtigung (zum Beispiel Frührentner) – eine höhere Inanspruchnahme von medizinischen Leistungen hat, dann muß eine entsprechende Erkenntnis nicht mehr zwangsläufig zu versichertenfeindlichen Selektionsstrategien führen. Vielmehr besteht – ökonomisch gesehen – die Möglichkeit, die Einbeziehung dieser Gruppe in den Risikostrukturausgleich zu beantragen. Zugleich können für diese Versichertengruppe zielgerichtet gesundheitsfördernde Maßnahmen entwickelt werden.

Zusammenfassung

Insbesondere durch die stark veränderten informationellen Rahmenbedingungen der gesetzlichen Krankenversicherung ist es möglich geworden, das Versicherungsrisiko für viele Versichertengruppen detailliert zu bestimmen.

Damit ist nachweislich und erkennbar ein großer Teil der Bevölkerung bei der gegenwärtigen Wettbewerbsordnung der gesetzlichen Krankenkassen zum „ungünstigen Risiko" geworden. Nach der Logik des Systems müssen die einzelnen Krankenkassen aus Unternehmensinteresse diese Risiken abwehren bzw. den guten Risiken besondere Aufmerksamkeit zuwenden.

Damit geraten die Kassen wie auch jeder einzelne Mitarbeiter in Konflikt zu Grundprinzipien der sozialen Krankenversicherung. Es wird vorgeschlagen, die Mitarbeiter in den Krankenkassen durch eine Nachregulierung der Wettbewerbsordnung aus ihrem Dilemma zu befreien.

Literatur

Jacobs K, Schräder WF (1989) Die Krankenversicherung der Rentner im Kontext der GKV-Organisationsreform. Arbeit und Sozialpolitik 7: 182-189
Meydam J (1988) Risikostrukturausgleich im System sozialer Pflichtversicherung. [Zeitschr.] Sozialgerichtsbarkeit: 135-139
Ministerium für Arbeit, Gesundheit, Familie und Sozialordnung Baden-Württemberg (Hrsg.) (1990) Inanspruchnahme von Leistungen in der gesetzlichen Krankenversicherung. Stuttgart
Paquet R, Reschke P, Schräder WF (1988) Leistungs- und Kostenprofile in der GKV. R. Bohn (edition sigma), Berlin

Diskussion 4

Paquet:

Als Funktionär der Krankenversicherung muß ich auf die Herausforderung reagieren, die in dem Beitrag steckte. Auch aus der Sicht von rational und nüchtern Denkenden in den Krankenkassen werden die angesprochenen Probleme nicht bestritten. Die Ausgangsthese, daß Wettbewerb um gute oder schlechte Risiken in der Krankenversicherung ein falschverstandener Wettbewerb wäre, wird ebenfalls von vielen geteilt. Andererseits ist das offiziell von seiten der Krankenversicherungsorganisationen schwer zu thematisieren, weil sie ihre Existenz sozialen Zusammenschlüssen verdanken, die ihre tatsächlichen oder vermeintlichen Vorteile und ihre Gruppenidentität wahren wollen. Das wird zumindest durch die demokratische Struktur der Selbstverwaltung in den einzelnen Kassen auch auf einer offizielleren Ebene legitimiert. Von daher ist es schwierig, aus diesem Gefängnis der Interessen herauszukommen. Betriebskrankenkassen haben wegen der hohen Grundlöhne und einiger Strukturvorteile in einigen Bereichen verhältnismäßig gute Risiken. Immerhin müssen sie alle Versicherten aus ihrem Einzugsbereich aufnehmen und damit auch die schlechten Risiken versichern. Wenn ein Betrieb seine Absatzprobleme auf die Betriebskrankenkasse durch lange Krankengeldzeiten abwälzt, muß die Betriebskrankenkasse auch das tragen. Es gibt einige Betriebskrankenkassen in strukturschwachen Branchen, die schlechte Beitragssätze haben und sozusagen das Leiden ihrer Branche mittragen. Dieses spezielle Risiko ist im System der Betriebskrankenkassen enthalten.

Es gibt zwei Alternativen, das Problem der Beitragssatzunterschiede oder Risikounterschiede zu lösen. Die eine wäre, die Wahlfreiheit in unterschiedlicher Abstufung deutlich zu erweitern, so daß die unterschiedlichen Risikogrenzen überwunden werden und eine Risikoselektion nicht mehr möglich ist. Die andere Alternative wäre, Risikostrukturausgleiche einzuführen. Ich würde eine deutliche Erweiterung der Wahlfreiheit befürworten. Diese Position wird übrigens von den Betriebskrankenkassen offiziell eingenommen. Risikostrukturausgleiche würden eher dazu führen, bisherige Mitgliederabgrenzungen zu stabilisieren und zu behindern, was Herr Schräder angesprochen hat, nämlich mehr neue Ideen in der Leistungs- und Vertragsgestaltung für die Versicherten einzubringen.

Arnold:

Das wesentliche Problem ist, wie die Solidargemeinschaft aussehen soll, von der gemeinsam das Krankheitsrisiko zu tragen ist. Da ergibt sich die Frage nach der Darstellung der speziellen Situation einzelner Kassen, die durch die eingeschränkte Wahlfreiheit der Versicherten sehr unterschiedlich Risiken zu tragen haben. Eine ethische Dimension hat in diesem Zusammenhang die Frage nach den Beitragsbemessungsgrenzen. Dadurch ist die Finanzierung nicht so solidarisch, wie sie sein könnte, wenn die Pflichtversicherung für alle gelten würde.

Bauer:
Was Herr Schräder zu den Formen des Wettbewerbs ausführte und was vielleicht wie ein singuläres Beispiel klang, ist eher typisch. Man muß zwischen den Individualentscheidungen u.a. im Hinblick auf die Ersatzkassen und den institutionellen Entscheidungen etwa bei der Gründung von Betriebskrankenkassen unterscheiden. Die letzten sind natürlich in ihrem Zustandekommen transparenter und von daher vielleicht weniger mit dem Geruch von Manipulation behaftet. Aber im Ergebnis ist es natürlich das gleiche wie die Summe der Individualentscheidungen, wobei eben die Individualentscheidungen wohl in ihrem Ausmaß im Dunkeln sind. Das unter ethischen Gesichtspunkten besonders Problematische dabei ist, daß der Versicherte selbst zum Objekt wird. Er ist wohl kaum in der Lage, bewußt zu entscheiden und das Ganze zu durchschauen. Er weiß auch i.allg. nicht, daß ein wettbewerblicher Prozeß stattfindet. Insbesondere über die „Werbung" von Berufsanfängern spielt sich das Gros der Selektion nach Kassenart ab. Sie sind sicherlich mehr Objekt als Subjekt des Prozesses. Das ist eine Dimension, die man einmal beleuchten müßte.

Mit dem Versuch, insgesamt das Ergebnis dieses Prozesses zu beurteilen, muß man sehr vorsichtig sein. Prinzipiell ist es legitim, im Rahmen eines bestehenden Systems dessen Möglichkeiten zur Vorteilswahrnehmung auch wahrzunehmen, egal, ob das nun kollektive Entscheidungen oder Individualentscheidungen sind. Niemand findet etwas dabei, das Finanzamt möglichst zu seinen Gunsten auszunutzen, im Gegenteil, das ist fast so etwas wie ein Kavaliersdelikt. Von daher ist Vorsicht bei ethischer Wertung geboten.

Herr Schräder hat zwei Lösungswege angedeutet: den organisatorischen und den ausgleichenden. Oft wird vereinfacht dargestellt: entweder die vorhandene Organisation oder eine Einheitskrankenversicherung, im Extremfall vielleicht sogar eine Bundesanstalt für Krankenversicherung. Dazwischen gibt es natürlich eine ganze Reihe von Möglichkeiten. Doch diese Struktur, wie wir sie haben, ist nun einmal da und ist mit vielen gesellschaftlichen Kräfteverhältnissen verflochten. Wir sind nicht in der Situation, auf der grünen Wiese etwas erfinden zu müssen. Von daher muß man wohl mit diesen Strukturen zunächst leben. Bleibt also nur der zweite Weg, irgendeine Form des Ausgleichs. Die Strukturausgleiche, wie wir heute sagen, sind auch Finanzausgleiche – wir sprechen nur nicht mehr gerne von Finanzausgleich – und haben ebenfalls entscheidende Nachteile. Sie lösen diese Verwerfung nicht total, jeder Strukturausgleich erzeugt, zumindest in Randbereichen, wieder neue Verwerfungen. Ein Grundlohnausgleich z.B. begünstigt in erster Linie die Innungskrankenkassen, die keine zusätzlichen Finanzmittel brauchen. Von daher gesehen ist also schon das Finden eines entsprechenden Gefüges sehr schwierig, das zudem instabil bleibt, weil sich ja die Verhältnisse ständig verändern. Trotzdem scheint das im Augenblick der Weg zu sein, der eingeschlagen wird. Aber ein Strukturausgleich wird natürlich nichts daran ändern, daß weiterhin Risikoselektionen oder bewußte Vorteilswahrnehmungen versucht werden. Wenn ein Finanzausgleich, wie etwa in der Rentenversicherung, jegliches ökonomische Interesse daran nehmen würde – aber so weit will man ja nicht gehen –, dann wäre die Situation vielleicht eine andere.

Die Kardinalfrage bleibt: Können wir erwarten, daß im Gesundheitswesen und in der Krankenversicherung in einer Gesellschaft, die durch und durch ökonomisch ist, die durch und durch darauf abgestellt ist, daß persönliche Vorteilswahrung auch im Interesse des Ganzen durchaus sinnvoll ist, eine Insel der Seligen entsteht? In dem Augenblick, in dem die Menschen einen Krankenschein sehen, werden sie plötzlich andere Menschen? Da wir von einer solchen Erwartung nicht ausgehen können, muß man die ethisch-moralischen Ansprüche in diesem Bereich ein Stück herunterschrauben.

Schäfer:

Das Thema soziale Krankenversicherung ist sicher etwas strapaziert; ich glaube beinahe sagen zu können, daß unsere Gesellschaft für einen solidarischen Ausgleich heute nicht mehr geschaffen ist, sondern es geht nur noch darum, herauszuholen, was man irgendwann einmal hineingezahlt hat; der Weg zwischen Beitrag und Leistung ist einfach zu lange. Auf der einen Seite keine Beiträge zu bezahlen und auf der anderen Seite möglichst viele Leistungen herauszuholen, ist wohl ein allgemeines gesellschaftliches Phänomen.

Ein Finanzausgleich ist zunächst ein Folgeproblem der jeweiligen Struktur. Strukturprobleme können nicht von der Krankenkasse, und das würde ja vor allen Dingen die AOKs betreffen, gelöst werden, sondern von der Politik, indem sie nämlich eine andere Strukturpolitik betreibt. Wir in den AOKs im Mittleren Neckarraum haben insoweit keine größeren Probleme. Je weiter man nach Norden kommt, um so schlimmer wird es. Zum anderen verleiten Finanzausgleichsregelungen zu unwirtschaftlichem Handeln, denn wenn das Geld ohnehin kommt, dann braucht man sich auch nicht zu viele Gedanken zu machen.

Herr Schräder, Sie sprachen davon, daß Arbeitslose nicht unbedingt ein schlechtes Versicherungsrisiko darstellen. Sicher liegt der Personenkreis unterhalb des durchschnittlichen Grundlohns. Stellt er damit nicht doch ein ungünstiges Versicherungsrisiko dar? Herr Paquet sprach von den Betriebskrankenkassen in strukturschwachen Branchen. Das ist gerade das Problem der AOKs. Sie sind verpflichtet, bei Schließung deren Mitglieder zu übernehmen.

Schräder:

Ich gehe davon aus, daß eine Solidargemeinschaft der Krankenversicherten in bezug auf die Risikofaktoren Grundlohn, Alter und Geschlecht und Familienangehörige sinnvoll eigentlich nur auf nationaler Ebene konzipiert werden kann. Alle Konzeptionen von Solidargemeinschaft bezüglich dieser Risikofaktoren weisen eine Vielzahl von Widersprüchlichkeiten und eigentlich auch Unsinnigkeiten auf. Wir haben an anderer Stelle eine Vielzahl solcher sinnloser Beispiele konstruierter Solidargemeinschaften unterhalb dieser Ebene beschrieben. Vor diesem sehr generellen Hintergrund komme ich, und das ist jetzt weder ethisch noch sozialpolitisch begründet, sondern meine persönliche Meinung, bezüglich der Pflichtversicherungsgrenze zu der Auffassung, daß es eine Pflichtversicherungsgrenze nicht geben kann, daß sie nicht gerecht wäre. An dieser nationalen Solidargemeinschaft müssen alle beteiligt sein.

Zur Frage nach der Beitragsbemessungsgrenze habe ich ebenfalls kein sozialpolitisches und kein ethisches Konzept, aber eine Vorstellung, was nach meinem Gefühl gerecht ist. Insbesondere dann, wenn man keine Pflichtversicherungsgrenze hat, kann man eine Beitragsbemessungsgrenze sinnvoll begründen. Es gibt, was die Ausgabenverteilung, auch die individuelle Ausgabenverteilung bezogen auf ein gesamtes Leben betrifft, gewisse Grenzen, die eigentlich nur in extrem seltenen Fällen überschritten werden, und ich meine deshalb, daß man eine solche Beitragsbemessungsgrenze aus einer Ausgabenverteilung ableiten kann, bezogen auf 90 oder 95% der Gesamtbevölkerung. Das wird vermutlich nicht weit entfernt sein von der Pflichtversicherungsgrenze, die wir heute haben.

Wenn man diese Pflichtversicherungsgrenze nicht festlegt, meine ich, muß man aufgrund der gewachsenen Strukturen den Interessen der privaten Krankenversicherungen Rechnung tragen. Auf jeden Fall müßten deren Tarife so konzipiert sein (dies wirkt jetzt vielleicht sehr kühn), daß damit die Beteiligung an den Solidaraufgaben – Grundlohnausgleich, Alter, Geschlecht, Familienangehörige – sichergestellt ist. Und was sich dann jenseits davon abspielt, wäre ein offenes Feld.

Zu den Arbeitslosen. Wir lehnen es ab, für einzelne Versicherungsgruppen Einnahmen und Ausgaben gegenüberzustellen. Sonst könnte man eine Vielzahl von Versichertengruppen mit „ungünstigen Risiken" aus der Versichertengemeinschaft herauslösen. Ich lehne eine solche Gegenüberstellung grundsätzlich ab. Verursachen Arbeitslose unter Berücksichtigung aller Risikofaktoren höhere Ausgaben? Dort, wo wir das bisher untersucht haben, ist das nicht der Fall. Das heißt nicht, daß die mittleren Ausgaben für Arbeitslose nicht höher sind als z.B. für den Durchschnitt der Mitglieder, weil die Arbeitslosen im Schnitt älter sind. Aber die auf Alter und Geschlecht zurückzuführenden Besonderheiten würden bei Risikostrukturausgleich ausgeglichen – dann gäbe es für die Arbeitslosen keine besonderen ausgleichsbedürftigen Sachverhalte mehr.

Daß es bei den Arbeitslosen auf der Einnahmenseite der Krankenkasse ein Loch gibt, ist richtig. Aber das ist ja auch für andere Versichertengruppen kein Kriterium, das ich heranziehe, z.B. für die Teilzeitbeschäftigten. Daß ein Mensch im Laufe seiner Biographie vorübergehend ein um 10 oder 20 oder auch 50% niedrigeres Einkommen hat, gehört ganz selbstverständlich in eine Versichertenkarriere hinein und ist meiner Meinung nach kein Sachverhalt, der einer besonderen Würdigung bedarf. Auch dieses Problem würde in einem Risikostrukturausgleich gelöst.

Salzl:
Diesem Problem ist ja die Spitze bereits dadurch genommen, daß die Arbeitslosen im Gegensatz zu früher bei der Kasse bleiben müssen, bei der sie zuletzt als Beitragszahler versichert waren, so daß also das Risiko geringerer Beitragszahlung durch die frühere Beitragszahlung finanziert ist.

Schräder:
Ich halte das für eine Regression des Gesetzgebers, weil die Wahlmöglichkeiten der Versicherten, und jetzt spreche ich einmal aus der Konsumentenperspektive, weiter eingeengt worden ist, statt sie zu erweitern. Angesichts allgemeiner Demokratisierungsentwicklungen in unserem Lande seit 100 Jahren finde ich diese

Regression unglaublich, eine Schuriegelei sozusagen der Versicherten und der Bevölkerung. Zudem meine ich, daß es für viele Mitglieder von Betriebskrankenkassen häufig eine Zumutung ist, daß sie in einem Betrieb weiterhin ihre Betriebskrankenkasse aufsuchen müssen, der sie vielleicht unter entwürdigenden Bedingungen aus ihrem Arbeitsverhältnis gejagt hat.

Zur ethischen Bewertung von Nutzen und Kosten in der Prävention

U. Laaser

Bei der Thematik von Nutzen und Kosten in der Prävention könnte man es sich relativ leicht machen und behaupten, Prävention sei per se ethisch, weil Vorbeugen besser sei als Heilen. Dem ist leider nicht immer so, auch wenn eine ethische Begründung darin liegt, daß wir Krankheit und Tod verhindern oder hinausschieben können. Andererseits ist Prävention auch nicht immer dadurch zu begründen, daß sie Kosten spare. Es kann durchaus sein und ist in vielen Fällen so, daß die Prävention teurer kommt als die nachträgliche Kuration.

Handlungspotentiale in der Prävention

Ich will mit dem Versuch beginnen, die Handlungspotentiale in der Prävention (Laaser 1985 b, 1986, 1987; Laaser et al. 1987, 1988 a, b) zu beschreiben, um zu sehen: Was kann überhaupt geschehen? Wir können uns vereinfachend die folgende „Kausalkette" vorstellen:

Lebensbedingungen
↓
Psychosoziale Faktoren
↓
Gesundheitsverhalten
↓
Risikofaktoren
↓
Morbidität und Mortalität.

Wenngleich das hier benannte Modell am Beispiel der Herz-Kreislauf-Krankheiten entwickelt wurde, so kann man es doch als Konzept auf viele andere Krankheitsbereiche übertragen. Das entscheidende Glied in dieser Kette sind die Risikofaktoren, die Determinanten der Krankheitsentwicklung, die ihrerseits zu großen Teilen von dem abhängen, was wir als Gesundheitsverhalten beschreiben. Das Verhalten unterliegt seinerseits aber psychosozialen Bestimmungsfaktoren, die letztlich in den Lebensbedingungen der Menschen fixiert sind.

Die Handlungspotentiale und möglichen Interventionsstrategien in der Prävention sind:

A) Suche nach weiteren Risikofaktoren,
B) Modifizierung von Lebensbedingungen,
C) Beeinflussung von Verhalten,
D) Intensivierung der Früherkennung,
E) therapeutische Optimierung.

Man kann z.B. grundsätzlich nach weiteren Risikofaktoren suchen (A), also in die Wissenschaft und in die Forschung investieren. Nur 50% des Aufkommens an Herz-Kreislauf-Krankheiten läßt sich etwa durch die wesentlichen bekannten Risikofaktoren Cholesterin, Rauchen und hoher Blutdruck erklären. Unser Bestreben würde dahin gehen, diesen Erklärungsanteil zu erweitern.

Es kann aber auch versucht werden, in dieser Kausalkette ganz an den Anfang zu gehen und die Lebensbedingungen (B) verändern zu wollen; ein sehr komplexer, ein ökologischer und ein gesellschaftlich-politischer Vorgang.

Schließlich kann man sich auf die mittleren Glieder der Kausalkette konzentrieren, etwa im Sinne der heute im Vordergrund stehenden verhaltensmodifizierenden Programme (C). Zu dieser Akzentuierung des Individualverhaltens gegenüber den als ursächlich verstandenen Lebensbedingungen bzw. -verhältnissen gehört auch die angesichts der spärlichen wissenschaftlichen Grundlagen wohl überzogene Favorisierung des präventivmedizinischen Bereichs (D), etwa durch die Intensivierung der Früherkennungsmaßnahmen, die u.a. bei der Krebsvorsorge bekanntermaßen nicht ausreichend in Anspruch genommen werden.

Sehr interessant ist in meinen Augen, daß es gerade auch für die Krebsvorsorgeuntersuchungen nur eine sehr schmale wissenschaftlich evaluierte Basis selbst für die Kriterien gibt, die im alten Paragraph 181 RVO als Vorbedingung genannt waren. Dazu gehört u.a., daß eine erfolgreiche Therapie zur Verfügung steht, die das Leben tatsächlich verlängern kann, oder daß diese Therapie tatsächlich besser greift, wenn sie aufgrund einer Vorsorgeuntersuchung entsprechend früher eingesetzt werden kann usw. Diese Kriterien sind wissenschaftlich nie wirklich für alle Krebsvorsorgeuntersuchungen ausreichend abgeprüft worden, obwohl das im Gesetz steht. Dennoch werden immer neue Maßnahmenkataloge vorgeschlagen, die kostenträchtig sind, deren Erfolgspotential jedoch begrenzt ist.

Bewertung der präventiven Handlungsspielräume

Andererseits ist nicht auszuschließen, daß eine therapeutische Optimierung (E) viel wirksamer, viel effektiver, vielleicht sogar humaner ist als eine präventive Strategie, die auf die ganze Bevölkerung zielt und auch die Gesunden mit einschließen muß, die nie krank geworden wären. Es ist durchaus möglich, daß die Koronardilatation und die Thrombolyse mehr zur reduzierten Herzinfarktsterblichkeit beitragen als präventive Maßnahmen, die den Lebensstil verändern sollen. Alle diese Bereiche müßten in ihren Erfolgsaussichten, in ihren Gefahren, in ihren Möglichkeiten gegeneinander abgewogen werden. Dabei ist ein weiterer Aspekt zu beachten: Je mehr ich – was ja eigentlich wünschenswert ist – zu allgemeineren Bedingungen vordringe und die eigentlichen Ursachen durch eine primäre oder besser primordiale Prävention, die sozusagen in der Wiege anfängt, angehe, um so mehr muß die Schadensfreiheit eines Präventivprogramms gesichert sein. Denn das Risiko für den einzelnen wird immer geringer, und die Risikozusammenhänge werden wissenschaftlich-kausal immer weniger beschreibbar. Auszuschließen ist eigentlich, daß eine Maßnahme 10 Jahre später irgendwelche Schäden hervorruft, und sei es nur, daß es um Schäden in der psychischen Struktur, in der Persönlichkeit ginge. Beispielsweise wurden kürzlich Sexualdelikte im Zusammenhang mit schulärztlichen Untersuchungen in der Öffentlichkeit diskutiert. Solche vielleicht lebenslang nachwirkenden Vorkommnisse und Belastungen müßten ja den postulierten positiven Ergebnissen gegenübergestellt werden.

Weiterhin sind solche frühen primordialen Maßnahmen unspezifisch; sie beziehen sich nur selten auf definierte Krankheiten bzw. Krankheitsvorläufer. Der Grund liegt darin, daß wir diese Frühstadien im Hinblick auf ihre präventive Bedeutung immer weniger einschätzen können, je weiter wir in der Verursachungskette vordringen: in die persönliche Entwicklung, in das Kindes- und Jugendalter. Maßnahmen werden also i.allg. immer unspezifischer, je grundsätzlicher sie angreifen. Es gibt aus der Weimarer Zeit sogar den Begriff der Generalprävention, der weiter ausgreifend Lebensverhältnisse meint. In einer neueren Diktion gehört dazu auch der Kompetenzbegriff, die autonome Entscheidungskompetenz, für „mein" Leben, für „meine" Gesundheit eigene Entscheidungen treffen zu können. Ein Kompetenzerwerb in diesem Sinne (auch dafür gibt es präventiv orientierte Erziehungsprogramme) führt zu ganz unspezifischen Ergebnissen: nicht nur, daß man später als Erwachsener vielleicht ein rationaleres Gesundheitsverhalten entwickelt, sondern es resultiert generell ein anderes gesellschaftliches Verhalten, z.B. ein explizit partizipatives Verhalten: Inanspruchnahme von Mitbestimmung in der Gestaltung der eigenen Lebensbedingungen.

Das probabilistische Konzept in der Prävention

Wenn ich nach den Elementen einer Ethik der Prävention (Laaser 1985 a) suche, dann muß ich nach Kategorien Ausschau halten, die spezifisch für die präventive Problematik sind. Eine solche Spezifität liegt darin, daß wir es nicht mit Ja/Nein- bzw. dichotomen Krankheits-Gesundheits-Zuständen zu tun haben, sondern mit Wahrscheinlichkeiten, die epidemiologisch begründet sind (Pooling Project Research Group 1978). Abbildung 1 zeigt typische Risikokurven aus der Epidemiologie für Cholesterin. In Kombination mit erhöhtem systolischem Blutdruck steigen die Risiken in bezug auf das Ereignis eines Herzinfarkts stärker oder schwächer an. Werden weitere Risiken hinzugenommen, dann liegt das gesamte Kurvenbündel höher, aber immer handelt es sich nur um Wahrscheinlichkeiten. In der Konsequenz müssen also Maßnahmen propagiert werden, die jeden betreffen, unabhängig davon, ob er später einen Infarkt erleiden würde oder nicht. Allein aus diesem Grund, der Wahrscheinlichkeitsaussage in der Epidemiologie, ergibt sich in meinen Augen eine zwingende ethische Konsequenz, daß nämlich der einzelne die Möglichkeit haben muß, das, was allgemein richtig ist, für sich persönlich zu negieren. Er muß individuell aufgrund anderer Faktoren, die kollektiv gar nicht wirksam sind, anders entscheiden können, als es epidemiologische Risikokalkulationen für die Gesamtheit nahelegen würden. Individuelle Faktoren mögen das kollektiv Richtige also im Einzelfall aufheben.

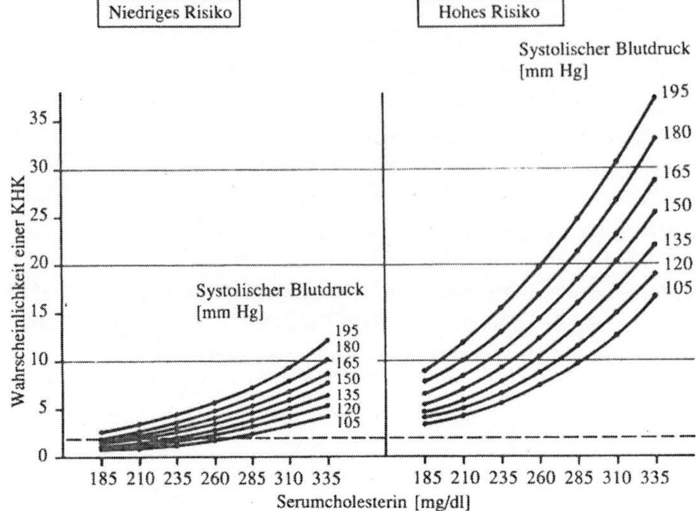

Abb.1. Wahrscheinlichkeit der Entwicklung einer koronaren Herzkrankheit (KHK) innerhalb von 6 Jahren für 40jährige Männer in Framingham. Niedriges Risiko: 1) Nichtraucher, 2) Glukosetoleranz unauffällig, 3) EKG unauffällig. Hohes Risiko: 1) Raucher, 2) Glukosetoleranz pathologisch, 3)EKG pathologisch. (Aus Kannel 1979)

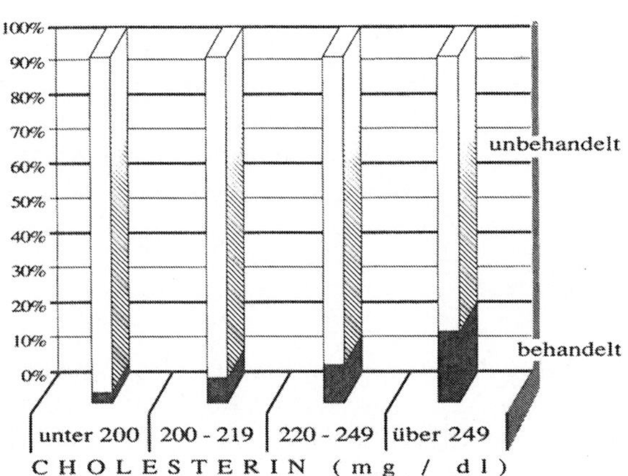

Abb. 2. Anzahl Patienten (in %), die in Behandlung wegen erhöhter Cholesterinwerte waren. (Cholesterinprogramm Bielefeld 1988)

Kann man überhaupt individuelle Behandlungsempfehlungen aus epidemiologischen Risikokalkulationen ableiten, wie es derzeit gerade in der Cholesterindiskussion laufend getan wird? Abbildung 2 zeigt ein Beispiel aus Bielefeld, wo wir ca. 10% der erwachsenen Bevölkerung, das sind 24 000 Bielefelder Bürger, untersucht haben (Allhoff u. Laaser 1989). Wir haben gefunden, daß bei Werten von über 250 mg Gesamtcholesterin/dl (das ist die Behandlungsgrenze, die von den Konsensuskonferenzen medizinisch-wissenschaftlich empfohlen wird) nur ungefähr 20% behandelt, alle anderen nicht behandelt werden. Ein großer Teil der Unbehandelten weiß auch nicht, daß erhöhte Werte vorliegen. Natürlich ist dies ein dramatisches Ergebnis. Andererseits: Woher kommt eine solche Grenze von 250 mg/dl für die Behandlungsempfehlung, wenn doch das Risiko epidemiologisch als Kontinuum verteilt ist und von niedrigsten zu höchsten Werten allmählich ansteigt? Es ist eine völlig willkürliche Grenze. Ich habe keine Alternative dazu, aber diese Beliebigkeit stellt ein ethisches Problem dar. Warum wird der Proband mit 248 mg/dl im Grenzfall anders behandelt als der mit 252 mg/dl? Nochmals zusammengefaßt: Können kollektive Wahrscheinlichkeiten neben der allgemeinen gesellschaftlich kollektiven Intervention, der Beeinflussung von Lebensbedingungen, auch eine individuelle Präskription im Einzelfall begründen? Die Frage bleibt.

Das präventive Paradoxon

Ein weiteres Problem betrifft die Verteilung dieser Risiken. Abbildung 3 zeigt ein Histogramm für erhöhte Cholesterinwerte, wonach sehr hohe Werte (etwa ab 310 mg/dl) sehr selten auftreten, und zwar nur bei wenigen Prozent der Bevölkerung. Mittlere und „normale" Werte sind dagegen häufiger, ganz niedrige Werte wiederum selten. Das relative Risiko für Herz-Kreislauf-Krankheiten steigt aber mit der Höhe des Cholesterinspiegels kontinuierlich an und ist für diese seltenen hohen Werte deutlich größer. Da jedoch diese hohen Werte mit ihrem extremen Risiko so selten sind, kommt den absoluten Zahlen nach nur ein begrenzter Anteil der Herzinfarktsterblichkeit aus diesem Bereich. In der abgebildeten spezifischen Verteilung entstehen z.B. 18 pro 1000 Fälle in 10 Jahren bei Patienten mit sehr hohen Cholesterinwerten, aber immerhin 16 Fälle pro 1000 bei den zahlreicheren Patienten mit mittleren Werten, die wir gar nicht klinisch-medikamentös behandeln würden. Dieses Problem ist als Präventivparadox in die allgemeine Diskussion eingegangen. Es lassen sich daraus 2 prinzipiell denkbare Strategien entwickeln (Rose 1985). Wir können 1. den Mittelwert dieser gesamten Gaußschen Verteilung in der Bevölkerung nach links verschieben hin zu niedrigeren Werten, oder wir befassen uns 2. andererseits mit den extrem erhöhten krankheits-

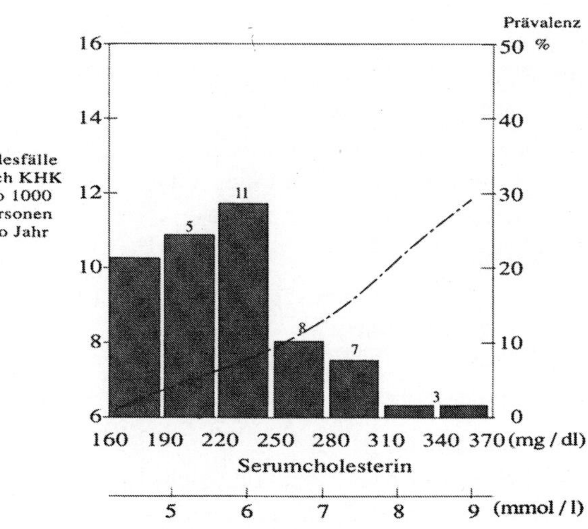

Abb. 3. Mortalität durch KHK (unterbrochene Linie) bei Männern im Alter von 55 bis 64 Jahren in Abhängigkeit von der Prävalenzverteilung (Histogramm) der Serumcholesterinwerte. Die Zahl über jeder Säule stellt eine Schätzung der zuordenbaren Todesfälle für eine Population von 1000 Personen über einen Zeitraum von 10 Jahren dar. (Nach Kannel u. Gordon 1976)

ähnlichen Fällen, betreiben also eine „Hochrisikostrategie" im Sinne der Bielefelder Untersuchung, wo in Abbildung 3 rechts unten die Behandelten als leider zu kleiner Teil der Verteilung dargestellt sind. Dies sind 2 grundsätzliche Möglichkeiten, die ganz verschiedene Konsequenzen haben. Das 2. Modell der „Hochrisikostrategie" entspricht dem Arzt-Patienten-Verhältnis, der individuellen Behandlung, das andere, die „Bevölkerungsstrategie", erfordert generell wirksame gesundheitspolitische Maßnahmen, die einem allgemeinen demokratischen Konsens unterworfen werden müßten.

Der experimentelle Kausalitätsnachweis in der Prävention

Ein weiteres Problem betrifft im wesentlichen die Hochrisikostrategie. Wie kann ich die Behandlungslogik für Personen mit deutlich erhöhten Werten wissenschaftlich absichern? Wie kann ich begründen, daß eine bestimmte Behandlung sinnvoll ist? Üblicherweise werden dazu klinisch kontrollierte Versuche durchgeführt, in denen Therapiegruppen behandelt und mit nicht spezifisch behandelten Kontrollgruppen verglichen werden. Wenn das Ergebnis entsprechend günstig ist, etwa durch einen gesenkten Blutdruck in der Behandlungsgruppe die Zahl der Schlaganfälle zurückgeht, dann nimmt man die Blutdruckbehandlung zumindest bei den hohen Werten als gerechtfertigt an. Je mehr es sich bei solchen experimentellen Überprüfungen um Grenzrisiken (Laaser et al. 1988 b) handelt, etwa aus dem Bereich der milden Hypertonie und der leichten Hypercholesterinämie, um so größere Zahlen werden für diese Versuche gebraucht. Das heißt, ein Versuch kostet z.B. in den USA (MRFIT-Programm) ca. 80 Mio. Dollar, läuft über 5 Jahre und umfaßt 300 000 Personen, aus denen dann eine „kleine" Behandlungsgruppe von 10 000 ausgewählt wird. Man kann sich vorstellen, daß ein solcher Versuch viele Fragen aufwirft, die in der nachfolgenden Übersicht angesprochen sind.

Möglichkeiten des „kontrollierten klinischen Versuchs" bei Grenzrisiken:

Indikation:
– hohes attributables Risiko;

Umfang:
– erschwerte Machbarkeit (finanzielle Mittel usw.),
– Repräsentativität (Freiwillige),
– Standardisierung (Homogenität),
– Repetition (Übertragbarkeit);

Behandlung:
– Innerhalb der genetischen „Normalität",
– breit anwendbar,
– wirksam,
– derzeit nur eingeschränkt verfügbar (Antihypertensiva);

Unbedenklichkeit
– höhere Anforderung an den sicheren Ausschluß (vorerst inapparent),
– Langzeitintoxikationen (-schäden).

Vor allen Dingen besteht das Problem der Wiederholbarkeit, denn es ist normalerweise eine wissenschaftliches Erfordernis, daß solche Versuche wiederholt werden müssen, um eine sichere Aussage zu ermöglichen. Wer jedoch würde eine 2. Investition von 80 Mio. Dollar riskieren, nur um einen Kontrollversuch zu machen, wenn der Erstversuch ein positives Ergebnis erbracht hat? Niemand, keine für die Fördermittel verantwortliche Regierung könnte sich das leisten! Ein anderer Punkt ist der: da die Risiken so klein sind, muß die Unbedenklichkeit der Methode, wie oben gesagt, wirklich gesichert sein. Auch ein geringes Behandlungsrisiko wiegt schwer, wenn das Erkrankungsrisiko sehr niedrig ist. Hinzu kommt ein potentielles Langzeitrisiko, das durch eine z.B. 5jährige Versuchsdauer wahrscheinlich gar nicht abgedeckt ist. Es gibt auch dafür Beispiele, daß sich nach 10 bzw. 15 Jahren Nachbeobachtung das Risikoverhältnis zwischen behandelter und nicht behandelter Gruppe völlig verschoben hat (z.B. bei der Clofibratstudie der WHO in der Tschechoslowakei, England und Ungarn; WHO 1984). Hier liegen also Hindernisse eher methodischer Art vor, die es nicht erlauben, die Hochrisikostrategie beliebig auszuweiten und zugunsten eines medizinischen Paradigmas größere Teile der Bevölkerung zu behandeln. Das heißt in der Konsequenz, daß im Bereich der von der Häufigkeit her wichtigen epidemiologischen Grenzrisiken, also der mittleren Risiken, der Kausalitätsnachweis wissenschaftlich zunehmend eingeschränkt ist und wir mit einem gewissen Grad an Plausibilität zufrieden sein müssen, wenn wir handeln wollen.

Die Setzung von Prioritäten

Bei der Verfolgung sozial akzeptierter Ziele ist die Effizienz in sich selbst ein Wert, und zwar deswegen, weil die Vergeudung von Mitteln, und das ist der ineffiziente Einsatz von Ressourcen, diese Mittel anderen Anwendungsbereichen entzieht, implizit oder teilweise sogar explizit. Damit im Zusammenhang steht eine Frage, die hier immer wieder angesprochen worden ist: Wie können Prioritäten gesetzt werden? Wie kann ich verschiedene Maßnahmenbereiche gegeneinander abgleichen? Global gesprochen müßte man sogar den Gesundheitsbereich gegen soziale Investitionen abgleichen, was methodisch sicher sehr schwierig wäre. Ein Zugang, um diesen Vergleich herzustellen, ist das Konzept der Lebensjahre, die durch bestimmte Maßnahmen „gerettet" werden. Vorbehaltlich der Lösung bestimmter methodischer Schwierigkeiten kann darüber hinaus die Zahl qualitätsgewichteter Lebensjahre (der sog. Qualies) berechnet werden, das sind Lebensjahre vermindert um die Beeinträchtigung an Lebensqualität etwa durch Nebenwirkungen der Behandlung oder anderer Belastungen. Voraussetzung ist, daß die Wirkung bestimmter Maßnahmen, etwa einer Blutdrucksenkung, in gewonnene Lebensjahre übersetzt werden kann. Daß es dabei nicht immer tatsächlich gewonnene Lebensjahre sein müssen, soll Abbildung 4 belegen, bei der es um ein metastasenunterdrückendes bzw. die Schmerzen bei Metastasen reduzierendes Medikament geht. Der normale Verlauf eines terminalen Mammakarzinoms könnte über 12 Monate so aussehen: Der subjektive Zustand der Patientin – die Lebensqualität – läge vor Beginn des Krankheitsprozesses bei einem Indexwert von 1,0 (total gesund). Im Krankheitsverlauf unterschreitet die subjektive Bewer-

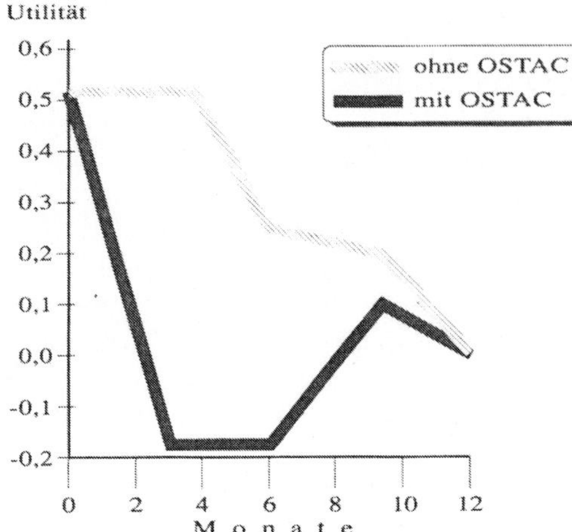

Abb. 4. Wirksamkeit einer Behandlung mit OSTAC bei in das Skelett metastasierendem Mammakarzinom, basierend auf der Utilitätsskala von Torrance (1984). Die Fläche zwischen den Kurven entspricht 3,6 qualitätsgewichteten Lebensmonaten (Funktionsmonaten).

tung aber sogar einen Wert von 0 (die Schmerzzustände sind so schlimm, daß sie den Tod als Erleichterung wünscht). Nach intermediärer Besserung kommt es schließlich nach 12 Monaten zum tatsächlichen Tod. Im Ergebnis lebt die Patientin mit dem Medikament nicht etwa länger, aber sie lebt besser. Diese Differenz kann man genauso in qualitätsgewichtete Lebensjahre übersetzen wie die tatsächlich gewonnene Lebenszeit.

Die Effektivität wird definiert als Quotient aus Kosten und Nutzen, Kosten pro Nutzen. Da Kosten und Nutzen jedoch in verschiedenen Dimensionen bestimmt werden (Geld, Lebensjahre), ist damit noch keine Aussage möglich, ob der Nutzen tatsächlich größer ist als die Kosten; möglich ist nur die Aussage, welche von mehreren Maßnahmen die kostengünstigste ist. Alle verglichenen Maßnahmen könnten jedoch einen Aufwand erfordern, der höher ist als der jeweilige Nutzen. Wenn ich den Nutzen tatsächlich gegen die Kosten aufrechne, dann muß er monetär bewertet werden. Darauf bezieht sich der Begriff der Effizienz, bei deren Berechnung die Kosten von den Nutzen subtrahiert werden. Damit kommen wir mit der ethisch hochbrisanten Problematik in Berührung, ob gewonnene Lebensjahre in Geld ausgedrückt werden dürfen. Wieviel ist ein gewonnenes Lebensjahr wert? Selbstverständlich ist dies auf den ersten Blick eine sehr brutale Frage, zumindest für das betroffene Individuum, weniger von einem gesamtgesellschaftlichen Blickpunkt her. Meines Erachtens muß diese Relation zwischen Kosten und Nutzen in die gesundheitspolitische Auseinandersetzung überhaupt erst wirklich eingeführt werden. Wenn ich die Diskussionen in Bonn beobachte, dann habe ich den Eindruck, daß es immer nur um die Kosten geht. Es kann doch auch sein, daß teure Maßnahmen kostengünstiger sind, weil sie mehr bewirken; es kann aber natürlich auch das Gegenteil der Fall sein. Der Nutzen wird kaum in Relation zu den Kosten wirklich debattiert, weil gar keine Effektmaße realisiert werden.

Die monetäre Bewertung des Nutzens

Es gibt verschiedene Möglichkeiten der monetären Bewertung von Lebensjahren. Eine Methode, die oft mit der gesamten Gesundheitsökonomie in einen Topf geworfen wurde, ist der veraltete Humankapitalansatz, der einfach die Produktivität in diesen gewonnenen Lebensjahren für eine monetäre Bewertung heranzieht. Das läßt natürlich den aktuellen Wert von Hausfrauen, Rentnern und auch Kindern auf Null schrumpfen. Eine weitere Möglichkeit der Bewertung von Lebensjahren ist die sog. Zahlungsbereitschaft. Meines Erachtens sind diese unterschiedlichen Ansätze von eminenter ethischer Bedeutung. Ich verstehe nämlich den Ansatz der Zahlungsbereitschaft ungeachtet seiner methodischen Probleme so, daß im Prinzip die Betroffenen selbst zu befragen sind. Warum sollen nicht Ärzte darüber entscheiden oder Krankenkassenfunktionäre oder gar Gesundheitspolitiker? Ich glaube, wenn man die Betroffenen fragen würde, dann wären die Ergebnisse – vielleicht nicht unerwartet – möglicherweise ganz andere; v.a. aber wären es ethisch legitimierte Ergebnisse und nicht Ergebnisse, die von Experten am grünen Tisch festgelegt werden. Ich will wenigstens andeuten, daß die methodischen Probleme nicht unlösbar sind. Wird ein Patient befragt, wieviel ihm ein gewonnenes Lebensjahr wert ist, dann ist dies eine Frage, die er so nicht beantworten kann. Man muß die Fragestellung also methodisch differenzieren. Es gibt dafür vereinfachte Algorithmen, bekannt geworden als „synthetische" Zahlungsbereitschaft (Townsend u. Davidson 1988). Eine solche Formel für die synthetische Zahlungsbereitschaft ist beispielsweise (Thompson u. Cohen 1990):

$$U = H \cdot P \cdot (1 - e^{-K \cdot C});$$

U: Nutzwert („utility"),
e: Basis des natürlichen Logarithmus = 2,178...,
H: Gesundheitszustand („health status")
K: Kehrwert der Risikobereitschaft („risk aversion"),
P: Wahrscheinlichkeit für H pro Jahr,
C: Konsumption pro Jahr.

Notwendig ist in jedem Fall die Bestimmung des Gesundheitsstatus, was methodisch natürlich lösbar ist, die Häufigkeit des Auftretens oder die Wahrscheinlichkeit für einen bestimmten Gesundheitszustand – in vielen Fällen aus epidemiologischen Daten ableitbar – und eine Information über das Konsumtionsniveau in der Bevölkerung, also im Prinzip die Grundlohnsumme. Für die Berechnung der synthetischen Zahlungsbereitschaft genügt es dann, die allgemeine Risikobereitschaft zu bestimmen; die Einschätzung eines krankheits- oder ereignisspezifischen Risikos muß nicht mehr erfragt werden. Zugrunde liegt die Hypothese, daß es bevölkerungsbezogen Unterschiede in der generellen Bereitschaft gibt, Risiken auf sich zu nehmen, etwa mit dem Flugzeug zu fliegen oder über die Straße zu gehen. Diese allgemeine Risikobereitschaft läßt sich durch Befragung verhältnismäßig einfach bestimmen und gibt sozusagen das Unterfutter für eine solche Kalkulation. Letztlich gilt der Satz: „We have to save life at almost any price – but nothing demands from us to pay every price for our own life." Das heißt, zumindest für uns selbst können wir auch monetäre Bewertungen einer verlängerten oder verbesserten Lebenszeit zulassen, ein ethisches Problem ergibt sich nur, wenn wir dies für andere festlegen wollen.

Konsequenzen für die Gesundheitspolitik

Welche gesellschaftlichen Konsequenzen ergeben sich aus diesen Überlegungen und Darstellungen für eine Gesundheitspolitik, die wir m.E. als rationale, kohärente Gesundheitspolitik in keinem Bereich haben? Gesundheitspolitisches Hauptziel müßte es doch sein, den Gesundheitszustand der Menschen zu verbessern. Wenn ich die Diskussion heute und gestern in diesem Sinne zusammenfasse, dann ergeben sich für mich 2 Prioritäten, denen eine solche Politik folgen müßte: nämlich a) eine präventive Priorität aus ethischen Gründen, wenn schon nicht aus ökonomischen: das möglichst lange Hinausschieben von Krankheit und Tod, weiterhin b) eine soziale Priorität, nämlich gleiche und gerechte Gesundheitschancen, nicht etwa gleiche und gerechte Behandlung, für jeden und für alle sozialen Gruppen, präventiv wie kurativ. Es ist gesagt worden (s. Beitrag Schöne-Seifert), eine Rationierung des Gutes „Gesundheit" gebe es bei uns nicht. Zahlen aus einem englischen Regierungsbericht (Townsend u. Davidson 1988), der immerhin unter Frau Thatcher erstellt worden ist, zeigen (Abbildung 5), daß die Sterblichkeit für alle Krankheiten in den letzten Dekaden generell abgenommen hat.

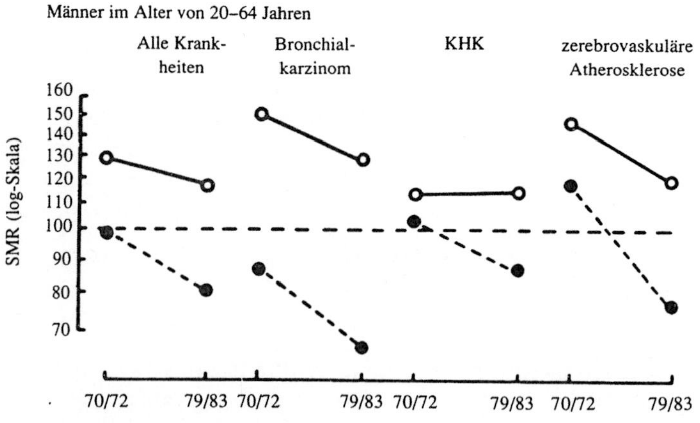

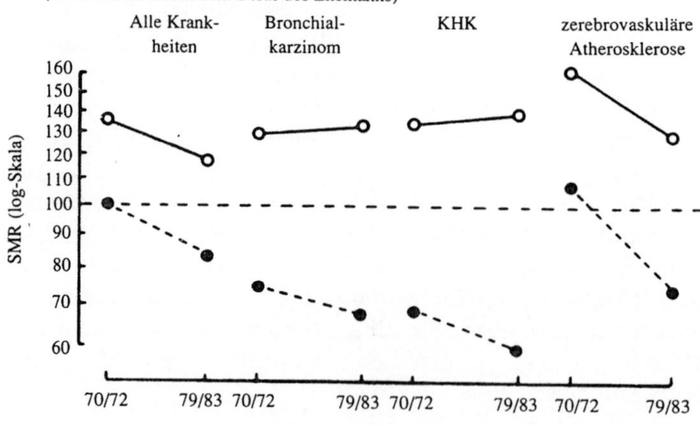

Abb. 5. Standardisierte Sterblichkeitsrate (SMR) für ausgewählte Todesursachen in Großbritannien 1970-1972 und 1979-1983 für manuelle (o—o) und nicht-manuelle (•---•) Berufsgruppen. Bei jeder Krankheit ist die SMR 1979-1983 für Männer bzw. Frauen jeweils auf 100 gesetzt. (Nach Marmot u. McDowall 1986)

Beängstigend ist aber, daß der Abstand zwischen manuellen und nichtmanuellen Berufsgruppen als Indikator für den Sozialstatus nicht nur zugenommen hat, sondern daß die Sterblichkeit für einzelne Gruppen, etwa für Lungenkrebs und bestimmte Herz-Kreislauf-Krankheiten bei Frauen der Unterschicht, sogar im absoluten Niveau, angestiegen ist. Dies scheinen nicht nur ausschließlich englische Verhältnisse zu sein, die vielleicht durch das alte englische Sozialsystem erklärt werden könnten, denn wir haben jetzt auch erstmals Daten aus dem Nationalen Gesundheitssurvey der Deutschen Herz-Kreislauf-Präventionsstudie zur Verfügung und kommen zu beträchtlich erhöhten relativen Risiken für die unteren Sozialgruppen, zumindest im Hinblick auf die Verteilung klassischer Risikofaktoren in der bundesdeutschen Bevölkerung (Tabelle 1).

Tabelle 1. Soziale Schicht (I unterste Schicht, III höchste Schicht) und Risikofaktoren (Nationaler Gesundheitssurvey 1985)

Risikofaktor Odds Ratio [a] (95 %-Vertrauensbereich)

		Männer	Frauen	Männer	Frauen
1)	Hypercholesterinämie				
	Soziale Schicht I	1,40	1,41	1,02-1,93	1,02-1,94
	Soziale Schicht II	1,42	1,53	1,06-1,90	1,14-2,06
	Soziale Schicht III	1,00	1,00		
2)	Hypertonie				
	Soziale Schicht I	1,04	1,56	0,75-1,44	1,05-2,41
	Soziale Schicht II	0,97	0,99	0,75-1,26	0,66-1,48
	Soziale Schicht III	1,00	1,00		
3)	Übergewicht				
	Soziale Schicht I	1,65	3,17	1,14-2,40	2,04-4,92
	Soziale Schicht II	1,37	1,75	1,00-1,88	1,13-2,70
	Soziale Schicht III	1,00	1,00		
4)	Bewegungsmangel				
	Soziale Schicht I	5,53	6,11	4,03-7,59	4,45-6,39
	Soziale Schicht II	2,31	1,85	1,76-3,01	1,38-2,46
	Soziale Schicht III	1,00	1,00		
5)	Rauchverhalten				
	Soziale Schicht I	2,19	1,36	1,67-2,88	0,99-1,86
	Soziale Schicht II	1,41	1,17	1,13-1,75	0,89-1,54
	Soziale Schicht III	1,00	1,00		

[a] Eine Odds Ratio über 1 bedeutet ein entsprechend erhöhtes relatives Risiko (z.B. Odds Ratio von 2 ein auf das 2fache gesteigertes Risiko).

Komparative Zielvorgaben für eine rationale Gesundheitspolitik

Wenn man diese Unterschiede sieht, dann erhebt sich moralisch sofort die Frage: Warum geht es einigen Gruppen besser und anderen schlechter? Damit ist aber gleichzeitig auch eine Zielvorgabe, eine Operationalisierungsvorgabe für die Gesundheitspolitik formuliert, die sich durch den besten Abgleich (Junge 1986) definiert. Abbildung 6 zeigt in einem internationalen Vergleich die Bundesrepublik, Japan und Schweden; die Sterblichkeit in der Bundesrepublik ist dabei gleich 100% gesetzt worden. Die Anzahl verlorener Lebensjahre, hier vor dem 65. Lebensjahr, ist in beiden Vergleichsländern niedriger als bei uns, für alle Todesursachen in Schweden um 14%, in Japan sogar um 30%. Wenn dies in Schweden erreichbar ist – für Japan könnte man vielleicht noch genetische Unterschiede postulieren –, warum nicht bei uns? Das ist eine Frage an die Gesundheitspolitik, die die Rahmenbedingungen entsprechend zu entwickeln hätte. Was von daher gerade auch unter ethischen Gesichtspunkten zu fordern wäre, ist eine explizite statt der impliziten Prioritätensetzung in der Ressourcenverteilung. Prioritäten werden ja laufend gesetzt, allerdings implizit, da laufend gesundheitspolitische Entscheidungen ohne formale Abwägung getroffen werden. Gestern wurde gesagt, wir dürften nicht in eine Lage kommen, in der etwa die psychoanalytische Behandlung gegen eine Herzoperation abzuwägen sei. Implizit befinden wir uns doch aber in eben dieser Rationalisierungsebene. Wir haben in unserem Gesundheitswesen eine gigantische Ungleichverteilung zwischen Kuration und Prävention, ohne daß man sagen kann, die kurativen Investitionen seien wissenschaftlich besser begründet als die präventiven. Ich würde sogar eher zum Gegenteil neigen und ließe es da durchaus auf eine Diskussion ankommen. Der Ausgabenanteil für präventive Maßnahmen beläuft sich auf eine Größenordnung von maximal 5% oder weniger des gesamten Gesundheitsbudgets. Das ist durch eine effektorientierte Bewertung dieser beiden Maßnahmenbereiche nicht gerechtfertigt.

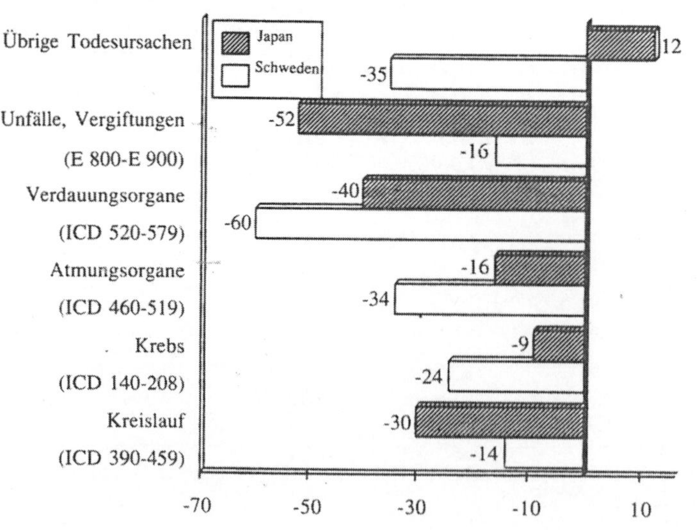

Abb. 6. Überschüssige Anzahl verlorener Lebensjahre in Schweden und Japan im Vergleich zur Bundesrepublik Deutschland. (Nach Junge 1986)

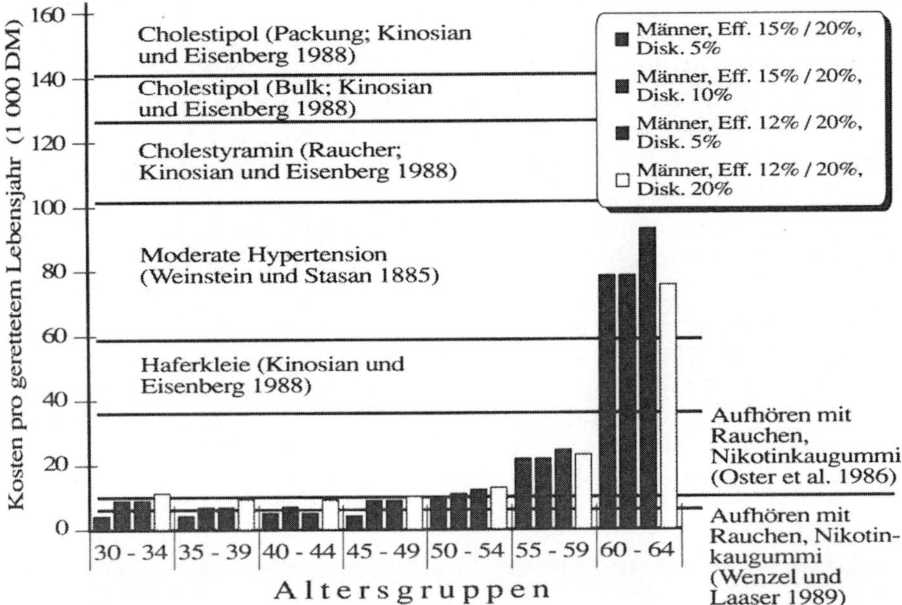

Abb. 7. Kosten pro gerettetem Lebensjahr für einzelne Risikofaktoren (bezogen auf einen 55jähri-gen Mann). *Eff.* Wirksamkeit Diät/Medikamente, *Disk.* Diskontierung

Ich komme zurück auf die Kostenwirksamkeit bzw. Kosten-Nutzen-Bewertung, deren Konzepte oben dargestellt wurden. Wenn man entsprechende Berechnun-gen für den Risikofaktor Cholesterin etwa mit Daten aus der Framingham-Studie anstellt (Abbildung 7), dann zeigt sich, daß die Kosten pro gerettetem Lebensjahr durch die medikamentöse Cholesterinsenkung in der Bundesrepublik Deutsch-land in der Größenordnung von 10000 DM in den jüngeren Altersgruppen liegen, während sie für die 60- bis 64jährigen bis zu 90000 DM erreichen (Wenzel 1990). Natürlich sind das Minima-Maxima-Kalkulationen mit einem gewissen, durch die unzureichende Datenlage bedingten Spielraum, aber die Größenordnung ist doch interessant. Die Frage stellt sich, ob man in den höheren Altersgruppen so viel ungünstigere Kostenrelationen in Kauf nehmen will. Unterschiede in den Kostengrößenordnungen spielen eine Rolle auch zwischen verschiedenen Risiko-faktormodifikationen; die Hypertoniebehandlung für einen 55jährigen Mann liegt etwa bei 60000 DM pro gerettetem Lebensjahr (Laaser u. Wenzel 1990); be-stimmte Raucherentwöhnungsprogramme liegen dagegen nur bei 5000 DM, sind also in diesem Sinne wesentlich effizienter, was zumindest in die Diskussion über Mittelinvestitionen doch eingehen sollte.

Zweckrationalität und Prozeßethik

Ich habe hier sehr stark für eine Zweckrationalität argumentiert, und mein „Vorwurf" an die Gesundheitspolitik, an die Entscheidungsfindung ist der, daß sie nicht zweckrational genug sei, daß sie nicht die Effizienz, auch unter ethischen Gesichtspunkten, zum Maßstab mache. Natürlich muß ein solcher Zweckrationalismus begrenzt werden – ich kann mich nicht dem utilitaristischen Prinzip anschließen, nach dem das, was für die meisten gut ist, eben prinzipiell gut sei. Meines Erachtens kommt es nicht nur auf das „Was" an – ob das ethisch zu rechtfertigen ist, was ich erreichen will –, sondern auch darauf, wie ich diese Ziele erreiche. Insofern ist der Zweckrationalismus durch konsequente Kosten-Nutzen-Abschätzungen, den ich hier einerseits im Sinne einer Verwaltungsethik gefordert habe, durch axiomatische Vorgaben im Sinne einer Prozeßethik einzuschränken, die ich von einem allgemein gültigen Menschenbild ableite. Dies scheint mir in 3 Dimensionen von Bedeutung zu sein:

I. Unabhängigkeit:
Recht
– auf Unversehrtheit,
– auf Wissen,
– auf angemessene Versorgung,
– auf Würde.

II. Gerechtigkeit:
Verteilungsgerechtigkeit:
– keine Diskriminierung,
– Chancengleichheit,
– vergleichbare Gruppennutzen.

III. Schutz:
Anwaltschaft:
– für Schwache und
– für Benachteiligte.

Die Unabhängigkeit des einzelnen bedeutet u.a. auch seine Beteiligung an solchen Entscheidungsprozessen, die Gerechtigkeit gilt für alle, und Schutz bzw. Fürsorge gelten für diejenigen, die schwach und hilflos sind. Diese 3 prozeßethischen Dimensionen müssen als „checks and balances" in die Gesundheitspolitik, in das System, miteingehen.

Literatur

Allhoff PG, Laaser U (1989) Epidemiologie, Cholesterin-Programm Bielefeld 1988, Bd. 2 IDIS, Bielefeld
Junge B (1986) Was ist erreichbar? Vorzeitig verlorene Lebensjahre als objektives Maß zur Festlegung vorrangiger Gesundheitsziele. Prävention 4: 99-102
Kannel WB (1979) Hypertension, blood lipids, and cigarette smoking as co-risk factors for coronary heart disease. In: Perry H, Smith WM (eds) Mild hypertension: To treat or not to treat. Ann NY Acad Sci, p 304

Kannel WB, Gordon T (eds) (1976) The Framingham-Study. An epidemiological investigation of cardiovascular disease. U.S. Department of Health, Education, and Welfare. NIH Publication No. 75-1083, Washington

Kinosian BP, Eisenberg JM (1988) Cutting into cholesterol. Cost-effective alternatives for treating hypercholesterolemia. J Amer Med Ass 259/15: 2249-2254

Laaser U (1985 a) Skizze einer Ethik der primären Prävention. In: Deneke JFV, Roessler W, Swertz P (Hrsg) Aktuelle Fragen der Sozialmedizin – Festschrift zum 65. Geburtstag von Herbert Viefhues am 26. Januar 1985. Bochum, S 127-143

Laaser U (1985 b) Lay involvement in the primary prevention of cardiovascular disease: The Rhein-Neckar Community Study (GRN). In: Laaser U, Senault R, Viefhues H (Hrsg) Primary health care in the making. Springer, Berlin Heidelberg New York Tokyo, S 524-534

Laaser U (1986) Die Deutsche Herz-Kreislauf-Präventionsstudie: Das Modell einer kooperativen Prävention. In: Halhuber C, Traenckner K (Hrsg) Die koronare Herzkrankheit – eine Herausforderung an Gesellschaft und Politik. Perimed, Erlangen, S 212-232

Laaser U (1987) Prävention bei Herz-Kreislauf-Erkrankungen. In: Schaefer H, Schipperges H, Wagner G (Hrsg) Präventive Medizin. Springer, Berlin Heidelberg New York Tokyo, S 155-166

Laaser U, Sassen G, Murza G, Sabo P (Hrsg) (1987) Prävention und Gesundheitserziehung. Springer, Berlin Heidelberg New York Tokyo

Laaser U, Murza G, Gerdel W, Borgers D (1988 a) Strategien zur Prävention von Herz-Kreislauf-Krankheiten in der Bundesrepublik Deutschland. Sozial-/Präventivmed 4-5/33: 226-232

Laaser U, Wenzel H, Allhoff P (1988 b) Kardiovaskuläre Interventionsstudien: Probleme und Perspektiven. In: Schölmerich P, Theile U, Troschke J v. (Hrsg) Präventive Medizin, Symposium der Stiftung Hufeland-Preis Köln und der Akademie der Wissenschaften und der Literatur, Mainz. Fischer, Stuttgart New York, S 117-129

Laaser U, Wenzel H (1990) Antihypertensive treatment in Germany, subjected to a cost-effectiveness analysis. J Human Hyp 4: 436-440

Marmot MG, McDowall ME (1986) Mortality decline and widening social inequalities. Lancet II: 274-276

Oster G, Huse DM, Delea THE, Colditz GA (1986) Cost-effectiveness of nicotine chewing gum as an adjunct to physicians advice against cigarette smoking. J Amer Med Ass 256: 1315-1318

Pooling Projekt Research Group (1978) Relationship of blood pressure, serum cholesterol, smoking habit relative weight and ECG abnormalities to incidence of major coronary events. Final report. J Chronic Dis 31: 201

Rose G (1985) Relative merits of intervening on whole populations versus high-risk individuals only. In: Lauer RM, Shekelle RB (eds) Childhood preventions of atherosclerosis. Int J Epidem 14:1, 32

Thompson MS, Cohen AB (1990) The feasibility of willingness-to-pay measurement in health services research. In: Laaser U, Roccella EJ, Rosenfeld JB, Wenzel H (eds) Costs and benefits in health care and prevention. An international approach to priorities in medicine. Springer, Berlin Heidelberg New York Tokyo, S 27-34

Torrance GW (1984) Health states worse than death. In: Eimeren W van, Engelbrecht R, Flagle CD (eds) 3rd Int. Conference of Systems in Health Care. Springer, Berlin Heidelberg New York Tokyo

Townsend P, Davidson N (eds) (1988) The Black Report. Penguin Books, Bungay

Weinstein M, Stason W (1985) Cost-effectiveness of interventions to prevent or treat coronary heart disease. Ann Rev Public Health 6: 41-43

Wenzel H (1990) Colesterin und ischämische Herzkrankheiten. Boehringer, Mannheim

Wenzel H, Laaser U (1989) Kosten-Wirksamkeit der Raucherentwöhnung mit Hilfe von Nikotin-Kaugummi. Z Präventivmed Gesundheitsförd 2: 14-19

WHO (World Health Organization), Committee of Principal Investigators (1984) WHO cooperative trial on primary prevention of ischaemic heart disease with clofibrate to lower serum cholesterol: Final mortality follow-up. Lancet II: 600

Diskussion 5

Schölmerich:
Herr Laaser, Sie haben das Mißverhältnis zwischen präventiver und kurativer Medizin in den Investitionen bedauert. Das ist sicher berechtigt. Aber es erklärt sich weniger aus politischen Vorgaben außerhalb des Interessenbereiches, sondern im wesentlichen dadurch, daß kurative Medizin Antwort auf akute Leidenszustände ist und präventive Medizin sich auf mögliche, in späterer Zukunft auftretende Krankheitsphänomene bezieht. Deshalb ist die Inanspruchnahme so gering. Eine Verbesserung der Verhältnisse zugunsten der Prävention könnte etwa durch Gesundheitserziehung erreicht werden.

Bauer:
Die entscheidende Grenze für die Prävention unter ethischen Gesichtspunkten läge da, wo das präventive Angebot verlassen wird und zu einem gesellschaftlich-normativen Druck für das Individuum wird, also geradezu zur Stigmatisierung eines nichtpräventiven Verhaltens führt. Die Fragestellung verschärft sich dadurch, daß der ökonomische Nutzen für die Gesamtgesellschaft nicht nachweisbar ist. Er ist nicht vorhanden – wenn man einmal davon absieht, daß Vorbeugen häufig nicht billiger ist als Heilen –, weil die Kosten des Gesundheitswesens nicht von der Inanspruchnahme durch die einzelnen abhängen, sondern ein gesamtwirtschaftlicher Prozeß sind: Wenn die Menschen nur noch halb so häufig zum Arzt gehen, wird die Summe der Arzthonorare deswegen nicht halbiert.

Zollner:
Gemäß Herrn Laasers Ausführungen müßte jeder verantwortungsvolle Gesundheitspolitiker eine Pflicht zur Prävention fordern. Was passiert dann mit denen, die nicht an der Prävention teilnehmen? Wo bleibt die Freiheit des Individuums?

Kolkmann:
Prävention ist, wenn sie sich wissenschaftlich als sinnvoll erwiesen hat, selbstverständlich Sache der Medizin. Dazu zählt der gesamte Bereich der Sekundär- und Tertiärprävention. Den von Herrn Laaser gezeigten Bereich der Primärprävention, auch die Risikofaktorenlehre, soweit sie etwa das Cholesterin betrifft, halte ich für nicht hinreichend als sinnvoll erwiesen. Arteriosklerose, Herzinfarkte, zerebrale Durchblutungsstörungen usw. sind multifaktoriell begründet. Dies muß man bei der Diskussion berücksichtigen. Der Bevölkerung vorzumachen, daß sie eine längere Lebenserwartung nur aufgrund der Tatsache einer Cholesterinsenkung hat, halte ich ethisch für fragwürdig.

Laaser:

Die kurative Medizin muß unter Ausschöpfung der ihr zur Verfügung stehenden Mittel reagieren. Dem Kranken muß die bestmögliche, bestverfügbare Diagnostik und Behandlung zukommen. Aber auf der gesellschaftlichen Ebene ist doch zu fragen, wo die Steuergelder und die Beiträge den größten Nutzen versprechen. Wir müssen doch alternative Möglichkeiten abwägen. Kann es sinnvoll sein, die Herzzentren weiter auszubauen, wenn wir gleichzeitig 1000 Rötelnembryopathien pro Jahr haben, weil die Mädchen nicht rechtzeitig und nicht vollständig gegen Röteln geimpft worden sind? Die eine Maßnahme kostet ein paar Mark, die andere mehrere Millionen. Die Logik entscheidet eindeutig zugunsten einer Priorität für die Sicherstellung von Rötelnimpfungen. Sich einer Rötelnimpfung zu unterziehen ist keine Frage der freiwilligen Beteiligung – natürlich muß die individuelle Freiheit gewahrt bleiben –, sondern eine Frage des Angebots – dieses wird nicht in entsprechender Art und Weise an die Familien und Mädchen herangetragen.

Auf der kollektiven Ebene muß man also das verfügbare Wissen benutzen, um Investitions- und Allokationsentscheidungen rational zu treffen. Hier fordere ich jedenfalls einen höheren Zweckrationalismus, eine höhere Rationalität bei den entsprechenden Entscheidungsgremien. Die Forderung ist natürlich leicht zu stellen. Man muß versuchen, die entsprechenden Instrumentarien und Methoden zu entwickeln; ein Stichwort dazu war Gesundheitsberichterstattung.

Herr Kolkmann führte aus, die Cholesterinfrage sei nicht ausreichend wissenschaftlich gesichert, was die gesundheitserzieherischen, präventiven Aspekte angehe. Andererseits reklamiert er ausdrücklich die medikamentöse Hypertoniebehandlung für den Arzt, was gar nicht bestritten wird. Bei beiden Möglichkeiten geht es doch um die für eine Krankheitsentwicklung relevante Blutdrucksenkung. Ich persönlich würde sie, wenn die Chance besteht, natürlich lieber vormedikamentös erreichen. Die durchgeführten Programme (die deutsche Herz-Kreislauf-Präventionsstudie ist erwähnt worden) zeigen ja gerade, daß die Kombination gesundheitserzieherischer und medikamentös-ärztlicher Maßnahmen immerhin in der hochgerechneten Sterblichkeit (nach der halben Laufzeit der Studie) zu einer Abnahme von 4% geführt hat. Die Bundesrepublik hat sich nach Daten des nationalen Gesundheitsservices ungünstig entwickelt, das Risiko ist gestiegen; in den Interventionsregionen der Studie aber ist das Risiko gleichgeblieben. Das war das Ergebnis der Zwischenbewertung im Spätherbst 1989. Daraus folgt, und das habe ich doch deutlich gesagt, natürlich keine Pflicht zur Prävention des einzelnen. Der einzelne muß, gerade weil es sich um Probabilitäten handelt und nicht um eindeutige, kausal zuzuordnende Ja-Nein-Entscheidungen, die Möglichkeit haben, für sich anders zu entscheiden, als es der gesellschaftlichen Rationalität entspricht; aber letztere muß die Grundlage für gesellschaftliche Allokationsentscheidungen der Regierungen und der entsprechenden Institutionen sein. Und diese Spannung zwischen dem Verhalten des einzelnen und den Entscheidungsvorgaben, auch unter ethischen Gesichtspunkten, für die Entscheidungsträger muß gewahrt bleiben; sie ist notwendig. Ich sehe da keinen Widerspruch.

Fischer:

Die Praxis stellt die wirtschaftliche Grundlage zur Existenzsicherung des hausärztlich tätigen Kassenarztes und seiner Familie dar. Er kann nur unter Einhaltung und Ausschöpfung des ärztlichen Honorierungssystems ertragreich arbeiten. Ethische Aspekte sind hierbei v.a. in folgender Weise betroffen.

Das Honorierungssystem schreibt eine Begründung der gewählten ärztlichen Leistung durch eine „passende" Diagnose vor. Viele real erbrachte Leistungen des Hausarztes, z.B. wiederholt lange Gespräche über den Patienten bedrückende Lebenskonstellationen, Gespräche mit pflegenden Angehörigen Behinderter usw., „passen" nicht in das Schema der Leistungsbegründung durch Krankheitsdiagnose. Folglich müssen sie im Hinblick auf die Einkommenssicherung „passend" gemacht werden.

Für die Praxis bedeutet dies eine Tendenz zur Aggravation von Diagnosen. So wird z.B. aus Muskelverspannungen ein Bandscheibensyndrom, aus funktionellen Herzbeschwerden eine Angina pectoris, aus der traurigen Niedergeschlagenheit eine Depression und aus aktuellen Arbeitsplatzproblemen beim Vorliegen anderer Erkrankungen eine Psychosomatose. Hierdurch tritt eine nicht unerhebliche Verzerrung der realen Morbidität ein, gekennzeichnet durch die Angabe einer manifestierten Schädigung, wo es sich allenfalls um latente Störungen handelt (koronare Herzkrankheit), durch Pathologisierung an sich psychologischer Vorgänge (Depression) und Diagnosestellung durch die Konstruktion fragwürdiger Zusammenhänge (psychosomatische Krankheit).

Ethische Aspekte treten in diesem Zusammenhang besonders dadurch hervor, daß die Aggravation über Fortschreibung dieser Diagnosen im Bewußtsein des Arztes (übrigens noch begünstigt durch EDV-Einsatz) sich schließlich auf den Patienten überträgt und auch in seinem Bewußtsein zur Vorstellung einer im Grunde falschen „Krankheits"annahme führt. Die gravierenden Folgen von Krankheitsbewußtsein auf die Dynamik von Krankheitsverläufen beginnen wir in ihrer Tragweite erst zu verstehen.

Leistungsziffern der therapeutischen Gesprächsführung beinhalten eine Dokumentationspflicht. Auch hier droht im Detail die Gefahr der Verzerrung. Viele Gespräche in der Praxis, die den Charakter einer Art allgemeiner Lebensberatung tragen, erfüllen nicht den Tatbestand eines systematischen psychotherapeutisch orientierten Gesprächs im Sinne der Leistungsziffer. Unter dem Druck, das Leistungsniveau der Ziffer erreichen zu müssen, wird gewiß nicht selten, wenn auch vielleicht unbewußt oder in bester Absicht, dem Patienten eine Problematik „eingeredet", die im Grunde nicht besteht oder – zynisch gesehen – bisher so nicht bestand. Damit bleibt im Sinne des Patientenwohls die Chance ungenutzt, die sich wirklich hier auftut: Ein wesentlicher Sinn jener allgemeinen Gespräche mit dem Hausarzt liegt gerade darin, Probleme auf der Ebene einer quasi vormedizinischen, gleichwohl dennoch professionellen Bearbeitung abzufangen, um zu verhindern, daß aus Alltagsstreß Gesundheitsprobleme werden, und den Weg in Gesundheitswesen und Krankheitskarriere zu ersparen.

Ein weiteres Konfliktfeld ergibt sich aus der mangelnden Berücksichtigung des Zeitfaktors im Honorierungssystem. Der Hausarzt verdient durch Anhäufung möglichst vieler Einzelleistungen in möglichst kurzen Zeitabschnitten. Gerade in seinem Tätigkeitsfeld ergeben sich jedoch typischerweise Situationen, die Zeit erfordern, ohne sich mit Leistungen anfüllen zu lassen, und somit im Vergütungssystem keine angemessene Berücksichtigung finden. Das bloße Verweilen beim

Schwerkranken, beim Sterbenden, die Anwesenheit des Arztes beim oft einsamen alten Patienten, Beratungen über Kranke mit Vertretern sozialer Hilfsdienste, mit weiterbehandelnden Kollegen oder eine abwägende reflektierende Konsultation ohne Termindruck sind zeitaufwendige, dennoch notwendige, ja essentielle hausärztliche Leistungen. Der Wunsch, sie zu erfüllen, wird jedoch mit einem unwürdigen Zwang zum Abwägen zwischen ego- und altruistischen Interessen und ihre Erfüllung selbst mit materiellen Einbußen bestraft.

Die Vergütung nach Einzelleistungsprinzip schließt auch den Grundsatz ein, die Qualität (haus)ärztlichen Handelns verhielte sich proportional zum Leistungsaufwand (im fachgruppendurchschnittlichen Rahmen). Sie läßt dem Arzt, dessen wirtschaftliches Wohlergehen durch die Summe seiner Einzelleistungen bestimmt wird, keinerlei Gestaltungsraum für eine ihm bei bestimmten Patientenbegehren, -anliegen und gesundheitlichen Störungen angemessen erscheinende Leistungsunterlassung. Nicht jeder Thoraxschmerz bedarf eines Belastungs-EKGs, und kein Gallenstein wird durch wiederholte sonographische Darstellung verändert. Verändert aber wird auch hier das Bewußtsein des Patienten. Die zutiefst ethische Verfehlung zu aufwendiger bis überflüssiger Leistungserbringung liegt in der Gefahr der Somatisierung und Chronifizierung von Beschwerden zu Leiden. Die theoretische, praktische, epidemiologische und nicht zuletzt ökonomische Bedeutung dieses iatrogenen Morbiditätszuwachses kann m.E. nicht hoch genug eingeschätzt werden und erfährt keineswegs die ihr zustehende Beachtung oder gar Bearbeitung.

Die Wettbewerbssituation, in der der Hausarzt sich – auch hier wieder mehr als andere ambulante Fachkollegen – gestellt sieht, wird nicht nur durch Ärztedichte, sondern auch durch eine Fülle konkurrierender Gesundheitsangebote außerhalb des medizinischen Versorgungssystems, etwa in Form von Gesundheitsläden, Fitneßkursen, Heilpraktikern und Psychoszene, bestimmt.

Ärztliche Fach- und Interessenverbände haben dieses Problem erkannt und schulen den Kollegen im erfolgreichen Praxismanagement. Dabei dominiert die Zielsetzung der Gewinnoptimierung, aufgebaut auf der Fähigkeit, die Praxis als ansprechendes Serviceleistungssystem und sich selbst als erfolgssicheren Anwender einer technisch starken Medizin zu verkaufen. Auf diese Weise wird ein Arzttyp produziert und präferiert, der in perfektionistischer Manier den Mitteleinsatz seines Unternehmens betreibt, entscheidungsfähig ist und unanfechtbar funktioniert. Er bietet jedoch dem Patienten kaum echte Auseinandersetzungfläche. Seine Persönlichkeit tritt zurück hinter einem perfekt anmutenden Management der Krankheit. Dieser Doktor ist kaum jemals menschlich greifbar und spürbar, er fordert nicht heraus, konfrontiert den Patienten nicht, nimmt alles entgegen und setzt es in medizinische Leistungsvorgänge um. Daher rührt das sonderbar Abweisende dieser Haltung. Es verkennt, daß Glaubwürdigkeit und Überzeugungskraft des Arztes gerade aus mitmenschlicher Gleichheit mit dem Patienten, Erschütterbarkeit, Anfechtbarkeit, eigener Versehrbarkeit und Verletzlichkeit herrühren, die zuzulassen, darzustellen und einzubringen Besinnungsräume und Zeit kostet. So besteht die Gefahr, daß mit dem hetzenden Arbeitsstil die Anamnese hinsichtlich bestimmter Symptome unvollständig bleibt und daß, sehr wohl auch bei Einsatz psychisch orientierter Leistungsziffern, das existentiellideelle Anliegen des Kranken medikalisiert und damit seines eigentlichen Gehaltes beraubt wird. Der typische Bereich der Erstkonsultation, jener sensible Einstieg, in dem noch jede Entwicklung der Situation in allen Richtungen, einschließlich einer Zurückverweisung zur ausschließlich eigenständigen Verarbeitung durch den Patienten, möglich ist, ist hiervon besonders betroffen. Insgesamt wird hier eine, gewiß in Maßen zumutbare, Toleranzgrenze für Kompromisse fraglos überschritten, indem der Arzt schlicht zu oft gezwungen ist, Unterlassung und Erbringung seiner Leistungen wider besseres Wissen zu verteilen, und das oft zu Lasten des hilfesuchenden Patienten.

So bleiben vermutlich Versorgungsbedürfnisse unerfüllt, bleibt ein freier Entfaltungsspielraum für ärztlichen Sachverstand, für Erfahrung, aber auch für Kreativität und Phantasie unausgeschöpft. Damit werden zugleich wertvolle Quellen der Erkenntnis, z.B. über die reale Morbiditätsgestaltung in der Primärversorgung, über echte Versorgungsbedürfnisse und Bedarf, über natürliche Krankheitsverläufe, Krankheitsvorstellungen der Patienten, aber auch effektive Beratungskonzepte und vieles mehr verschlossen.

Ethische Aspekte in der Medizin betreffen nicht nur die exponierten Fragen von Gentechnologie, Sterbehilfe und Schwangerschaftsabbruch. Sie betreffen auch eine epidemiologisch und wirtschaftlich eminent bedeutungsvolle „Alltagsethik" der Hausarztpraxis. Ihre Versäumnisse, sofern sie aus dem Konflikt zum Wirtschaftlichkeitsgebot herrühren, lassen sich unter den hier dargestellten Aspekten schlagwortartig als Transformation von Beschwerden in Krankheit zusammenfassen.

Wäre nicht doch ein zumindest in Grenzen einzelleistungsneutrales Vergütungssystem der bessere Weg einer Qualitäts- und damit nicht zuletzt Wirtschaftlichkeitsverbesserung? Es hielte dem Arzt den Rücken frei für das Erreichen eines wirklich ärztlichen Entscheidungsniveaus, in das er seine wahren Eindrücke über Patienten zu deren Nutzen einbringen kann, in dem sich Wissen, Können und Intuition frei entfalten und das offenhielte für neue Erfahrungen und Erkenntnisse, deren die Medizin gerade aus dem hausärztlichen Versorgungssektor dringend bedarf.

Laaser:

Ich möchte noch einmal auf das Verhältnis zwischen Entscheidungsethik bei der Ressourcenallokation und Prozeßethik zurückkommen. Zum ersten Bereich habe ich einiges zu sagen versucht, zu dem zweiten paßt das Stichwort der Motivation aus der WHO-Philosophie. Wie werden Rahmenbedingungen ausgefüllt? Geschieht das unter Beteiligung, unter Mitwirkung des Patienten, des Betroffenen, oder über ihn hinweg? Es könnte ja sein, daß unter rein zweckrationalen Gesichtspunkten eine Entscheidung „von oben" über die Köpfe hinweg viel wirksamer und schneller zustande kommt als eine unter Mitbeteiligung. Der Prozeß der Umsetzung und Ausführung erfordert normative Vorgaben und Festlegungen. Diese geschahen früher durch religiöse Übereinstimmung, auch durch Ideologien, heute, in einer offenen, demokratischen Gesellschaft, kann die axiomatische Festlegung von Vorgaben ethischer Relevanz eigentlich nur über einen demokratischen Diskussions- und Entscheidungsprozeß zustande kommen. Das impliziert letztlich Orientierung an den Werten der Betroffenen, und wenn man Veränderungen erreichen will, muß über Wertvorstellungen diskutiert werden.

Solches Vorhaben hängt m.E. ganz eng mit der Motivierbarkeit zusammen. Darum ist Gesundheitserziehung vielfach so ineffektiv verlaufen, weil sie mit dem Zeigefinger, mit Vorgaben, mit inhaltlichen Festlegungen, gerade auch von uns Ärzten her, propagiert worden ist und nicht auf den anderen, auf seine Vorstellungen, auf seine Motivierbarkeit, eingegangen worden ist. Es ist im Grunde ein ganz neues Diskussionsfeld: Wie kann ich jemand durch das Gespräch über seine Werte, seine Vorstellungen, seine Wünsche, seine Sehnsüchte motivieren? Und das gilt nicht nur für den Betroffenen, der zu einem gesundheitsgerechten Verhalten motiviert werden sollte, dies gilt natürlich auch für die Berufsgruppen. Wie müßte ich also beispielsweise, wenn ich die Ärzte motivieren wollte, präventiv tätig zu werden, mit den Ärzten reden? Da gibt es die klassische Strategie des finanziellen Anreizes, die im Moment nicht im Vordergrund steht, aber eine zweite Strategie habe ich schon öfter zur Diskussion gestellt. Die Ärzteschaft hat sich nicht immer in ihren Handlungen ökonomischen Zwängen unterworfen und von ihnen leiten lassen: Der oft gerühmte alte Hausarzt im vorigen Jahrhundert hat stark auch aus idealistischen Motiven gehandelt. Wenn schon von Hausarztmodellen die Rede ist – warum nicht heute der Ärzteschaft wieder die gesellschaftliche Relevanz, die fürsorgliche, die idealistische Relevanz ihres Handelns nahe bringen?

Erfahrungen mit dem Gesundheitsreformgesetz

R. Grupp

Das Gesundheitsreformgesetz ist jetzt fast 1½ Jahre in Kraft. Ich bin dankbar, daß das mir gestellte Thema nicht eine Bilanz des gesetzgeberischen Erfolgs verlangt, sondern bescheidener lautet: Erfahrungen mit dem Gesundheitsreformgesetz. Denn für eine Bilanz wäre es heute zu früh. Dies liegt v.a. daran, daß das Gesundheitsreformgesetz – mit Ausnahme der Regelungen, die die Leistungsansprüche der Versicherten betreffen – lediglich einen rechtlichen Rahmen für die Änderungen in unserem Gesundheitswesen vorgibt. Die Ausfüllung dieses Rahmens, die Umsetzung der Vorgaben des Gesetzgebers, ist Aufgabe der Krankenkassen und ihrer Verbände im Zusammenwirken mit den Vertragspartnern auf seiten der Leistungserbringer, also der Kassenärzte und -zahnärzte, der Krankenhäuser, der Apotheker und anderer. Dieser Umsetzungsprozeß ist auf manchen Gebieten aufgrund des Einsatzes der Selbstverwaltung mit Erfolg angelaufen. Die Festsetzung der Arzneimittelfestbeträge und die dadurch ausgelösten Preissenkungen bei einer großen Zahl von Medikamenten sind überzeugende Beispiele. In anderen Bereichen steht die Umsetzung der gesetzlichen Regelungen jedoch noch am Anfang, oder sie steht sogar noch gänzlich aus.

Vor diesem Hintergrund will ich versuchen, die bisherigen Erfahrungen darzustellen. Einleitend dazu sind die gesetzgeberischen Grundsatzentscheidungen noch einmal zu rekapitulieren. Denn unabhängig davon, ob man das Gesetz ablehnt, es bejaht oder es duldend erträgt, werden die Grundsatzentscheidungen im Gesundheitsreformgesetz die gesundheitspolitische Diskussion in den nächsten Jahren prägen.

Eigenverantwortung der Versicherten

Der Gesetzgeber hat sich für eine stärkere Eigenverantwortung der Versicherten und damit für eine teilweise Verlagerung bisher solidarisch finanzierter Leistungen in die private Finanzierung entschieden. Beispiele sind die erhöhten Zuzahlungen beim Zahnersatz, bei Fahrtkosten und bei nicht festbetragsfähigen Arzneimitteln im Rahmen von sozialen Härtegrenzen, die Einschränkungen beim Sterbegeld und bei ambulanten Badekuren sowie die Ausgrenzung von Bagatellarzneimitteln und Bagatellheilmitteln aus der solidarischen Finanzierung. Angesichts der gewaltigen finanziellen Herausforderungen des Gesundheitssystems in den 90er Jahren – Stichworte sind der wachsende Anteil älterer Mitbürger mit einem im Durchschnitt höheren Bedarf an Gesundheitsleistungen, die medizinisch-technische Entwicklung etwa im Bereich der Transplantation, der wachsende Bedarf an pflegerischen Leistungen, der Pflegenotstand in den Krankenhäusern – wird jede künftige Bundesregierung, auch eine von der heutigen Opposition getragene, im Grundsatz die Linie der Ausgliederung von kleinen Risiken aus der Solidarfinanzierung nach meiner Einschätzung beibehalten müssen.

Grundsatz der Beitragssatzstabilität

Der Gesetzgeber hat sich für den Grundsatz der Beitragssatzstabilität in der gesetzlichen Krankenversicherung entschieden, der allerdings dann eingeschränkt werden darf, wenn die notwendige medizinische Versorgung auch unter Ausschöpfen von Wirtschaftlichkeitsreserven ohne Beitragssatzerhöhungen nicht zu gewährleisten ist (vgl. Abbildung 1).

Die gesetzliche Regelung ist so offen formuliert, daß die seit jetzt 15 Jahren laufende strittige Diskussion, ob unser Gesundheitswesen auf längere Zeit bei stabilen Beitragssätzen leistungsfähig und auf dem heutigen Niveau bleiben kann, letztlich nicht entschieden ist. Wie schon in der Vergangenheit wird z.B. bei den Vertragsverhandlungen über die Vergütung der Ärzte oder der Krankenhäuser und in der konzertierten Aktion im Gesundheitswesen Jahr für Jahr entschieden werden müssen, welche Lösung im Spannungsverhältnis zwischen Ökonomie und medizinischer Expansion durchsetzbar ist. Noch weniger gibt der Gesetzgeber

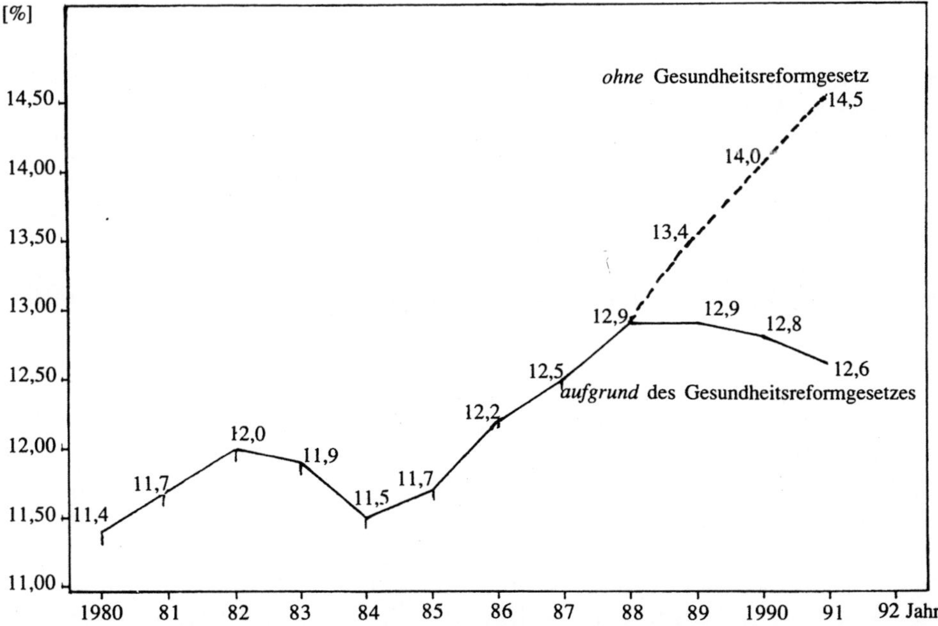

Abb. 1. Beitragssatzentwicklung für Pflichtmitglieder mit Entgeldfortzahlungsanspruch für 6 Wochen in der gesetzlichen Krankenversicherung 1980 bis 1991, Beitragssätze jeweils am Jahresanfang

verbindliche Entscheidungshilfen in den schwierigen Fragen, wo die gesamtwirtschaftlichen und v.a. die ethischen Grenzen der Medizin liegen.

Der Gesetzgeber hat die Medizin aber ausdrücklicher als bisher dazu verpflichtet, den Nachweis zu führen, daß neue medizinische Entwicklungen notwendig sind und – wenn ja – nur durch Beitragssatzsteigerungen und nicht durch Einsparungen an anderer Stelle finanziert werden können. Dies ist eine Absage an die in der Medizin teilweise noch anzutreffende Haltung, daß sie sich ökonomisch nicht zu rechtfertigen habe. Es ist auch eine Absage an eine ausschließlich auf Wachstum der Leistungen gerichtete Medizin, die nicht gleichzeitig die Frage stellt, ob nicht an anderer Stelle auf bisher finanzierte Leistungen verzichtet werden kann, weil sie medizinisch entbehrlich sind.

Der Grundsatz der Beitragssatzstabilität hat isoliert keine ethische Dimension. Wird er aber, wie in § 141 des Gesundheitsreformgesetzes, mit dem Auftrag an die Beteiligten verknüpft, die medizinische Entwicklung unter dem Aspekt ihrer Notwendigkeit im umfassenden Sinne, auch aus der Sicht der Patienten, sowie unter dem Aspekt der Entbehrlichkeit ineffizienter Leistungen gemeinsam zu bewerten, kann er Ausgangspunkt einer neuen Qualität der Diskussion gesundheitspolitischer Entwicklungen werden, die auch die ethischen Aspekte mit einschließt. Gemeinsame interdisziplinäre Gesprächsrunden wie hier in Bad Boll tragen dazu bei. Sie werden in Zukunft, so hoffe ich, eine immer größere Bedeutung erlangen.

Stärkung der Selbstverwaltung

Der Gesetzgeber hat sich in diesem Rahmen dafür entschieden, der gemeinsamen Selbstverwaltung von Kassenärzten und Krankenkassen weitreichende Entscheidungsmöglichkeiten über die künftigen Strukturen des Gesundheitssystems zu übertragen. Die Gestaltung der Vergütung kassenärztlicher Leistungen, die Neuordnung der Wirtschaftlichkeitsprüfungen in der kassenärztlichen und stationären Versorgung, die Gliederung der kassenärztlichen Versorgung in hausärztliche und fachärztliche Versorgung, die Ausgestaltung der ärztlichen Früherkennungsuntersuchungen, die Festlegung von Festbeträgen für Arzneimittel und Hilfsmittel, die Verteilung von medizinisch-technischen Großgeräten auf Krankenhäuser und niedergelassene Ärzte in den Großgeräteausschüssen, die Regelung der prä- und poststationären Versorgung, die Kündigung unnötiger oder unwirtschaftlicher Krankenhausbetten, der Aufbau flankierender Versorgungsstrukturen in der ambulanten Pflege sind nur Beispiele, die erweitert werden könnten. Noch niemals in der Geschichte der Krankenversicherung sind der Selbstverwaltung so umfangreiche und schwierige Aufgaben übertragen worden. Die zentrale Frage in den 90er Jahren liegt für mich darin, ob die Selbstverwaltung, ob insbesondere auch die Ärzteschaft bereit und in der Lage sein werden, diese Aufgaben trotz der zunehmenden Verteilungsprobleme zu bewältigen. Wenn ich die politischen Rahmenbedingungen in allen Parteien richtig einschätze, wird die Alternative nicht etwa die Rückkehr zum Liberalismus der 60er und der frühen 70er Jahre sein, sondern die sukzessive Übernahme der genannten Steuerungsaufgaben durch Staat und Gesetzgebung. Um es plakativ zu sagen: Die 90er Jahre sind die „Bewährungsprobe der Selbstverwaltung". Sie sind damit auch die Bewährungsprobe unseres derzeitigen Systems der Gesundheitsversorgung.

Neue Chancen für eine gestalterische Gesundheitspolitik

Der Gesetzgeber hat schließlich deutliche gesundheitspolitische Akzente in Richtung eines Umbaus der Leistungs- und Vergütungsstrukturen zugunsten von Gesundheitsvorsorge und Prävention, der pflegerischen Versorgung, der Rehabilitation und der Versorgung chronisch Kranker gesetzt. Diese Akzente sind noch vorsichtig und teilweise von Unsicherheit geprägt, beispielsweise im Hinblick auf die ungeklärte Frage eines künftigen Finanzierungsträgers für die Leistungen im Pflegefall.

Unsicher ist die Haltung des Gesetzgebers z.B. auch in der Frage der Gesundheitserziehung in den Schulen. Während es für die zahnmedizinische Prophylaxe einen ausdrücklichen Auftrag an die gesetzliche Krankenversicherung zur Finanzierung von Prophylaxemaßnahmen in Schulen und Kindergärten gibt, fehlt ein solcher Auftrag für den übrigen Teil der Medizin. Dabei wäre es sicher sinnvoll, wenn es zu gemeinsamen Konzepten von Schulen, Kassenärzten und Krankenkassen beispielsweise über die Gesundheitserziehung in den Fragen zur Ernährung, zu Sport, Rauchen, Alkohol und Drogen käme.

Ich hätte mir auch gewünscht, daß der Gesetzgeber im Zusammenhang mit den ärztlichen Früherkennungsuntersuchungen einen konkreten gemeinsamen Auftrag an Ärzte und Krankenkassen erteilt hätte, qualitätsgesicherte Angebote für verhaltenstherapeutische Maßnahmen für Risikopatienten aufzubauen, und zwar unter Einbeziehung der Ärzteschaft. Das jetzige Angebot an Kursen beispielsweise für die Raucherentwöhnung, zur Ernährungsberatung oder zur Streßbewältigung ist regional häufig zersplittert und trägt bei den Krankenkassen Züge der verbandspolitischen Profilierung einzelner Krankenkassen und Kassenarten, die für eine ärztliche Versorgung nicht immer hilfreich sind. Gesundheitsuntersuchungen in Arztpraxen werden auf die Dauer nur dann effizient sein, wenn der Arzt bei Vorliegen von Risikofaktoren nicht nur über den Rezeptblock oder den gehobenen Zeigefinger verfügt, sondern auch sinnvolle Hilfen zur Verhaltensänderung veranlassen kann. Dazu bedarf es eines qualitätsgesicherten Angebots an derartigen Maßnahmen.

Dennoch: Die gesetzgeberischen Grundentscheidungen für mehr Prävention, für mehr Pflege, für die Entwicklung besserer Angebote für chronisch Kranke, für mehr Rehabilitation und für mehr Qualitätssicherung bei den medizinischen Leistungen werden die Gesundheitspolitik der 90er Jahre prägen und die gesundheitspolitische Diskussion bestimmen. Wenn die Ärzteschaft, wenn die Krankenkassen, wenn Bund und Länder die jetzigen Ansätze entschlossen und verantwortungsbewußt aufgreifen, können die 90er Jahre auch zu einem Jahrzehnt der Wiederentdeckung einer gestalterischen Gesundheitspolitik werden.

Gesundheitspolitischer Erfolg zeigt sich erst in der Zukunft

Was die Akzeptanz des Gesundheitsreformgesetzes bisher belastet hat, ist die Tatsache, daß die Regelungen, die einen Beitrag der Versicherten zur Stabilisierung der Finanzlage der Krankenversicherung einfordern, sofort mit Inkrafttreten des Gesetzes wirksam wurden. Im Gegensatz dazu werden diejenigen Regelungen, die auf der Anbieterseite finanzielle Opfer verlangen oder die neue gesundheitspolitische Inhalte und die Umverteilung von Mitteln in unterentwickelte Versorgungsstrukturen zum Ziel haben, erst wirksam, wenn sie von den Krankenkassen und ihren Verbänden umgesetzt worden sind, und zwar durch vertragliche Vereinbarungen mit den Leistungserbringern oder durch Beschlüsse von Gremien der gemeinsamen Selbstverwaltung der Krankenkassen und der Ärzte.

Diese 2. Stufe der Umsetzung der gesetzlichen Vorgaben ist für den Erfolg der Gesundheitsreform von entscheidender Bedeutung. Denn die notwendigen Strukturveränderungen in der medizinischen Versorgung sind nur erreichbar, wenn auch die den Leistungsanbietern zugemuteten Opfer und die neuen gesundheitspolitischen Inhalte effektiv umgesetzt werden. Für die Akzeptation des Gesundheitsreformgesetzes ist diese zweite Stufe der Umsetzung von entscheidender Bedeutung.

Finanzieller Erfolg 1990

Der finanzielle Erfolg des Gesundheitsreformgesetzes im Jahr 1990, dem ersten Jahr nach dem Inkrafttreten, ist auch von den Kritikern des Gesetzes nicht mehr wegzudiskutieren. Das Statistische Bundesamt hat in Übereinstimmung mit der Bundesregierung den Überschuß der Krankenkassen im letzten Jahr mit 9 Mrd. DM quantifiziert. Erstmals seit fast 20 Jahren war die Ausgabenentwicklung in der gesetzlichen Krankenversicherung im vergangenen Jahr rückläufig. Der durchschnittliche allgemeine Beitragssatz in der gesetzlichen Krankenversicherung wird in diesem Jahr von 12,9% auf rd. 12,5% sinken (vgl. Abbildung 2).

Der Einwand, die finanziellen Entlastungen im vergangenen Jahr seien lediglich eine Widerspiegelung der Vorzieheffekte aus dem sog. Blüm-Bauch im Jahre 1988, trifft nicht zu. Wenn man diese Vorzieheffekte großzügig mit rd. 4 Mrd. DM veranschlagt, bleibt immer noch eine Nettoeinsparung durch die Gesundheitsreform von rd. 5 Mrd. DM.

Noch deutlicher wird der finanzielle Erfolg des Gesundheitsreformgesetzes im vergangenen Jahr, wenn man die tatsächliche Ausgabenentwicklung mit der Situation vergleicht, wie sie ohne das Gesundheitsreformgesetz eingetreten wäre. In diesem Falle wären die Ausgaben bei einer linearen Fortschreibung der Entwicklung der Vorjahre auf rd. 137 Mrd. DM angestiegen. Tatsächlich lagen die Ausgaben bei 123 Mrd. DM. Dies ist eine Differenz von rd. 14 Mrd. DM.

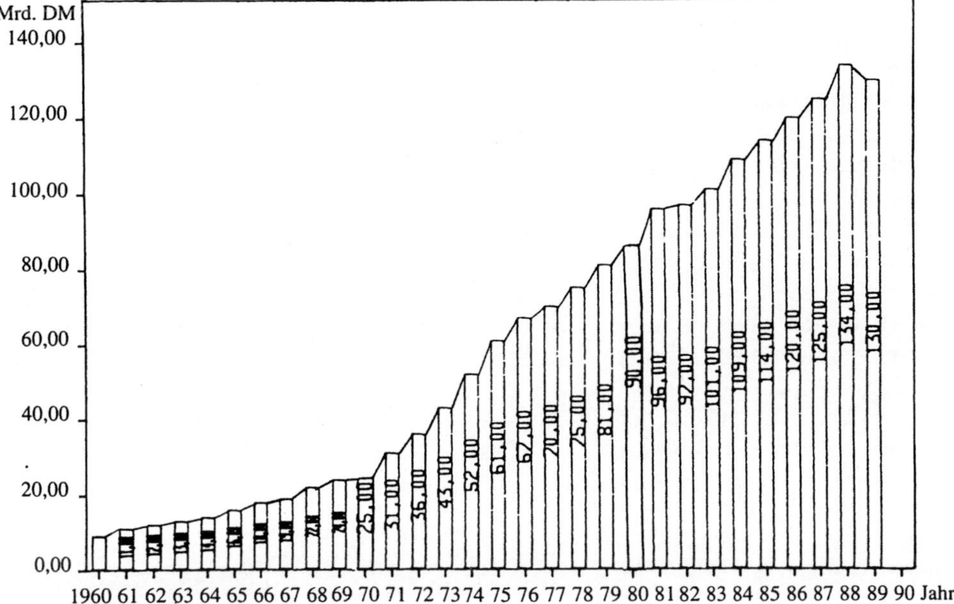

Abb. 2. Gesamtausgaben der gesetzlichen Krankenversicherung seit 1960. * Wert 1989 geschätzt.
(Quelle: Vordruck KJ 1)

Finanzielle Risiken

Dennoch ist Nüchternheit angebracht. Es darf nicht übersehen werden, daß die
weitere Entwicklung große finanzielle Risiken birgt.

- Vor allem im Krankenhausbereich stehen schon jetzt für dieses Jahr beitrags-
  wirksame Belastungen von rd. 3 Mrd. DM fest.
- Der Tarifvertrag für die Pflegekräfte vom 3. August 1989 bringt zusätzliche Kosten von rd. 1,3 Mrd. DM.
- Die volle Umsetzung der Arbeitszeitverkürzung belastet die Krankenhäuser
  mit rd. 360 Mio. DM.
- Die allgemeine Tariferhöhung für den öffentlichen Dienst wird eine Belastung
  von rd. 480 Mio. DM bringen.
- Der Zulagentarifvertrag vom Januar dieses Jahres wird die Krankenkassen etwa 640 Mio. DM kosten.
- Die vom Bundesarbeitsminister verordnete Verbesserung des Anrechnungs-
  schlüssels für Pflegeschüler, die rd. 5000 neue Pflegestellen schafft, wird zusätzliche Belastungen von rd. 300 Mio. DM verursachen.

Auch für die kommenden Jahre sind weitere Belastungen in den Krankenhäusern
absehbar. Insbesondere droht ein Pflegenotstand, wenn der Pflegeberuf bei einer
sich entspannenden Arbeitsmarktsituation in Konkurrenz zu anderen Berufen
stehen wird, die hinsichtlich der Arbeitsbedingungen, der Bezahlung und der individuellen Belastung attraktiver sind.

Die Krankenhäuser werden die Arbeitsbedingungen des Krankenpflegepersonals künftig drastisch verbessern müssen, wenn sie konkurrenzfähig bleiben wollen. Dies wird zu einer Verteuerung der Personalkosten in den Krankenhäusern auch in den kommenden Jahren führen.

Wir sind z.Z. dabei, eine Verordnung über den Bedarf an Ärzten, Pflegekräften und therapeutischem Personal in den psychiatrischen Krankenhäusern vorzubereiten. Wir kommen zum Ergebnis, daß die Verwirklichung einer modernen und den medizinischen Anforderungen entsprechenden Psychiatrie einen erheblich höheren Personalbedarf benötigen wird. Trotz der angespannten Situation werden wir noch in diesem Jahr eine Verordnung vorlegen, die etwa 5 000 zusätzliche Stellen in den psychiatrischen Krankenhäusern schaffen wird. Dies ist nur ein Beispiel dafür, daß der Krankenhausbereich in den kommenden Jahren weiter expandieren wird.

Zu einem großen Teil wird die weitere Entwicklung aber von der Gesamtverantwortung der Leistungserbringer und der Krankenkassen bestimmt sein. Im Zeichen der ersten finanziellen Erfolge der Gesundheitsreform, die weitgehend durch den finanziellen Beitrag der Versicherten erzielt worden sind, gibt es nachhaltige Versuche auf der Leistungserbringerseite, die entspannte Situation für ihre Interessen zu nutzen. Die Zahnärzte beispielsweise forderten im vergangenen Jahr eine Vergütungsverbesserung von rd. 9%. Auch wenn die Schiedsämter maßvoll entschieden haben, sie gestanden 2% zu, sind die expansiven Forderungen der Zahnärzte nicht vom Tisch.

Auch die niedergelassenen Ärzte scheinen nicht mehr bereit zu sein, sich wie in den vergangenen Jahren einer strikten Grundlohnbindung zu unterwerfen. Sie fordern nachhaltig die Durchlöcherung des Honorardeckels und die volle Rückkehr zur möglichst ungedeckelten Einzelleistungsvergütung. Ein weiteres Beispiel aus der jüngsten Vergangenheit sind die Forderungen der Hebammen. Der zuständige Ausschuß des Bundesrates hat auf Druck der Hebammen eine Erhöhung der Gebühren der freiberuflichen Hebammen um insgesamt fast 50% vorgeschlagen.

Auch die Widerstände der pharmazeutischen Industrie gegen die weitere Festlegung von Festbeträgen für Arzneimittel wachsen. Bisher hat die Selbstverwaltung entschlossen gehandelt. Die bisherigen Festbeträge decken aber lediglich etwa 25% des Arzneimittelumsatzes der gesetzlichen Krankenversicherung ab. Der Gesamterfolg wird deshalb nur eintreten, wenn der bisherige Kurs entschlossen weiterverfolgt wird.

Auch im politischen Bereich entsteht zunehmend der Eindruck, als ob der Bundesarbeitsminister zum einsamen Rufer in der Wüste würde. Vor allem die Sozialpolitiker der Länder fordern Verbesserungen bei den Leistungen der Krankenversicherung im Bereich der Pflege ein. Ganz ungeniert wird dabei häufig die Absicht verfolgt, den Sozialhilfehaushalt auf Kosten der gesetzlichen Krankenversicherung in Milliardenhöhe zu entlasten.

Weitere Reformfortschritte sind notwendig

Angesichts der genannten expansiven Tendenzen muß eine nüchterne Zwischenbilanz zum Ergebnis kommen, daß das Gesundheitsreformgesetz nur ein erster Reformschritt war, dessen Erfolg keineswegs gesichert ist. Der politische Wille zu einem längerfristigen Stabilitätskurs in der gesetzlichen Krankenversicherung ist keineswegs allgemein vorhanden. Zentrale Strukturprobleme sind nach wie vor ungelöst. Sie werden die GKV weiter belasten und werden Reformdruck auslösen.

Die Probleme liegen nach meiner Einschätzung nicht mehr bei der Nachfrage nach Gesundheitsleistungen. Hier hat das Gesundheitsreformgesetz mit der entschlossenen Ausgrenzung von Bagatelleistungen und der Einführung von Zuzahlungen, die am Einkommen der einzelnen Versicherten orientiert und damit verträglich sind, dauerhafte Strukturelemente eingeführt.

Nach meiner Einschätzung wird es in den kommenden Jahren nicht mehr prinzipiell um die Frage gehen, ob in einer Wohlstandsgesellschaft bei der Inanspruchnahme bestimmter Gesundheitsgüter eine Zuzahlung zumutbar ist. Meines Erachtens wird es nur noch darum gehen, ob die maximale Zuzahlungsgrenze bei 2 % des Einkommens oder bei einer anderen Marke liegen wird. Anders erscheint mir die Situation auf der Anbieterseite. Hier gibt es auch in grundsätzlichen strukturellen Fragen noch keine Entscheidung der Politik und des Gesetzgebers. Ich nenne nur folgende 4 Beispiele.

Ungelöste Probleme im kassenärztlichen Bereich

Die Zahl der niedergelassenen Ärzte steigt nach wie vor kontinuierlich an. Derzeit gibt es keine konsensfähigen Konzepte, wie die daraus entstehenden Qualitätsprobleme und die Probleme der Finanzierbarkeit, die sich v.a. aus der von der Ärzteschaft nach wie vor propagierten Einzelleistungsvergütung ergeben, dauerhaft gelöst werden könnten. Die Versuche, die Zahl der Studenten zu reduzieren, werden für die vor uns liegenden 10 Jahre zu spät kommen. Die Bemühungen im Zusammenhang mit dem Facharzt für Allgemeinmedizin stoßen auf Hürden im EG-Recht. Die Einzelleistungsvergütung, die massive ökonomische Anreize zugunsten einer medizinisch zweifelhaften Mengenexpansion setzt, scheint weiterhin tabuisiert zu sein. Weder die Selbstverwaltung noch der Gesetzgeber haben bisher plausible Konzepte für ein alternatives Vergütungssystem.

Trennung von ambulanter und stationärer Versorgung

Der Graben zwischen stationärer und ambulanter Versorgung besteht auch nach dem Gesundheitsreformgesetz weiter. Die Selbstverwaltungen der Krankenhäuser, der Kassenärzte und der Krankenkassen haben es bisher nicht geschafft, Vereinbarungen beispielsweise über die vorstationäre Diagnostik und die nachstationäre Behandlung zu treffen, obwohl die Notwendigkeit im Grundsatz unumstritten ist. Unnötige Krankenaufnahmen und zu lange Verweildauern in den Krankenhäusern gehören nach wie vor zum Alltag unseres Gesundheitswesens.

Ineffiziente Krankenhausstrukturen

Die Struktur der Krankenhausversorgung ist nach wie vor von ökonomischen Fehlsteuerungen geprägt, die sich aus der dualen Finanzierung, dem Selbstkostendeckungsprinzip und dem Mangel an krankenhausentlastenden Versorgungsangeboten ergeben.

Etwa 20% der Akutbetten, das sind etwa 85000 Betten, werden derzeit mit Patienten belegt, die in Wirklichkeit ein anderes und in aller Regel kostengünstigeres Versorgungsangebot benötigen, insbesondere Pflege und Rehabilitation.

Wenn es in den nächsten Jahren nicht gelingen sollte, zu einer sozialen Absicherung des Risikos Pflege zu kommen, wird der Druck auf die Krankenhäuser, Pflegefälle aufzunehmen oder zu behalten, noch zunehmen. Mir erscheint es nicht realistisch, anzunehmen, daß die Länder, die für die Gestaltung der sozialen Infrastruktur zuständig sind, kurzfristig die notwendigen Versorgungsangebote im Bereich der ambulanten Pflege und anderer krankenhausentlastender Einrichtungen schaffen werden. Nach wie vor dominiert die Planung des Krankenhausbereichs.

Probleme der Krankenkassenstruktur sind ungelöst

Ein weiteres ungelöstes Problem stellt sich bei der Organisationsstruktur der Krankenkassen. Die Risikostrukturen der Kassen und der Kassenarten sind unterschiedlich; die Beitragssatzunterschiede sind in ihrem Ausmaß sozial bedenklich; die Gleichbehandlung von Arbeitern und Angestellten ist nicht gewährleistet; die sich aus den ungleichen Strukturen ergebenden Wettbewerbsverzerrungen fördern nach wie vor einen ineffizienten Wettbewerb, der medizinisch und gesundheitspolitisch häufig kontraproduktiv ist.

Künftige Aufgaben des Gesetzgebers

Der Gesetzgeber wird deshalb nach meiner Einschätzung trotz des Gesundheitsreformgesetzes auch in den kommenden Jahren gefordert sein. Unausweichlich werden gesetzgeberische Initiativen im Krankenhausbereich, bei der Organisationsstruktur der Krankenversicherung und bei der sozialen Absicherung des Risikos der Pflegebedürftigkeit sein.

Für den Krankenhausbereich hat der Bundesminister für Arbeit und Sozialordnung seine Vorschläge im vergangenen Jahr vorgelegt. Sie zielen v.a. auf die Entwicklung von neuen Entgeltformen mit einer preisähnlichen Steuerungswirkung und auf die Unterstützung krankenhausentlastender Versorgungsstrukturen zum Abbau der Fehlbelegung hin.

Die Reform der Krankenkassenstrukturen wird geprägt sein durch das Ziel der Gleichbehandlung von Arbeitern und Angestellten bei der Wahl ihrer Krankenkasse, durch das Ziel der Verringerung von Beitragssatzunterschieden und durch das Ziel einer gerechteren Verteilung von Risikostrukturen.

Bei allen gesetzgeberischen Initiativen wird die Grundsatzfrage, inwieweit eine Beitragssatzstabilität ökonomisch notwendig und medizinisch vertretbar ist, immer wieder neu zu stellen sein. Vor allem eine Entscheidung über die soziale Absicherung des Risikos der Pflegebedürftigkeit wird in diesem Punkt zur Nagelprobe der Politik werden. Die Botschaft einer ersten Zwischenbilanz nach 1 1/2 Jahren Gesundheitsreform kann m.E. nur lauten: Die Reformdiskussion ist keineswegs am Ende. Sie scheint mir vorerst abgeschlossen zu sein hinsichtlich der möglichen Leistungseinschränkungen auf seiten der Versicherten. Sie steht uns aber noch bevor bei den notwendigen Veränderungen auf der Leistungserbringerseite und bei der weiteren Entwicklung der gesundheitspolitischen Inhalte der Reform.

Diskussion 6

Zollner:
Im 4. Quartal 1987 wurde die neue ärztliche Gebührenordnung, der sog. EBM, eingeführt, und diese Maßnahme war nur möglich mit der Zusage an die Krankenkassen, das Honorar zu deckeln. Damit war die Forderung und der Wunsch verbunden, nach einer gewissen Übergangszeit den Deckel wieder herunterzubekommen. Damit verbunden war auch eine Zusage des Bundesarbeitsministers Blüm, etwas für die Regelung des Zugangs zur kassenärztlichen Versorgung zu tun. Es ist also durchaus legitim, wenn die kassenärztlichen Vereinigungen in den Verhandlungen versuchen, den Deckel zu lüften und möglichst viel aus dem Topf herauszubekommen. Es ist teilweise gelungen, die Vorsorgeleistungen, die ja nicht begrenzt werden sollen, im Gegenteil, aus diesem Topf herauszubekommen und zu honorieren. Es gibt in der letzten Zeit Verhandlungen, daß Leistungen, die nicht willkürlich vermehrbar sind, wie z.B. Operationen (wer läßt sich schon gerne freiwillig operieren?), ebenfalls herauszubekommen. Die Kassen haben natürlich panische Angst, daß es wieder in die Leistungsentwicklung geht, wenn der Deckel wegfällt. Wenn auf der einen Seite budgetiert wird, und dies geschieht mit einer fest vorgegebenen Kopfpauschale, und auf der anderen Seite der freie Zugang zu diesem System belassen wird, kommt es irgendwann zu Überdruck, und dann muß der Topf platzen. Es muß also etwas getan werden.

Laaser:
Herr Grupp, Sie haben den Erfolg des Gesundheitsreformgesetzes an den eingesparten Milliarden festgemacht. Das ist einfach nicht ausreichend. Es ist doch notwendig, diese Einsparungen zu irgendwelchen Erfolgsparametern in Bezug zu setzen, die den Gesundheitszustand der Bevölkerung betreffen. Man muß sagen können, daß die Einsparung den Gesundheitszustand nicht beeinträchtigt oder gar verbessert hat, weil Fehlleistungen, wenn man so will, eingespart worden sind. Diese Orientierung der Diskussion fehlt mir, zumindest als Anspruch, wenn sie schon methodisch oder von der Datenlage her nicht einzulösen ist. Wenn letzteres der Fall wäre, dann müßte man in eine Verbesserung der Informationsstruktur (Stichwort Gesundheitsberichterstattung) investieren. Die Stabilität allein kann kein Kriterium auf dieser konzeptionellen Ebene sein; im Gegenteil, wenn es so wäre, dann müßte die Erhöhung von Investitionen in einem Bereich zu Verteilungskonflikten führen. Solange Stabilität eine Vorgabe ist, muß man Verteilungskonflikte in Kauf nehmen.

Schäfer:
Ich möchte Herrn Laaser unterstützen. Es kann nicht ausschließlich ein Erfolg des Gesundheitsreformgesetzes gewesen sein, im Jahr 1989 9 Mrd. DM Überschuß erzeugt zu haben. Nicht angesprochen wurde z.B. die wirtschaftliche Entwicklung. Die AOK Esslingen hat 1989 17,3 Mio. DM Überschuß erreicht, allerdings auch 16 Mio. DM mehr an Beiträgen eingenommen. Meine Frage deshalb: Wie sind die Ausgaben für das Gesundheitswesen insgesamt im Jahr 1989 gegenüber dem Vorjahr gestiegen? Denn die Aufwendungen sind nach wie vor gestiegen, nur wurde die Verteilung zwischen Krankenkassen und Versicherten anders vorgenommen.

Grupp:
Im ärztlichen Bereich ist die Kardinalfrage des Vergütungssystems ungelöst. Man muß ja ehrlich sein: Der Deckel pervertiert das Einzelleistungssystem. Die gedeckelte Einzelleistungsvergütung ist eine kurzfristige Notlösung, keine Dauerlösung. Das wissen alle, das weiß auch die Politik, und dennoch ist diese Frage bislang tabuisiert. Die Ärzte und ihre Selbstverwaltung wagen sich nicht vor; die Politik ist auch nicht mutiger – bisher gibt es keine konsensfähigen Konzepte. Wenn dieses Problem nicht zu lösen ist, werden wir auch in den nächsten Jahren eine Expansion mit gesundheitspolitisch und ökonomisch fragwürdigen Auswirkungen haben.

Zum Erfolg des Gesundheitsreformgesetzes: Beitragssatzstabilität und der finanzielle Erfolg sind ein Ansatz, der auch eine ethische Dimension hat. Wie dadurch der Gesundheitszustand beeinflußt wird, ist an der Frage der kleinen Gesundheitsrisiken nicht richtig festgemacht. Für mich ist es ethisch begründbar, die Sicherung der großen Risiken zu verbessern, indem das Solidarsystem von kleinen Risiken entlastet wird. Wir haben nach unserer Einschätzung – je nachdem, wie man den „Blümbauch" quantifiziert – 14 Mrd. mehr für gesundheitspolitisch wichtige Aufgaben. Ein Teil wird in die Pflege gehen. Ich setze mich sehr dafür ein, daß wir auch mehr im Bereich der Prävention tun. Wir machen einen Vorstoß in Richtung stationärer Psychiatrie. Mir scheint es schon mitteilenswert, auch aus ethischer Sicht, daß man einen großen Betrag eingespart hat und damit Finanzierungsspielräume für gesundheitspolitische Schwerpunkte schafft. Wogegen ich mich wehre, ist, daß diese Spielräume für Einkommensverbesserungen ausgegeben werden. Da besteht nun wirklich kein Handlungsbedarf. Bei den Zahnärzten und bei den Ärzten besteht im Augenblick keine Notwendigkeit, Einkommen zu verbessern. Die Aufgabe wird darin liegen, die Einsparungen, die für mich einen gesundheitspolitischen Stellenwert haben, in die richtigen Schwerpunktbereiche zu lenken. Für mich sind dies die Psychiatrie, die Pflege, die Pflege in Krankenhäusern.

Künschner:
Mir scheint die Gefahr zu bestehen, daß wir die entscheidenden Rationierungsschritte (nicht nur Rationalisierungsschritte) in einem Bereich tun, den wir am besten außerhalb der Öffentlichkeit halten können, nämlich in der ärztlichen Selbstverwaltung, nicht auf der individuellen ärztlichen Entscheidungsebene, nicht auf der politischen Ebene. Im Blick auf die ärztliche Selbstverwaltung ist noch einiges

an Aufklärungsarbeit gegenüber der Öffentlichkeit zu tun. Verfahren und Institutionen bedürfen der Strukturierung und Legitimation. Denn wenn es um Rationierung geht, dann geht es auch um demokratische Legitimation derer, die rationieren.

Arnold:

Ich fand die Anmerkung von Herrn Laaser zur Beurteilung von Gesundheitseffekten nicht ganz fair: Wir sind ja schon froh, daß wir die Ausgaben kennen; Ziffern, die uns erlauben würden, die Effekte zu messen, haben wir nicht.

Ich möchte gerne auf die Verzahnung von ambulant und stationär eingehen. Ich habe 1987 auf dem Deutschen Krankenhaustag einen Vortrag über dieses Thema gehalten. Im Unterschied zu manchem anderen, was ich geschrieben und vorgetragen habe, halte ich die dort vorgenommene Analyse für unverändert zutreffend: Ich kenne kein System einer Anstaltsarztversorgung, in dem die Verzahnung so funktioniert, wie man sich das wünscht. In unserem Versorgungssystem liegt die Ursache in der Struktur des ärztlichen Leistungsangebotes: Wenn man niedergelassene Ärzte auf der einen und Klinikärzte auf der anderen Seite hat, dann wird man unter den gegebenen ökonomischen Anreizen nie erreichen können, daß die Verzahnung sich wesentlich verbessert. Die Verzahnung funktioniert besser in den Systemen, in denen eine personelle Identität von ambulanter und stationärer Versorgung existiert, also in Belegarztsystemen. Was die angeblich bessere Verzahnung in der DDR angeht, so möchte ich dafür wirkliche Beweise sehen. Von ambulant tätigen Ärzten, z.B. von Ärzten in Außenstellen von Polikliniken, die kaum über eine Möglichkeit verfügten, selbst Diagnostik zu betreiben, weiß ich, daß die Verzahnung in der DDR nicht besser funktionierte als bei uns. Wenn sie für einige Beobachter besser zu funktionieren scheint, dann deshalb, weil im ambulanten Bereich ein großer Mangel an diagnostischen Möglichkeiten besteht. Wir müssen also vorsichtig sein und nicht schon aus dem Begriff "Poliklinik" schließen, daß dies eine bessere Verzahnung bedeutete. Dann wäre das Problem z.B. in den Universitätskliniken bei uns ja ideal gelöst; auch dafür gibt es aber keine Beweise. Die Lösung der Problematik, nein: die Verbesserung der Situation kann nur durch einen Ausbau des Belegarztsystems oder eine Verlagerung der gebietsärztlichen Tätigkeit in das Krankenhaus erreicht werden.

Stein:

Herr Grupp, Sie sagten, daß trotz aller Stabilisierungstendenzen der medizinische Fortschritt bezahlbar bleiben muß und daß deshalb die Ärzte oder Leistungserbringer in Zukunft stärker gezwungen sein werden, nachzuweisen, daß ihr Tun wirklich effektiv ist. Bezieht sich das nur auf neue medizinische Maßnahmen oder auch auf die vielen kurativen, die im Gegensatz zu den präventiven in ihrer Effektivität fast nie angezweifelt werden? Können Sie dafür Beispiele nennen? Mir fällt eines ein, nämlich operative Leistungen. Die amerikanischen Krankenversicherungen fordern z.T. obligatorisch die „second opinion", ehe sie überhaupt eine Operation genehmigen, weil zu oft unnötig operiert wird.

Laaser:

Herr Arnold, ich weiß, daß Sie das Prinzip der Angebotssteuerung vertreten und die Effekte für weniger wichtig halten. Ich habe das auf einer etwas prinzipielleren Ebene verstanden. Mir ist auch klar, daß man diese Effekte nicht nach einem Jahr messen kann. Obwohl ich es, wenn ich es mir genau überlege, gar nicht für unmöglich hielte, z.B. die Realisierung des Gesundheitschecks durch Ärzte in seiner Zurverfügungstellung allein – ich will noch gar nicht sagen, in seinen Auswirkungen – zu bewerten. Ich habe mir sagen lassen, er wäre gar nicht so umfangreich durchgeführt worden, wie es von vielen verbalen Aussprüchen der Ärzteschaft her eigentlich zu erwarten gewesen wäre. Das ist doch auch eine Evaluation. Ich will aber nicht in die Einzelheiten gehen, sondern mir ging es darum, daß überhaupt die Dimension in die Diskussion eingeführt werden muß, daß sich das Gesundheitssystem an seinen Effekten, an seinen Zielen messen läßt. Man kann das doch nicht mit Angebotssteuerung machen.

Grupp:
Ich sehe das Problem, daß wir eine Fülle von Aufgaben von eminenter gesundheitspolitischer Bedeutung auf die Selbstverwaltung, d.h. auf die Verbände übertragen haben. Sie treffen in Verträgen Regelungen, die häufig eine viel größere Bedeutung als das haben, was wir in großer Öffentlichkeit, im Bundestag oder im Bundesrat gesundheitspolitisch diskutieren. Ich kann als Antwort nur geben: Stärkung und bessere Verankerung mit der Konzertierten Aktion im Gesundheitswesen. Das ist, durch das Reformgesetz aktiviert, das Gremium, in dem Öffentlichkeit hergestellt ist und in dem auch die Selbstverwaltung ihre Entscheidungen transparent begründen muß. Die Ärzte, die in der Gesamtvergütung einen überproportionalen Zuwachs verlangen, werden und müssen dieses im Rahmen der Konzertierten Aktion begründen. Vielleicht komme ich an dieser Stelle auf Frau Stein zurück. Die gesetzlichen Kriterien sind da offen, aber sie verlangen eine medizinische Begründung für überproportionale Zuwächse. Wenn z.B. die Ärzte kämen und sagten, die Zahl der Ärzte nehme zu, die Zahl der Einzelleistungen nehme zu, deshalb brauche man eine höhere Vergütung, dann würde ich entgegnen, daß dies keine Begründung für eine medizinische Notwendigkeit sei, sondern ein Beleg für Verteilungsprobleme. Das Gesetz und die heterogenen Interessen der Konzertierten Aktion infolge ihrer Zusammensetzung zwingen dazu, daß derjenige, der mehr Ressourcen für sich reklamiert, unter einen stärkeren medizinischen Begründungszwang kommt. Er wird gefragt: Ist dies medizinisch und auch von der Gesamtsituation her richtig? Eine solche Diskussion kann auch zu ethischen Fragestellungen führen.

Schlußforum

AOK-Bundesverband

G. Bauer

Der Beitrag von Herrn Grupp vom Bundesarbeitsministerium zu den Auswirkungen des Gesundheitsreformgesetzes reizt an sich auch zu einer Stellungnahme aus der Sicht der Krankenversicherung. Für die Intention dieser Veranstaltung sind m.E. jedoch weniger die konkreten Einzelergebnisse als vielmehr die dahinterstehenden Absichten und Begründungen von Interesse. Ich möchte daher auf diese wie andere offene Einzelfragen jetzt nicht mehr eingehen, sondern für das Schlußforum bewußt noch einmal vom Grundsatz her pointieren und auch provozieren.

Alle Beiträge dieser Tagung haben versucht, ethische Ansprüche und ökonomische Nutzenentscheidungen in Einklang zu bringen, also Ethik und Ökonomie miteinander zu versöhnen. Das kennzeichnet natürlich zunächst einmal eine erlebte Widersprüchlichkeit, ein moralisches Unbehagen gegenüber den ökonomischen Prinzipien, die unser gesellschaftliches Leben durchdrungen haben, auch die Gesundheits- und Sozialpolitik. Es kennzeichnet aber auch den längst in Gang gesetzten Prozeß, die sozialpolitische und gesundheitspolitische Intervention in die Mechanismen des Marktes bezüglich seiner unerwünschten sozialen Begleiterscheinungen wiederum mit eben diesen Mechanismen des Marktes zu steuern: So jedenfalls kommt mir die in Wissenschaft und Politik verbreitete Wettbewerbsideologie für die soziale Krankenversicherung und das Gesundheitswesen vor.

Der Prozeß dahin ist mit der personellen und sachlichen Ausweitung der Krankenversicherung von Anfang an in Gang gekommen. Die damit verbundene Ökonomisierung, die Etablierung eines ganzen Wirtschaftszweiges mit eigener Dynamik unabhängig von der tatsächlichen Morbiditätsentwicklung in ihrer Quantität und Struktur und die wachsende volkswirtschaftliche Relevanz des Gesundheitsmarktes haben längst das eigentliche Prinzip der Hilfe für den Benachteiligten und Kranken, also für den gesellschaftlichen Ausnahmefall, zugunsten der Regulierung der Funktionsweise gesellschaftlicher und wirtschaftlicher Regelfälle verdrängt. So geht es vorrangig um die Existenz gesellschaftlicher Institutionen, um wirtschaftliche Entwicklungen und ganz bewußt um die Gesunden; denn diese sind z.B. das Objekt der wettbewerblich orientierten Krankenversicherung. Zunehmend ist in diesem ganzen Sektor nicht mehr von Krankheit, sondern von Gesundheit, von dem gesellschaftlich gewollten Normalfall die Rede. Er, der Kranke, wird auf Selbstverantwortung verwiesen, um die Gesunden, die Produktiven zu entlasten. Damit aber ist der Schritt zum Vorwurf der Schuldhaftigkeit des Kranken nicht mehr groß, der nicht nur in seiner ethischen Dimension, sondern auch in der praktischen Umsetzungsmöglichkeit das Prinzip der Sozialversi-

Ausgaben und Fälle je Mitglied der GKV (einschließlich Rentner, Index 1975 = 100)

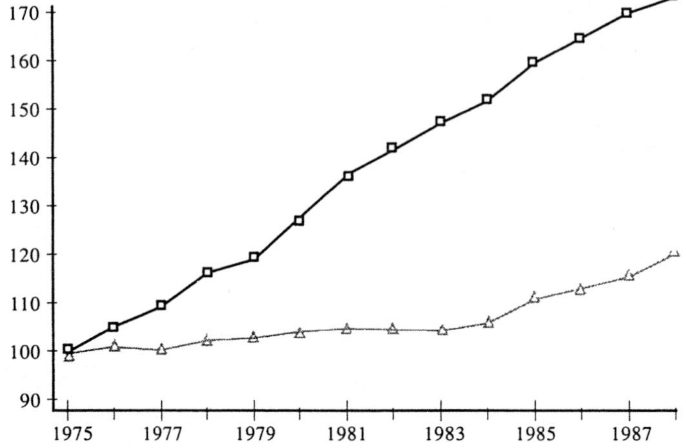

Abb. 1. Zahl der Fälle (Δ—Δ) und Höhe der Ausgaben (□—□) in der ärztlichen Behandlung ab 1975 (Quelle: BMA, KBV; ab 1988 neue Fallzahlungsbasis)

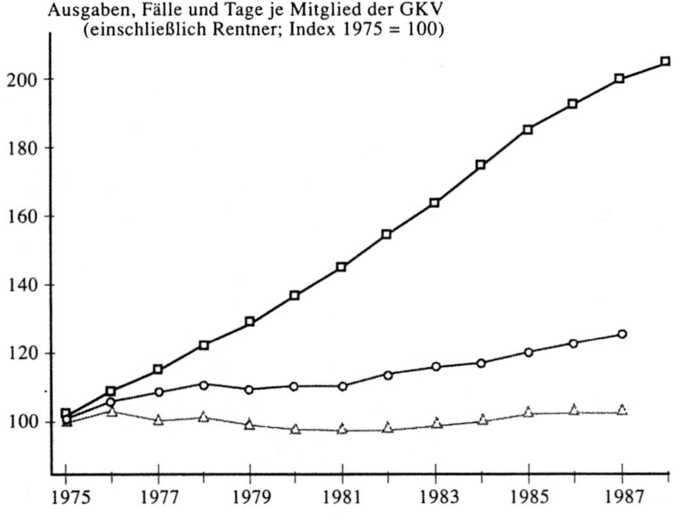

Abb. 2. Zahl der Fälle (○—○), Anzahl der Tage (Δ—Δ) und Höhe der Ausgaben (□—□) in der Krankenhausbehandlung ab 1975 (Quelle: BMA)

cherung ad absurdum führen würde. Der Kranke ist im übrigen nicht nur das schwächste Glied in der Kette der Kostenentstehung, er ist auch am wenigsten deren Ursache, wie ein Vergleich der Ausgabenentwicklung mit der Entwicklung der Inanspruchnahme zeigt (vgl. Abb. 1 und 2). Ebenso ist der Selektionsprozeß in der Krankenversicherung der Vorteil der Gesunden, der wirtschaftlich Stärkeren, obwohl Sozialpolitik doch eigentlich für die wirtschaftlich Schwächeren gedacht war. Die Sozialpolitik ist zur Gesellschaftspolitik transformiert worden.

Der für diese Denkweise symptomatische Versuch der Politik, mit dem Gesundheitsreformgesetz (GRG) die Ökonomisierung und Privatisierung sozialer Komponenten ethisch zu rechtfertigen, daß es ja gerade darum gehe, eine vollwertige Gesundheitsversorgung zu sichern – und darum müßten die Ausgaben vermindert werden –, entlarvt sich bei näherem Hinsehen als sein genaues Gegenteil: Die sog. Kostendämpfung erhöht in Wirklichkeit die Kosten und führt so v.a. zu einem gesamtwirtschaftlichen Nutzen, der durchaus gewollt ist, aber sicherlich nicht in erster Linie den Kranken zugute kommt; denn diese zahlen – wohlgemerkt: zusätzlich zu ihrem ohnehin hohen Beitrag – von Gesetz zu Gesetz und nun wieder in Folge des GRG wachsende Beträge im Krankheitsfall dazu. Wie Tabelle 1 zeigt, ist diese Verlagerung von Kosten unmittelbar auf die Kranken von 1975 bis 1989 von rund 1,6 Mrd. DM auf rund 11 Mrd. DM angewachsen. Das sind inzwischen fast 9% der Leistungsausgaben der Krankenversicherung. Dabei ist zu berücksichtigen, daß der Anteil für die Kranken selbst weit höher ist, weil nur etwa 20% der Versicherten etwa 80% der Leistungsausgaben verursachen. Diese zu den bestehenden Beitragssatzverwerfungen hinzukommenden Belastungsverwerfungen sind überhaupt noch nicht thematisiert worden.

Die Beitragssatzentwicklung in der gesetzlichen Krankenversicherung (vgl. Abb. 3) zeigt, daß die Ausgabenverlagerungen keine Kostenminderungen erreicht haben. Alle solchen Verlagerungen, sei es durch das Lohnfortzahlungsgesetz im Jahre 1970, sei es durch die Kostendämpfungsgesetze in den 70er und 80er

Tabelle 1. Selbstbeteiligung, Leistungsausgrenzungen und Leistungsminderungen in der gesetzlichen Krankenversicherung (GKV)

Jahr	DM (Mrd.)	In % aller Leistungsausgaben
1975	1,6	2,7
1980	2,7	3,1
1985	6,1	5,6
1988	7,2	5,6
1989	11,9	8,7

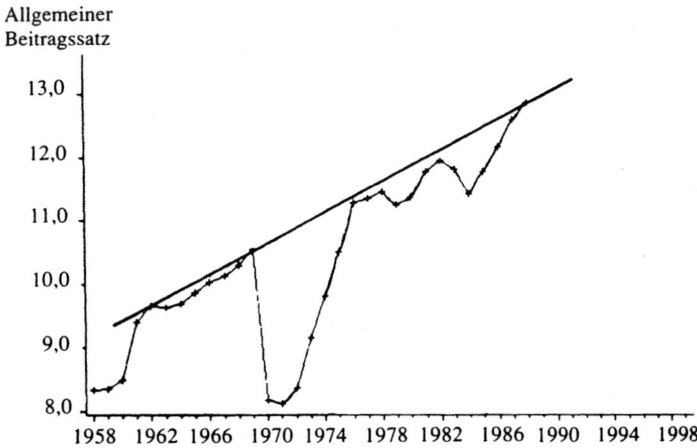

Abb. 3. Langfristige Beitragsentwicklung in der gesetzlichen Krankenversicherung (GKV) ab 1958; (x—x) tatsächlicher GKV-Beitrag, (—) obere Trendkurve (Quelle: BMA und eigene Berechnungen)

Jahren, haben nicht verhindert, daß nicht nur das alte Beitragssatzniveau, sondern sogar der alte Trend innerhalb kürzester Zeit wieder erreicht wurde. Dies erlaubt geradezu, eine Tangente an die oberen Ausschläge der Beitragssatzentwicklung anzulegen. Wenn das durch diese Tangente gekennzeichnete gesellschaftliche Akzeptanzniveau der Beitragssatzentwicklung durch Kostenverlagerungen nicht veränderbar ist, dann kann die Gesamtbelastung aus dieser Umverteilungsquote zuzüglich der verlagerten Kosten folglich nur steigen, d.h. die Gesunden werden nicht entlastet und die Kranken werden zusätzlich belastet.

Volkswirtschaftlich gesehen ist die Bezeichnung „Kosten" für die Ausgaben der gesetzlichen Krankenversicherung auch irreführend. Mit aller Offenheit fordert daher der Sachverständigenrat für die gesamtwirtschaftliche Entwicklung seit einigen Jahren, die Gesundheitswirtschaft nicht kaputtzusparen, sondern sie lediglich aus der Umverteilung herauszunehmen. Aber genau bei der Umverteilungsfrage in allen ihren finanzierungsseitigen, leistungsmäßigen und organisatorischen Aspekten stellt sich die Frage nach der Ethik, wobei – und damit schließe ich an meinen früheren Diskussionsbeitrag an – sich diese Frage sicher nicht isoliert für die Gesundheits- und Sozialpolitik beantworten läßt, sondern nur aus den ethischen Prinzipien unseres gesellschaftlichen und wirtschaftlichen Handelns schlechthin. In der Gesundheitsökonomie zeigen sich nur die Auswirkungen dieser allgemeinen Normen. Und diese Normen postulieren offenbar knappe Mittel in erster Linie für die solidarische Hilfe.

Es wurde schon an anderer Stelle eine neue Ethik, eine neue Sozialpolitik bzw. eine Reflexion der ethischen Normen dieser Sozialpolitik gefordert. Wir müssen uns wohl der Frage stellen: Wenn die ursprünglichen ethischen Normen unserer derzeitigen gesellschaftlichen Wirklichkeit nicht mehr entsprechen sollten, welche ethischen Normen dann an ihre Stelle treten sollen.

Kassenärztliche Vereinigung

W. Mohr

Die ärztliche Selbstverwaltung kennt die beiden Körperschaften Ärztekammer und Kassenärztliche Vereinigung (KV). Die KV ist zuständig für die „Niederungen des Alltags", sprich: die Finanzen; die Kammer denkt in anderen Kategorien. Die ethische Reflexion findet in Gremien der Ärztekammern statt. Dort werden Vorstellungen und ethische Richtlinien zu wichtigen Themen wie Gentechnologie, Organtransplantation, Embryotransfer entwickelt. In diesen Bereichen ist die ethische Reflexion gefragt. Die KV hat damit wenig zu tun.

Die KV steht im Allokationsschema an der letzten Stelle, im letzten Glied, und hat vor Ort und an der Front auszubaden, was andernorts in Allokationsfragen beschlossen worden ist. Doch gefragt werden muß, ob das Allokationsschema gerecht ist. Nach welchen Kriterien wird hier entschieden? Besteht gesellschaftlicher Konsens? Im Beitrag von Herrn Arnold ist angeklungen, es sei demokratischer Wille, es sei unsere gewählte Vertretung, die die Zahlen so festsetze, und wir müßten uns dem fügen, wir seien ja auch eingebunden in die Grundlohnsummensteigerung. Das ist eigentlich eine Bezugsgröße, die mit Medizin nichts oder fast nichts zu tun hat; sie wird nur gebraucht, um irgendwie in einen gewissen wirtschaftlichen Rahmen hineinzukommen. Als ich ausgebildet wurde, unterschied man an der Hochschule noch Ursache und Wirkung im Blick auf die medizinische Behandlung. Die Medizin war sehr streng an der Technik orientiert. Im Krankenhaus lernte ich noch, daß technisches Denken gleichsam die ethische Reflexion ersetzen kann. Mir fiel es leicht, damit eine Entscheidung zu umgehen, indem ich ganz einfach die Entscheidung in den technischen Bereich verlagerte. Dieses „iatrotechnische" Konzept, das ich noch während meiner Ausbildung hatte, beginnt sich – wie mir scheint – heute in gewissen Bereichen zu ändern. Es entwickelt sich ein „iatrouniversales" Konzept.

Als ich das Sachverständigengutachten zum erstenmal vorgetragen bekommen habe, ist mir bewußt geworden, wie weit ökonomische Denkweise in unser System und meine Arbeit eingreift, und es war selbstverständlich, daß ich mich dagegen zunächst emotional und dann etwas subtiler denkend zur Wehr gesetzt habe. Ich habe aber lernen müssen, daß das Denken in Input und Output durchaus auch auf unseren Bereich, also die Medizin, transponiert werden muß; wir leben nicht in einem luftleeren, abgehobenen Raum in dieser Gesellschaft, sondern gewisse Prinzipien sind auch auf uns anwendbar. Die Frage, die sich für mich immer wieder stellte, war die: Handelt es sich hierbei um meßbare Größen? Betten-, Krankenhaustage-, Arzneimittelreduzierungen sind meßbare Größen. Aber wie ist es mit den nicht meßbaren Größen, mit der Verbesserung der Lebensqualität, mit der Verbesserung der Versorgungsqualität? Da geht es um Größen, die durchaus etwas mit ethischem Anspruch zu tun haben, die aber in einer solchen rein ökonomischen Betrachtungsweise keinen Stellenwert haben und vielleicht auch nicht haben können.

Zurück zu meinem Aufgabengebiet, der kassenärztlichen Versorgung. Sie wissen, daß uns der Sicherungsauftrag obliegt, d.h. wir haben im ambulanten Bereich sicherzustellen, daß zu jeder Zeit, an jedem Ort eine vernünftige wirtschaftlich orientierte, ausreichende Versorgung der Patienten gewährleistet ist. Dieser Auftrag hat sich ja bisher stark im Kurativen erschöpft. So waren wir ausgebildet, das haben wir gemacht, das können wir – so möchte ich sagen. Mittlerweile beginnt sich das Bild zu ändern. Wir kommen in einen gewissen Ganzheitsanspruch, der vielleicht den Arzt als Begleiter definiert, im nichtpräventiven Raum, als Betreuer des Patienten, als Koordinator in allen seinen Funktionen, daheim und in seiner Arbeitwelt. Das heißt, der Arzt definiert sich zunehmend nicht nur als ein rein kurativer Notfallmediziner, sondern als einer, der das Leben des Patienten begleitet. Daraus resultiert ein neuer Arzttyp. Dieser wird zunehmend Technik delegieren. Er wird versuchen, Technik denen zu überlassen, die damit vielleicht besser umgehen können als er, und er wird sich in neue Gebiete vorwagen, die eigentlich urärztliche Gebiete sind, in Gebiete der Beratung, der Betreuung, in den Bereich, der vielleicht früher dem Seelsorger oblag. Dieser Arzt wird aber einen anderen ökonomischen Denkansatz in seiner Arbeit haben, die dann nicht mehr so stark von einer leistungsbezogenen Gebührenordnung bestimmt ist wie bisher. An diesem neuen Arztbild wird man zu prüfen haben, ob unsere Vergütung ihm noch gerecht werden kann oder ob wir darüber nachzudenken haben, wie sich dieses Arztbild in das gesamte Gesundheitswesen einfügen wird.

Wenn man uns im ambulanten Bereich immer wieder Defizite vorwirft – ich höre es bei der Onkologie, bei der Geriatrie, bei der Rehabilitation –, dann muß man sich fragen, ob die politischen Forderungen tatsächlich so ausschließlich als ärztliches Defizit definiert werden können. Eher meine ich, daß viel von dem, was wir unter Ethik verstehen, nur Ausfluß dessen ist, was wir nicht umsetzen können. Wenn uns die sekundären Strukturen, die Hilfsstrukturen fehlen, Ethik am Bett des Patienten zu praktizieren und ihn in seiner angestammten Umwelt zu betreuen, zu behandeln, im Alter zu versorgen, dann müssen wir ihn in die Anonymität, in eine andere Welt entlassen, nämlich ins Krankenhaus, wohin er nicht will. Dies ist nicht die Folge eines ärztlichen Defizits, sondern Folge des Fehlens von Strukturen und natürlich von Geld. Wenn wir dieses Geld hätten, mit dessen Hilfe wir unsere Patienten versorgen könnten, dann könnten wir eine andere Ethik praktizieren, so möchte ich etwas übertrieben formulierend sagen. Hier greift die Ökonomie, die Bezahlbarkeit ganz massiv in unsere Arbeit ein, und Ethik und Monetik (entschuldigen Sie den Kalauer) sind hier tatsächlich eng miteinander verknüpft. Wir in der Praxis draußen sind für ethische Fragen sehr sensibilisiert. Ich glaube, wir müssen in Zukunft erreichen, daß wir hier zu einer Verbesserung in unserem Verhältnis zum Patienten kommen, aber auch in unserem Verhältnis zur entsprechenden Entscheidungsebene. Hier scheint eine große Sprachlosigkeit zu herrschen. Diese baut sich sicherlich auch auf dem tradierten Rollenverhalten des Arztes auf, ebenso auf der Position, die der Arzt in der Gesellschaft hat. Ich bin davon überzeugt, daß wir uns derzeit in einem Wandel befinden. Es wird in der Medizin eine neue Ethik gefordert. Ich glaube, es ist gut, darüber nachzudenken, und ich glaube auch, daß unsere jungen Kollegen, soweit ich das mitbekommen habe, hier durchaus schon andere Wertvorstellungen haben; sie sind von einer anderen Gesellschaft geprägt, sie leben schon in einer anderen Generation.

Fachverband Deutscher Allgemeinärzte

F.H. Mader

Ich freue mich darüber, daß Sie mich in meiner Eigenschaft als Vertreter eines Verbandes eingeladen haben, der sich bekanntlich in pointierter Weise mit Qualität und Qualifikation des Fachgebietes Allgemeinmedizin auseinandersetzt; wir glauben dadurch zu verhindern, daß in unserem allgemeinärztlichen Gebiet alle jene Minimal- oder Maximalforderungen deponiert werden, die man heute landläufig in der gesundheitspolitischen Szene der Allgemeinmedizin zuspielt, wie beispielsweise Gesprächstherapie, psychosoziale Kompetenz usw.

Ich möchte daher in meinen Ausführungen aufzeigen, daß Allgemeinmedizin mehr ist als nur sprechende Medizin. Das ist ein Stiefel, den wir uns als Allgemeinärzte nicht allein anziehen wollen, das ist Aufgabe eines jeden Arztes.

Wenn mein Kollege Mohr ein neues Arztbild erwähnt, so begrüße ich das, denn es entspricht auch voll den Vorstellungen unseres Verbandes; aber mit diesem neuen Arztbild sind nicht nur wir Allgemeinärzte, wir Hausärzte angesprochen, sondern jeder Arzt ist aufgerufen, sich damit zu identifizieren, vom Pathologen bis hin zum Allgemeinarzt. Jeder Arzt muß also in diesem Sinne ein guter Arzt sein.

Wir haben uns hier in diesen Tagen ausgiebig mit der Frage der Wirtschaftlichkeit und Sparsamkeit im Gesundheitswesen befaßt. Dies alles unter dem Aspekt einer Ethik. Ich bin Herrn Mohr dankbar, daß er den Hinweis auf „Ethik und Monetik", der ja in der Luft lag, ausgesprochen hat. Es bleibt die Frage: Werden sich diese beiden Sphären in der angewandten Heilkunde zusammenführen lassen, oder wird weiterhin jener unheilvolle Dualismus zwischen ärztlichem Handeln und Kommerz bestehen? Wenn ich die Diskussionen dieser Tage Revue passieren lasse, dann möchte ich hier letzteres vermuten.

Als Allgemeinarzt bin ich aufgerufen, meine fachspezifischen Überlegungen darzutun; ich unterziehe mich dieser Aufgabe besonders gerne, da das von mir täglich praktizierte Gebiet allein von seinem Selbstverständnis her aufs engste mit der Ethik der Gesundheitsökonomie verbunden ist.

Die Allgemeinmedizin stellt bekanntlich die tragende Säule der sozialen Sicherheit bei Erkrankungsfällen in der Bevölkerung dar. Sie ist ihrem Wesen nach nicht auf bestimmte Gruppen von Krankheiten konzentriert. Sie umfaßt die Übernahme der ärztlichen Verantwortung bei Gesundheitsstörungen, die den gesamten menschlichen Lebensbereich betreffen sowie die Gesundheitsführung der Patienten, unabhängig vom Alter, Geschlecht und von der Art der Erkrankung. Die wesentlichen Aufgaben des Allgemeinarztes liegen daher in der praxisgerechten und problemorientierten Diagnostik und Therapie jeder Art von Erkrankungen, bevorzugt im unausgelesenen Krankengut, ferner in der Vorsorge und Gesundheitsführung, in der Früherkennung von Erkrankungen, insbesondere von abwendbar gefährlichen Verläufen.

Ich glaube, diese Definition unseres Fachverbandes, nicht diejenige der Ärztekammer in der offiziellen Weiterbildungsordnung, ist erheblich weiter gefaßt.

Der Auszug aus dieser, vielleicht gewaltig anmutenden Aufgabenbeschreibung unseres Gebietes Allgemeinmedizin könnte noch wesentlich kürzer beschrieben werden: Die Aufgabe des Allgemeinarztes ist es, wie er mit den rund 40 000 bekannten Krankheiten innerhalb weniger Minuten auf höchstmöglichem Niveau umgeht.

Kein Staat der Erde verfügt allerdings über genügend Mittel, um bei jedem einzelnen Erkrankten eine tiefschürfende ärztliche Befragung und Untersuchung zu finanzieren. Die Regeln der klinischen Diagnostik können nicht einmal bei dem kleinen Bruchteil jener Patienten voll eingehalten werden, deren Versorgung im Krankenhaus erfolgt.

Daß es die Allgemeinmedizin überwiegend mit Banalitäten zu tun hat, die obendrein meist von selbst abheilen, steht außer Streit. Die Feststellung einer Banalität ist jedoch eine Beurteilung im nachhinein. Von vornherein sieht die Sache anders aus. So können beispielsweise leichtere Brechreize und Übelkeit als Ausnahme von der Regel einen höchst gefährlichen Verlauf einer akuten Appendizitis darstellen, oder uncharakteristisches Fieber kann sich als Begleitsymptom einer Aids-Erkrankung entpuppen.

Würde man nun an den Universitäten Ärzte heranbilden, die hauptsächlich für das Alltäglich-Banale trainiert wurden, aber kein profundes Wissen von abwendbar gefährlichen Seltenheiten haben, und daher nicht stets mit solchen Vorkommnissen rechnen, dann würden viele Patienten das Unwissen dieser Schmalspurpraktiker mit ihrem Leben bezahlen müssen.

Für die ärztliche Versorgung des unausgelesenen Materials andererseits aber traditionell arbeitende Spezialisten einzusetzen, wie dies heute ja zum Teil im großen Umfang üblich ist, würde ebenfalls einen Rückschritt bedeuten. Diese hätten ja keine andere Wahl, als rasch zu beraten. Unter solchen Umständen könnten sie die speziellen eigenen Kenntnisse und Fertigkeiten gar nicht zur Geltung bringen. Davon abgesehen fehlte den Fachärzten die nötige Breite des Wissens. Unter den unabänderlichen Handlungszwängen müßten sie also dilettantisch agieren. Es wäre wahrhaftig ein abwegiger Einsatz von qualifizierten Kräften.

Ich fasse zusammen: Für den gut aus- und weitergebildeten Allgemeinarzt gibt es daher gerade unter dem ethischen Aspekt der Gesundheitsökonomie nur die einzige Alternative – den noch besser aus- und weitergebildeten Allgemeinarzt.

Ich möchte hier noch eine Überlegung anschließen. Wir sind aufgefordert worden, auf die Stichworte „Patient" und „Schuld" Bezug zu nehmen. Zum Thema Schuld vermag ich nichts zu sagen, dafür gibt es hier am Tisch Berufenere. Zum Thema Patient darf ich bemerken: Wir haben gestern vom gedeckelten Honorar gesprochen. Es ist inzwischen wohl eine anerkannte Binsenwahrheit, daß es auch so etwas wie ein gedeckeltes Gesundheitssystem gibt. In diesem Gesundheitssystem, um beim Bild des Kochtopfs zu bleiben, sind wir alle gleichermaßen Ingredienzien. So da sind als Zutaten der Arzt, da sind die Kassen drin, da gibt es eine „Prise Arbeitgeber", die ja auch Anteile bezahlen, und schließlich findet sich der Patient mittendrin. Diese Zutaten schmoren jeweils im Saft der anderen. Das ist ein Bild, das man so nehmen oder auch so ablehnen kann. Ich will damit sagen: Wir alle sind auf Gedeih und Verderb in diesem Topf des Gesundheitssystems zusammengewürfelt.

Nachdem gestern schon Frau Fischer sich mit dem Arzt als dem Leistungserbringer auseinandergesetzt und ihn zur Leistungsverweigerung aufgefordert hatte, möchte ich zwei Teilaspekte der Patientenwirklichkeit unter dem Aspekt der Gesundheitsethik hervorheben:

Zum einen ist es das Anspruchsdenken des Patienten, das sich in vielen Beispielen des Praxisalltages belegen läßt, der Wunsch nach der Kostenübernahme von Fitneßtraining und Kurlaub, aber auch das Anspruchsdenken als Wunsch nach Wohlstandsdiagnostik und Wohlstandstherapie. Ich glaube, das ist noch gar nicht erwähnt worden.

Zum anderen scheint mir jedoch das wesentlich Wichtigere zu sein und sollte gerade hier in diesem Hause und bei diesem Gastgeber als ein Teilaspekt der Ethik des Patienten angesprochen werden: Ich nenne es die „karitative Verweigerung". Das möchte ich interpretieren.

Was nützt es heute, wenn wir als Hausärzte vermehrt aufgefordert werden, beispielsweise ambulante Operationen zu fördern und sie in vermehrtem Maße wahrzunehmen, wenn jedoch der Patient und seine Angehörigen nicht bereit sind, sich einer solchen Operation zu unterziehen bzw. sie pflegerisch zu Hause mitzutragen? Da spielen Aspekte wie ein hohes Krankenhaustagegeld natürlich auch eine Rolle. Herr Mohr wird dies vielleicht sogar mit Zahlen unterstützen können.

Die eigentliche karitative Verweigerung finde ich jedoch in der Hauskrankenpflege. Hier bin ich immer wieder erschüttert über das Ausmaß der Verweigerung der Angehörigen, einen Schwerkranken zu Hause zu pflegen. Ich glaube, an diesem Mangel zur Pflegebereitschaft würde auch die Bereitstellung größter finanzieller Mittel nichts ändern. In der Tat, die hierfür zur Verfügung stehenden Gelder der Öffentlichen Hand würde man durchaus gerne einstecken, aber die Pflege Tag für Tag, vollschichtig und rund um die Uhr und ohne Ausnahme und ohne zu wissen, wann das Ganze einmal endet, das alles auf sich zu nehmen, ist nur sehr selten jemand bereit. Noch so gut gemeinte progressive Gesetze zur Regelung der Schwerpflegebedürftigkeit werden so lange nichts bewirken, wie die Mauer dieser karitativen Verweigerung fortbesteht.

Verband der niedergelassenen Ärzte Deutschlands

M. Zollner

Ich möchte auf die Schwierigkeiten eingehen, die ich in der täglichen Praxis habe. Ich bin Allgemeinarzt, und ich habe in diesen 3 Tagen viel gelernt. Ich hatte manchmal Schwierigkeiten mit dem Jargon. Ich möchte bitten, den etwas abzubauen und allgemeinverständlicher zu reden.

Wenn ich die Veranstaltung an mir vorbeipassieren lasse, hat mir der Vortrag von Herrn Fuchs über die verschiedenen Ebenen der Allokation am meisten gebracht. Ich gehe jetzt auf die untere Ebene der Mikroallokation ein, zu der ich gehöre und zu der auch der Verband der niedergelassenen Ärzte, den ich vertrete, gehört.

Einfluß habe ich nur im unteren Bereich. Ich wirke zwar in die anderen 3 Bereiche durch meine Verordnungen, durch meine Krankenhauseinweisungen usw. hinein, aber Einfluß selbst kann ich nur im unteren Bereich 4 ausüben. Ich möchte hier über die Schwierigkeiten in der Praxis berichten, die ich täglich im Umgang mit der Ethik und mit der Ökonomie habe. Ich habe den ethischen Auftrag, den Patienten so gut wie möglich zu behandeln, ihm also die bestmögliche Behandlung angedeihen zu lassen, und ich habe den ökonomischen Auftrag des bestmöglichen Einsatzes der Mittel. Das erfordert auch Gesprächsaufwand, und seit dem 01.01.1989 ist dieser Gesprächsaufwand größer geworden und hat sich verlagert. Ich muß mit dem Patienten diskutieren, warum ich ihm etwas nicht verschreiben kann, warum er zuzahlen muß und warum manche Dinge nicht mehr möglich sind. Das ergab gerade in der Anfangszeit – jetzt hat es sich ein bißchen beruhigt – z.T. heftige Diskussionen. Wenn ich alle Äußerungen über Minister Blüm gesammelt hätte, hätte ich einen dicken Ordner, und wenn ich das weitergeben würde, hätten einige Juristen sicherlich geraume Zeit damit zu tun, Verleumdungsklagen zu vertreten oder abzuwehren.

Für mich stellt sich die Frage der Verantwortung und auch der Verantwortlichkeit – ich differenziere da – des Arztes. Es heißt immer so schlagwortartig, der Arzt habe die Schlüssel zum Geldschrank der Krankenkassen. Damit erhebt sich sogleich auch die Frage nach der Verantwortlichkeit der Politiker und die Frage nach den Konsequenzen. Dem Arzt droht auf der einen Seite der Regreß, wenn er zu viel verordnet, wenn er zu viele Leistungen erbringt. Wenn er Leistungen erbringt, die nicht abrechenbar sind oder dem Patienten nicht zustehen, steht er persönlich in der Verantwortung. Die andere Seite des Spannungsfeldes ist die Kunstfehlerklage des Patienten, die ihm droht, wenn er ihn nicht ausreichend und richtig behandelt.

Wir leben in einer freien Gesellschaftsordnung, mit einer freien Marktwirtschaft. Im Gesundheitswesen aber wird reglementiert, die Beitragsstabilität wird gesetzlich festgeschrieben, und da erhebt sich natürlich die Frage nach dem Ziel des GRG. Leider sind die Politiker, die man da ansprechen sollte, heute nicht mehr anwesend. Es ist immer wieder von Beitragsstabilität, von Dämpfung der Ausgaben usw. gesprochen worden. Ein hochrangiger Vertreter des medizinischen Dienstes hat auf einer Tagung gesagt: „Sie müssen sich darüber klar sein, daß das GRG nur den einzigen Zweck gehabt hat, die Macht der Leistungsanbieter zu brechen." Das Zitat ist so gefallen, ob der Inhalt stimmt, ist eine andere Sache.

Damit bin ich bei der Frage nach der Machtausübung angelangt. Widerstehen die Politiker und die Experten – auch die Experten, die hier sind – dieser Versuchung, Macht auf das Gesundheitswesen auszuüben, das Gesundheitswesen zu reglementieren und in einen Bereich hineinzuwirken, der sich im Sprechzimmer abspielt? Bleibt die Arzt-Patienten-Beziehung unangetastet? Das ist für mich eine Frage, die ich am Schluß meines Statements stelle: Wie sieht es mit der Ethik der Machtausübung der Verantwortlichen aus?

Pharmaindustrie*

W. Wagner, K.J. Weidner
* Auf der Tagung in Auszügen vorgetragen von W. Wagner

Sir Winston Churchill soll einmal gesagt haben: „Eine gute Rede soll das Thema erschöpfen – nicht die Zuhörer." Zahlen ermüden in der Regel. Für eine sachliche Diskussion der Verteilungsethik sind sie jedoch wichtiger als Gefühle. Häufig vermögen sie sogar Emotionen zu dämpfen. Aus diesen Gründen wird in diesem Beitrag versucht, das Zahlenwerk nur so weit zu vermitteln, wie es für eine Einschätzung des Problemumfangs sowie der Verteilungskriterien und ihrer Konflikte, aber auch für die Frage nach ihrer Begründung und Rechtfertigung erforderlich ist. Gemeint ist die Sozialstaatlichkeit, die soziale Marktwirtschaft als „Metaphysik" der Verteilungsprinzipien für Arzneimittel, der Ware besonderer Art.

Kosten und Nutzen von Arzneimitteln

Auf den ersten Blick erscheinen Arzneimittel teuer. Dennoch ist die Pharmakotherapie eine im Grunde preisgünstige Behandlungsmethode. Gesundheitsökonomische Untersuchungen haben erwiesen, daß allein der in Geld meßbare Nutzen der Anwendung von Arzneimitteln ihre Kosten um ein Vielfaches übersteigt. Kostspielige stationäre Behandlung wird häufig überflüssig oder verkürzt, die Krankheitsdauer wird vermindert, die Arbeitsfähigkeit bleibt oftmals auch während der Krankheit erhalten oder wird zumindest schneller wiederhergestellt. Neben diesen Kosten- und Nutzenkomponenten, die ohne größere Probleme in Geldeinheiten bewertet werden können, sind jedoch v.a. die intangiblen Effekte der Arzneimitteltherapie zu berücksichtigen. Quantitativ nicht meßbares persönliches Leid wird verhindert, behoben oder gelindert, die Lebensqualität (oder, weniger wertbeladen, der Gesundheitsstatus) des Patienten, aber auch der Angehörigen nimmt zu. Die Verbesserung der Lebensqualität wird immer mehr der Steigerung des materiellen Wohlstandes vorgezogen; zum Objekt wissenschaftlicher Forschung ist sie allerdings erst in den letzten Jahrzehnten geworden. Von den verschiedenen vorgeschlagenen Verfahren, das nicht meßbare Kriterium der Lebensqualität in Form eines Gesundheitsindex zu bewerten, erscheint die Rosser-Matrix, allerdings in methodisch erweiterter Form, am geeignetsten (Übersicht bei von der Schulenburg, 1987).

Führende wissenschaftliche Forschungseinrichtungen, wie das Battelle-Institut, haben mit Kosten-Nutzen- sowie Kosten-Wirksamkeits-Analysen belegt, daß der Einsatz von Arzneimitteln bei einer ganzen Reihe unterschiedlicher Erkrankungen zu volkswirtschaftlichen Einsparungen in Milliardenhöhe führt (BPI 1989).

Kinderlähmung:
Die direkten Kosten für die bundesweite Polioschluckimpfung von 1962 bis 1970 betrugen 50,5 Mio. DM. Weitere 20 Mio. DM wurden für vermutete Impfschäden auf der Kostenseite veranschlagt. Durch die Vermeidung von hochgerechnet

52 180 Neuerkrankungen wurden demgegenüber 3,26 Mrd. DM an Behandlungs-, Pflege- und Rehabilitationskosten eingespart. Unter Berücksichtigung der durchschnittlich zu erwartenden Erwerbslebensjahre wurden ferner die durch Vermeidung von Neuerkrankungen gewonnenen Beiträge zum Sozialprodukt mit 3,188 Mrd. DM errechnet. Das Kosten-Nutzen-Verhältnis beträgt damit 1 zu 90.

Influenza:
Die Influenzaschutzimpfung bewirkte allein während der Epidemie im Winter 1969/70 in der deutschen Industrie Einsparungen von 133 Mio. DM, obwohl sich nur 1,6 Mio. Arbeitnehmer impfen ließen. Ließen sich alle 26,5 Millionen Berufstätigen impfen, wäre bei einer Epidemie mit Einsparungen von über 2 Mrd. DM durch Vermeidung von Arbeitsausfall und Krankheitskosten zu rechnen. Das Verhältnis von Kosten zu Nutzen beträgt ca. 1 : 12. Durch die Entwicklung moderner Subunit-Impfstoffe, die nur noch die immunauslösenden Antigene Hämagglutinin und Neuraminidase aus der Virushülle enthalten, konnten zudem Sicherheit und Verträglichkeit optimiert werden.

Psychische Erkrankungen:
Durch den gezielten Einsatz von Psychopharmaka zur Behandlung psychischer Erkrankungen durch die niedergelassene Ärzteschaft wurde allein 1972 in der Bundesrepublik Deutschland ein volkswirtschaftlicher Nutzen von 1,8 Mrd. DM dadurch erzielt, daß auf die Anwendung zeitlich und finanziell aufwendiger Behandlungsmethoden verzichtet werden konnte. Von besonderer Bedeutung sind auch die intangiblen Effekte der Psychopharmakabehandlung: Bei sorgfältiger Indikationsstellung kann in vielen Fällen die freiwillige oder zwangsweise Hospitalisierung verkürzt oder vermieden und durch eine soziale Reintegration ersetzt werden.

Ulkuskrankheit:
Die peptischen Magen- und Zwölffingerdarmgeschwüre zählen in den industrialisierten Ländern zu den häufigsten Erkrankungen. Die Einführung der H_2-Antihistaminika hat seit 1977 die Behandlungsmöglichkeiten der Ulkuskrankheit revolutioniert. Die Patienten werden früher beschwerdefrei, ihre Arbeitsfähigkeit bessert sich signifikant, die Zahl der Krankenhauseinweisungen und der Ulkusoperationen sowie die Dauer der Krankenhausbehandlungszeiten sind stark rückläufig, Rezidiven kann wirksam vorgebeugt werden. Allein im Jahre 1980 ergaben diese Arzneimittel bei der Behandlung von Zwölffingerdarmgeschwüren in der Bundesrepublik Deutschland Einsparungen von 170,5 Mio. DM. Die Gesamteinsparung seit 1977 läßt sich auf weit über 525 Mio. DM hochrechnen.

Ähnliche Ergebnisse wurden für die Parkinson-Krankheit, die akute Leukämie im Kindesalter, die Zytostatikatherapie von Krebserkrankungen, die transdermalen therapeutischen Systeme für Herz-Kreislauf-Erkrankungen, die Tuberkulose, die Masern und die antibiotische Therapie in der Chirurgie veröffentlicht.

Ökologischer Nutzen:
Im Jahre 1988 konnten die Wissenschaftler der immunologischen Forschungssparte von Duphar International einen außergewöhnlichen Beitrag zur Ökologie leisten: die Population der Nordseerobben war vom Aussterben bedroht. In einer Si-

tuation, in der Betroffenheit und ein Gefühl der Hilflosigkeit die sich anbahnende ökologische Katastrophe begleiteten, gelang es unseren Forschern, als ersten Hoffnungsschimmer ein Antigen für einen Robbenimpfstoff gegen das Staupevirus zu entwickeln. Dieses Virus gilt als Verursacher der Robbenseuche in der Nordsee. Nach Ansicht von Seehundexperten hätte jedoch ein Lebendimpfstoff die Epidemie noch weiter ausbreiten können. Aus diesem Grunde mußte ein inaktiviertes Virusantigen hergestellt werden, das sich nicht vervielfältigen oder ausbreiten konnte. Bald darauf konnte eine erste erfolgversprechende Formulierung des Impfstoffes an die Seehundklinik in Pieterbuuren zur Erprobung ausgeliefert werden. Angesichts der Notlage ordnete die veterinärmedizinische Sparte von Duphar International alle Forschungskapazitäten diesem vordringlichen Projekt unter und konnte auf diese Weise kurzfristig alle Seehundaufzuchtstationen der Nordseeküste mit Virusantigenen versorgen, um die überlebenden Tiere und die Robbenbabies durch aktive Immunisierung zu schützen. Dieses Fallbeispiel verdeutlicht, welchen Beitrag eine leistungsstarke Arzneimittelforschung zur Umweltethik leisten kann, wenngleich der Nutzen auf intangiblen ökologischen Effekten beruht und nicht beziffert werden kann.

Das reale Szenario: Der deutsche Pharmamarkt ein Jahr nach dem Gesundheitsreformgesetz

Bis 1988 wuchs der Verschreibungssektor aufgrund des Stillhalteabkommen der pharmazeutischen Industrie über ihren Bundesverband mit marginalen Zuwachsraten und damit geringen Kostensteigerungen für das Gesundheitswesen (vgl. IMS 1987-1990). Die Ausgaben für Arzneimittel beliefen sich im Jahre 1988 auf ca. 20 Mrd. DM, entsprechend 16% des Gesamtaufkommens der Kostenträger. Davon kam nur etwa die Hälfte den Herstellern als Umsatz zugute, der Rest repräsentiert die Marge des Groß- und Apothekenhandels. Die Bemühungen der Bundesregierung, die Kosten im Gesundheitswesen zu senken, fanden ihren Niederschlag im Gesetz zur Strukturreform im Gesundheitswesen (Gesundheitsreformgesetz) vom Dezember 1988, das jetzt seit 1 1/2 Jahren in Kraft ist. Beschnitten wurden primär Kosten für Arzneimittel und Leistungen für den Versicherten. Der große Bereich der Krankenhauskosten wurde ausgespart. Von Systemreformen wurde abgesehen. Demnach kann nicht von einem Reformgesetz, sondern allenfalls von einem partiellen Kostendämpfungsgesetz gesprochen werden. Der Arzneimittelbereich wird v.a. von zwei Elementen betroffen: der Negativliste und den Festbeträgen.

Durch die Negativliste (§ 34 GRG) werden für volljährige Versicherte folgende Arzneimittel bei Verordnung in den genannten Anwendungsgebieten von der Erstattung ausgeschlossen:

1)   Arzneimittel zur Anwendung bei Erkältungskrankheiten und grippalen Infekten einschließlich der bei diesen Krankheiten anzuwendenden Schnupfenmittel, Schmerzmittel, hustendämpfenden und hustenlösenden Mittel,
2)   Mund- und Rachentherapeutika, ausgenommen bei Pilzinfektionen,
3)   Abführmittel und
4)   Arzneimittel gegen Reisekrankheit.

Arzneimittel in diesen Indikationen dürfen also nicht mehr auf Kosten der gesetzlichen Krankenkassen verordnet werden.

Die Festbetragsregelung (§ 35 GRG) sieht vor, daß der Bundesausschuß der Ärzte und Krankenkassen für gewisse Gruppen von Arzneimitteln Festbeträge festsetzen kann. Dabei sollen in den Gruppen Arzneimittel mit

1)   denselben Wirkstoffen („Stufe 1"),
2)   pharmakologisch-therapeutisch vergleichbaren Wirkstoffen, insbesondere mit chemisch verwandten Stoffen („Stufe 2"),
3)   pharmakologisch-therapeutisch vergleichbarer Wirkung, insbesondere Arzneimittelkombinationen („Stufe 3")

zusammengefaßt werden. In „Stufe 1" (wirkstoffgleiche Arzneimittel) werden also, bildlich gesprochen, Äpfel miteinander verglichen, in „Stufe 2" (Arzneimittel mit vergleichbaren Wirkstoffen) Äpfel mit Birnen und in „Stufe 3" (Arzneimittel mit vergleichbaren Wirkungen) verschiedene Obstsalate. Die Festbetragsstufen 2 und 3 werden von den meisten Arzneimittelexperten als pharmakologisch-therapeutisch fragwürdig, unpräzise und unwissenschaftlich betrachtet. Die einzelnen Anwendungsgebiete, Dosierungen, Wirkungen, Nebenwirkungen und Gegenanzeigen seien zu unterschiedlich, um die therapeutische Austauschbarkeit zu gewährleisten. Auch die mittleren rechnerischen Tagesdosen oder daraus abgeleitete „Dosis-Äquivalenz-Beziehungen" seien als Vergleichsmaßstab ungeeignet. Auf diesen gordischen Knoten wurde bereits im Vorfeld des GRG von namhaften Fachleuten hingewiesen.

Seit Juli 1989 existieren erstmals Festbeträge für Präparate mit patentfreien Substanzen und identischen Generika auf dem Markt. Die Preisabsenkungen vom Originalpreis zum Festbetrag betrugen in vielen Fällen bis zu 50%. Die Umsatzentwicklung betroffener Firmen war im Jahre 1989 negativ, da der Wertverlust bei weitem nicht durch Absatzsteigerungen ausgeglichen wurde und die Arzneimittelpreise im nicht von Festbeträgen geregelten Markt weniger als die Inflationsrate gestiegen sind. Kompensatorische Preissteigerungen im freien Marktsegment wurden demnach von der Pharmaindustrie unterlassen.

Zum Jahresende 1988 wurden die Kostenträger zu überproportionalen Leistungen gezwungen, da der Versicherte sich vor Inkrafttreten des GRG noch mit Arznei- und sonstigen Hilfsmitteln (Zahnersatz, Optik) versorgt hat („Blüm-Bauch"). Demgemäß ist es trügerisch, den zurückgehenden Trend in 1989 auf das Greifen des Gesundheitsreformgesetzes zurückzuführen. Solange nicht auch das Primärsegment von Gesundheitskosten, nämlich das Krankenhaus, erfaßt wird, kann von einer durchgreifenden Kostenökonomie keine Rede sein.

Als Folge der Festbeträge und der allgemeinen Verunsicherung des Arztes hinsichtlich seines Verschreibungsverhaltens stagnierte der Pharmamarkt im Jahre 1989 auf dem Niveau des Vorjahres. Im laufenden Jahr ist bereits wieder ein gesundes Wachstum zu verzeichnen. Der Generikaverbrauch nimmt überproportional zu und repräsentiert etwa 14% des Verschreibungsumsatzes mit überproportionaler Steigerungsrate. Seit der Einführung von Festbeträgen sinkt der Umsatz parallel importierter Arzneimittel. Inzwischen wurden bereits Substanzen zur Ermittlung von Festbeträgen der „Stufe 2" aufgerufen. Eine solche Pauschalklassifizierung kann als einmalig in der Arzneimittelgeschichte gelten, zumal sich der

Gesetzgeber, wie angedeutet, über die wissenschaftlich begründete Unvergleichbarkeit hinwegsetzt.

Durch die weit niedriger als erwartet liegenden Festbeträge, die derzeit ein Umsatzvolumen von 3 Mrd. DM oder ca. 40% der für die Industrie relevanten Umsätze auf „Grosso-Preis-Basis" (Fabrikabgabepreis) erfassen, wird von forschungsintensiven Unternehmen mehr und mehr der Standort Deutschland angezweifelt. Das fiskalische Umfeld und die im Vergleich zu anderen europäischen Ländern wenig attraktiven Steuerauflagen beinhalten geringe Anreize für ausländische Neuinvestoren. Den dramatisch ansteigenden Forschungs- und Entwicklungskosten, bis 1986 rund 250 Mio., nach neuesten Berechnungen 340 Mio. DM pro marktreifer Substanz, stehen bei einem nominellen Patentschutz von 20 Jahren aufgrund der langen experimentellen und klinischen Prüfungsphasen und der unerträglich langen Zulassungszeiten beim Bundesgesundheitsamt von 3-6 Jahren (anstelle der im Arzneimittelgesetz vorgesehenen 4-7 Monate) nur 8 Jahre zur effektiven Nutzung gegenüber. Diese Patentlaufzeit erlaubt keine Erwirtschaftung ausreichender Erträge für die Finanzierung zukünftiger Forschung auf hohem Niveau. Andere Länder haben Konsequenzen gezogen: in den USA wurden die effektiven Patentschutzzeiten auf 14, in Japan auf 15 Jahre verlängert. Frankreich verabschiedet voraussichtlich noch in diesem Monat ein Gesetz für einen effektiven Patentschutz von 17 Jahren, in Italien steht ein ähnliches Gesetzgebungsverfahren an. Einzelstaatliche Initiativen führen jedoch zu enormen Wettbewerbsverzerrungen, einheitliche Regelungen, wenigstens innerhalb der europäischen Gemeinschaft, sind überfällig.

Diese Einflüsse führen zusammen mit den auferlegten Preiszwängen und Wettbewerbsbeschränkungen seit dem letzten Jahr zu erstaunlichen Zusammenschlüssen mit dem Ziel der Vergrößerung und Kostenoptimierung sog. operativer Einheiten unter primär amerikanischen Firmen, begleitet von Akquisitionen durch Japaner und Franzosen, um einen erleichterten Einstieg in den bundesdeutschen Pharmamarkt zu erzielen. Einige mittlere Firmen verschwanden bereits ganz vom Markt. Zunehmende Monopolisierung in der traditionell mittelständischen deutschen Pharmaindustrie aufgrund von Gigantismus und Superstrukturen ist zu befürchten. Eine zusätzliche Belastung für das deutsche Preisniveau wird ab 1993 im Zusammenhang mit dem freien Warenverkehr im EG-Binnenmarkt, dem dann größten Pharmamarkt der Welt, ins Haus stehen. Spätestens dann wird der Druck auf das Betriebsergebnis primär auf den deutschen Markt ausgerichteter Unternehmen unerträglich werden.

Die utopischen Szenarien: Totale Regulierung und völlige Freigabe

Die Bandbreite denkbarer Szenarien bewegt sich zwischen den Extremen der totalen Regulierung und der völligen Freigabe des Arzneimittelmarktes. Als utopische Denkspiele erscheinen sie wertvoll und sollen deshalb kurz skizziert werden. Die totale Regulierung, wie sie beispielhaft und annähernd in Form der Zentralwirtschaft der Ostblockländer vorzufinden ist, führt zur Innovationslähmung. Von 1961 bis 1985 wurden weltweit 1787 neue Arzneistoffe in die Therapie eingeführt. Nur 113 (6,3%) davon wurden in diesen 25 Jahren in allen Ostblockländern mit verstaatlichter Pharmaindustrie entwickelt (BPI 1989). Mangels ausreichender Gewinne stehen kaum Ressourcen für verfahrenstechnische Entwicklung, für Qualitätssicherung auf GMP-Standard (Good Manufacturing Practice) und für Umweltschutzmaßnahmen zur Verfügung. Die Folge ist ein breites Technologieversagen mit den Gefahren einer mangelhaften Arzneimittelsicherheit und der Umweltzerstörung. Diese therapeutischen und ökologischen Konsequenzen werden bei Diskussionen über die Ethik des Gewinnstrebens häufig vergessen.

Eine gegenteilige Utopie ist die völlige Freigabe des Arzneimittelwesens, also die konsequent-radikale Anwendung der Grundsätze der freien Marktwirtschaft auf das Gesundheitswesen. Die Maßnahmen wären: eine Freigabe der Arzneimittelpreise, die Aufhebung der Apothekenbindung und des Aut-simile-Verbots, die Aufhebung der Werbebeschränkungen für Arzneimittel sowie die Abschaffung der gesetzlichen Krankenversicherungspflicht. Dieses Denkspiel überläßt das Arzneimittel der autonomen Selbstbestimmung des mündigen Bürgers und dem freien Spiel der Kräfte des Marktes. Es geht davon aus, daß der moderne Mensch alltäglich mit einer Vielzahl unvermeidlicher und selbstgewählter Risiken umgeht und es ihm jederzeit freisteht, fachkundige Information einzuholen, wenn er diese als Entscheidungshilfen benötigt. Schließlich seien auch andere Entscheidungen, wie etwa der Kauf eines über 200 km/h schnellen Motorrades durch einen 18jährigen, und dies ohne „Packungsbeilage" mit Hinweis auf die Anzahl der Verkehrsopfer, oder das Ausüben gefährlicher extremer Sportarten, in unserer Gesellschaft jederzeit möglich und statistisch mit einem wesentlich höheren Risiko behaftet als das Arzneimittel. Allerdings läßt der reine Liberalismus durch das Prinzip des freien Marktes allein keine materielle Gerechtigkeit erwarten.

Diese Szenarien machen deutlich, welche enorme Spannweite an Optionen die unterschiedliche Abwägung mittlerer ethischer Prinzipien wie der freien Selbstbestimmung, der Fürsorgepflicht, der Solidarität und der Subsidiarität theoretisch zuläßt.

Lösungsansätze? Ein vorsichtiges Fazit

Das Gesundheitswesen der Bundesrepublik Deutschland ist einer der am stärksten regulierten Bereiche. Dies betrifft in besonderem Maße den Arzneimittelbereich. Gesetze und Verordnungen, aber auch Selbstregulierungsmaßnahmen der Verbände schränken die Handlungsspielräume aller am Gesundheitssystem beteiligten Partner stark ein. Die Staatseingriffe werden in der Regel nach v.d. Schulenburg (1987) mit dem Verweis auf „hehre Grundsätze" begründet: das Sachleistungsprinzip, das Solidaritätsprinzip und das Selbstverwaltungsprinzip; für alle 3 Prinzipien gebe es ökonomische Begründungen, aber sie würden auch mit erheblichen volkswirtschaftlichen Kosten erkauft. Können wir es uns jedoch angesichts knapper werdender Mittel noch leisten, am Ideal einer, wie Richard von Weizsäcker sie nannte, „Vollkaskogesellschaft" festzuhalten, in der sich immer mehr Bürger in die soziale Hängematte legen, bis sie schließlich reißt (v.d. Schulenburg 1989)? Sind Solidarität mit unterlegtem Generationenvertrag und Subsidiarität mit Selbstverwaltungsillusion, die „Glaubensartikel der Ersatzreligion des Sozialstaates", wie Horst Baier (1990) formuliert, nicht längst als ideologische Scheinwelten enttarnt? Warum darf für das Gesundheitswesen oder das Arzneimittel die fundamentale Erkenntnis nicht gelten, daß der Erhalt der wirtschaftlichen Entscheidungsfreiheit bei funktionierenden Märkten das beste Instrument zur Mittelverteilung darstellt? Obgleich es nicht an mahnenden Stimmen erfahrener Soziologen, Gesundheitsökonomen und Versicherungsexperten mangelte, die auf die Notwendigkeit einer wettbewerbsorientierten Reform zur Erhöhung der Effizient, der Flexibilität und der Innovationsfähigkeit des Systems hinwiesen, führte das Gesundheitsreformgesetz in Form der Festbeträge weitere dirigistische wettbewerbshemmende Bestimmungen in den Pharmabereich ein. Angebracht wäre hingegen eine Deregulierung des Arzneimittelwesens mit Stärkung marktwirtschaftlicher Anreize, ein schrittweiser Ersatz von Wettbewerbsbarrieren durch sozialverträgliche Selbstbeteiligungsmodelle, begleitet von einer breiten Förderung der Selbstverantwortung und des Gesundheitsbewußtseins des Bürgers.

Auffallend ist, daß das Gesundheitsreformgesetz, übertragen auf den Arzneimittelbereich, keiner der 4 Forderungen für ein ethisch verantwortbares Gesundheitswesen von Engelhardt (1988) Rechnung trägt. Versorgungsgleichheit und Wahlfreiheit werden eingeschränkt, beim Arzt durch die Negativliste und die geplanten Richtgrößen, beim Patienten durch den Dualismus zwischen zuzahlungsfreien und zuzahlungspflichtigen Medikamenten als Folge der Festbetragsregelung. Trotz der anerkannten Kosteneffektivität der Pharmakotherapie wird der Fortschritt der deutschen Arzneimittelforschung, die bis dato nach der Anzahl der Erfindungen zu den drei erfolgreichsten Ländern der Welt gehört, durch das Gesundheitsreformgesetz beeinträchtigt, was sich langfristig als volkswirtschaftlicher Bumerang erweisen könnte. Schließlich beruht die führende Position der Bundesrepublik Deutschland bei der Ausfuhr von Arzneimitteln – allein 1979 bis 1988 wurden 33 Mrd. DM Exportüberschüsse erwirtschaftet – auf der Innovationskraft ihrer Forschung und dem Qualitätsstandard ihrer Produkte. Zu fordern ist eine Verlängerung der effektiven Patentschutzlaufzeiten, um die Innovationskraft und die Wettbewerbsfähigkeit der deutschen forschenden Pharmaindustrie zu erhalten. Das Verantwortungsprinzip in Forschung, Entwicklung, Herstellung und Vermarktung von Arzneimitteln ist zu stärken, so daß es durch glaubhafte Öffentlichkeitsarbeit zu einer Versachlichung der öffentlichen Diskussion über das Arzneimittel kommt. Das schmerzliche Fehlen systematischer, umfassender Basisdaten des Gesundheitswesens und dessen systemimmanente methodische Probleme, etwa die Operationalisierung des Parameters „Lebensqualität", rufen nach einer Förderung der gesundheitsökonomischen Forschung und einer Gesundheitsberichterstattung (Andersen u. von der Schulenburg 1989).

Einer grundlegenden Änderung unseres historisch gewachsenen und in aller Welt bewunderten Gesundheitssystems werden von den meisten Beobachtern kaum Chancen zugesprochen. Zu starr sind die Regularien, zu groß ist das Interesse der Beteiligten, den Status quo zu erhalten. Ob unsere Kinder, so v.d. Schulenburg, noch bereit sein werden, eine Sozialversicherung zu finanzieren, die Eigenvorsorge, Naturheilverfahren und präventive Lebensstile diskriminiert und ein Versorgungssystem „à la Reparaturwerkstatt" bevorzugt, ist fraglich. Sie aber werden den demographischen Wandel mit der starken Zunahme des Anteils älterer Menschen und die dadurch bewirkte intergenerative Umverteilung immer stärker spüren. Sicher ist jedoch eines: Wie bei allen multifaktoriell bedingten Erkrankungen wird das alleinige Kurieren des Symptoms „Arzneimittelkosten" die

Krankheit (oder Befindlichkeitsstörung?) des Gesundheitswesens nicht heilen können. Die Rezidivgefahr ist unverkennbar. Ganzheitliche Ansätze sind das Gebot der Stunde.

Literatur

Andersen HH, Schulenburg JM von der (1989) Gesundheitsökonomie. Disziplinen – Forschungsfelder – Perspektiven („discussion paper"), Wissenschaftszentrum für Sozialforschung, Berlin, S 12–23
Baier H (1990) Sozialstaat: Im Filz der Abgaben und Zuteilungen. In: Barbier HD (Hrsg) Die Moral des Marktes. Wirtschaftspolitik in einer offenen Welt. Gabler, Wiesbaden, S 27–38
BPI (Hrsg) (1989) Pharma Daten 89. Frankfurt
Engelhard HT jr. (1988) Zielkonflikte in nationalen Gesundheitssystemen. In: Sass H-M (Hrsg) Ethik und öffentliches Gesundheitswesen. Springer, Berlin Heidelberg New York Tokyo, S 35–43
IMS (Hrsg) (1987–1990) Der Pharmazeutische Markt (DPM). Frankfurt
Schulenburg JM von der (1987) Deregulierung und Privatisierung im Gesundheitswesen. Von der Schutzglocke einer zunftmäßigen Ordnung. Neue Zürcher Zeitung 24.11.1987, S 39
Schulenburg JM von der (1989) Ehrenrettung für eine moderne Sozialpolitik. Neue Zürcher Zeitung 02.08.1989, S 35

Beratung im Gesundheitswesen

R. Dinkel

Frau Schöne-Seifert hat zwei ethisch relevante Aspekte der Gesundheitsökonomie unterschieden

- Rationalisierung als Inbegriff aller Maßnahmen zur Steigerung der Effizienz und
- Rationierung als Vorenthaltung eigentlich wirksamer medizinischer Güter und Dienstleistungen.

Diese begriffliche Differenzierung war ohne Zweifel für die hier stattfindende Diskussion im Interesse einer Sprachregelung zwischen sonst miteinander „sprachlosen" Fachdisziplinen hilfreich. Aus der Sicht der Gesundheitsökonomie hat sich jedoch das Problem eher vernebelt als geklärt. Ökonomie im Gesundheitswesen bedeutet nichts anderes als die Anwendung des ökonomischen Prinzips. Dieses Prinzip liegt jedem rationalen Handeln zugrunde, sei es im privaten, sei es im wirtschaftlichen Bereich, und sollte – das ist die Erwartung – auch bei der Erstellung von Gesundheitsgütern bzw. dem Erbringen von Gesundheitsleistungen gültig sein.

Das ökonomische Prinzip beschreibt eine Zweck-Mittel-Beziehung, es beschäftigt sich mit der zweckmäßigen Wahl von Mitteln für gegebene Ziele. Diese Zweck-Mittel-Wahl kennt zwei Ausprägungen: die Kostenwirtschaftlichkeit und die Ertragswirtschaftlichkeit.

Kostenwirtschaftlich ist jene Verfahrensweise, bei der ein bestimmtes Ergebnis/Ziel mit dem geringstmöglichen Mitteleinsatz erreicht wird. Es geht hier also um Effizienzsteigerung durch sparsame Verwendung der Mittel, um Sparsamkeit.

Ertragswirtschaftlich ist jene Verfahrensweise, bei der mit gegebenen Mitteln ein größtmögliches Ergebnis bzw. Ziel erreicht wird. Es geht hier also um Effizienzsteigerung durch möglichst ergiebige Verwendung der Mittel, um Ergiebigkeit.

Die Anwendung des ökonomischen Prinzips zielt in beiden Ausprägungsformen auf eine Rationalisierung, auf eine Steigerung der Effizienz. Das Maß der Effizienz ist das Verhältnis zwischen Ziel und Weg zum Ziel, zwischen Zweck und Mittel, zwischen Nutzen und Kosten. Wenn Frau Schöne-Seifert von Rationierung spricht, meint sie den Ausschluß nicht als ergiebig ermittelter Maßnahmen von der Versorgung, also das Ergebnis bzw. die Schlußfolgerung aus einer Wirtschaftlichkeitsanalyse.

Die Frage der Effizienz im Gesundheitswesen zielt stets auf die Ermittlung und Abwägung zwischen Nutzen und Kosten. Effizienzsteigerung ist also nicht zwangsläufig mit der Einsparung von Kosten identisch – ein Aspekt, der für das Handeln des Mediziners von entscheidender Bedeutung ist; Effizienz ist auch dort gegeben, wo einem vermehrten Kostenaufwand ein höherer überkompensierender Nutzen gegenübersteht. Deshalb erfüllen z.B. auch jene Arzneimittel die Forderung nach Wirtschaftlichkeit, die vergleichsweise höhere Dosiskosten haben, dafür aber höhere Wirksamkeit, größere Sicherheit, leichtere Applikation usw.

Anforderungen an ethische Prinzipien

Gorovitz[1] stellt drei Anforderungen an ethische Prinzipien:

- sie müssen verständlich, einsehbar sein, sonst verlieren sie ihre Funktion als Handlungsanleitung;
- sie müssen universell sein, von der Gleichwertigkeit aller Menschen ausgehen;
- sie müssen konsensfähig sein, d.h. sie müssen mit den gesellschaftlich anerkannten und allgemein geteilten Überzeugungen und Wertvorstellungen korrespondieren.

Genügt die heutige medizinische Ethik diesen Anforderungen, im besonderen unter dem Blickwinkel der Ökonomie?

Ökonomieforderung in der Gesellschaft

Die Diskussionen im Rahmen dieser Konsultation haben zur Genüge belegt, welche fundamentale Veränderung die Einstellung zur Finanzierbarkeit des Gesundheitswesens in jüngerer Vergangenheit erfahren hat. Die einstige Prämisse, daß die Nachfrage nach Gesundheitsgütern und -diensten begrenzt sei, daß irgendwann ein Zustand optimaler Gesundheitsversorgung erreicht sei – eine Überzeugung, die sowohl von den sozialistischen Begründern des National Health Service (NHS) wie den Initiatoren der Aktion „Health for All in the Year 2000" geteilt wurde –, hat sich als Illusion herausgestellt. Das Gesundheitswesen erwies sich, wie Professor Fuchs formulierte, als unersättlich und ist an die Grenzen seiner Finanzierbarkeit gestoßen. Nicht mehr alles, was medizinisch-therapeutisch möglich ist, kann auch finanziert werden. Die Abkehr von der ausgabenorientierten Einnahmepolitik zu einer einnahmeorientierten, auf Beitragssatzstabilität abstellenden Ausgabenpolitik in der Bundesrepublik kennzeichnet diese Entwicklung.

Die Feststellung, daß es einer Diskussion um die Verteilung der begrenzten Mittel bedarf, ist somit sowohl in der Gesellschaft als auch im Gesundheitssystem auf Makroebene unbestritten. Nur in der individuellen ärztlichen Ethik zeigt sich ein Wahrnehmungsdefizit. Auch bei dieser Tagung lassen Äußerungen erkennen, daß das Verteilungsproblem nicht erkannt oder zumindest nicht offiziell erkannt wird. Gefordert wird eine Nichtlimitation der Mittel für das Gesundheitswesen.

Eine Ethik jedoch, die die Verteilungsproblematik und die damit verknüpften Fragen der Wirtschaftlichkeit des Handelns im Interesse des Gemeinwohls ausklammert, läuft Gefahr, sich vom Wertemuster der Gesellschaft abzulösen, nicht mehr konsensfähig zu sein. Eine solche Ethik muß sich den Vorwurf gefallen lassen, Quelle für Ineffizienz zu sein, damit irrational und letztlich nur ausgerichtet auf die Maximierung des eigenen Einkommens.

Es ist eine gefährliche Gratwanderung, auf die sich die Medizin mit einer Partikularethik begibt, die nicht mehr konsensfähig ist. Sie führt in die gesellschaftliche und politische Isolation.

---

[1] Gorovitz S (im Druck) The discipline of ethics. In: Dinkel R, Horisberger B, Tolo K (Hrsg.) Improving drug safety: a joint responsibility. Springer Berlin Heidelberg New York Tokyo

Konsequenzen der Isolation

Es ist bei dieser Tagung einleitend darauf verwiesen worden, daß zwar die politische Exposition der Ärzteschaft und anderer Heilberufe zunimmt, der Dialog zwischen Politik und Medizin jedoch versiegt ist, die Medizin ihr Umfeld immer weniger gestalten kann, wie am Beispiel der Gesundheitsreform abzulesen ist.

Es ist darüber hinaus dargelegt worden, daß sich Kontrollen und Regulierungen progressiv verschärfen, der Grad der Fremdbestimmung wächst, die Anzeichen für eine nahezu lückenlose öffentliche Kontrolle des Leistungsangebots der Heilberufe unübersehbar sind.

Wollte man für diese Entwicklungen die Existenz und das Wirken der Gesundheitsökonomie verantwortlich machen, verwechselte man Ursache und Wirkung. An anderer Stelle ist hier mit Recht darauf hingewiesen worden, daß es weder einer Gesundheitsökonomie noch einer Gesundheitspolitik bedürfe, wenn im Gesundheitswesen funktionierende Mechanismen der Selbstregulierung bestünden. Die aufgezeigten Entwicklungen sind vielmehr mit ein Ausfluß der politischen Isolation, der verlorenen Autonomie im Handeln.

Lösungsansätze

Welche Wege bieten sich an, den verlorenen Aktionsspielraum zurückzugewinnen?

1. Langfristziel: Neue Ethik

Professor Arnold fordert eine „neue" medizinische Ethik angesichts der bereits vorhandenen und der sich zukünftig verschärfenden Allokationsprobleme. Sollen Allokationsentscheide nicht allein auf der Basis von Wirtschaftlichkeitsanalysen gefällt werden, muß diese neue Ethik versuchen, die bestehende Polarisierung zwischen Gesundheitsökonomie und Medizin zu überwinden. Das Denken in Kategorien des Gemeinwohls in Ergänzung zum Denken für das Wohl des individuellen Patienten muß integrierter Bestandteil der medizinischen Ethik werden. Gefordert ist der ökonomisch denkende und handelnde Mediziner!

2. Kurzfristziel: Überwindung der Sprach- und Verständnislosigkeit

Ein kurzfristig erreichbares Zwischenziel ist die Überwindung der Sprach- und Verständnislosigkeit der Medizin im interdisziplinären Diskurs mit der Ökonomie. Gesundheitsökonomie kann ohne Grundwissen über Medizin nicht existieren. Reziprok sollte seitens der Medizin die Anstrengung aufgebracht werden, sich mit den Denkkategorien der Ökonomie zu befassen. Zumindest den ärztlichen Standesvertretern sollten die Grundzüge volks- und betriebswirtschaftlicher Begriffswelten und Lehrinhalte vertraut sein. Interdisziplinäre Veranstaltungen wie diese in Bad Boll sind ein wichtiger Beitrag hierzu. Das Angebot gesundheitsökonomischer Lehrveranstaltungen für die Heilberufe, sei es an der Universität, sei es im Rahmen der beruflichen Weiterbildung, ist ein unverzichtbarer weiterer Schritt.

Diskussion 7

Kolkmann:
Ein Grund zur Aufregung ist Ihr gestriges Referat, Herr Grupp. Sie haben im Grunde genommen nichts Neues gesagt, sondern wiederholt, was in der Diskussion zum GRG bereits gesagt worden ist. Ich habe keine einsichtige Begründung für die Notwendigkeit des GRG vernommen, wie diese auch vorher nicht gegeben worden ist. Wer bestimmt denn nun eigentlich die Höhe der Gesundheitsausgaben? Stellt das Herr Blüm oder wer auch immer willkürlich fest, daß das 10 oder 11% des Bruttosozialprodukts sein dürfen? Die Erfolgsmeldungen, die Sie gegeben haben, sind sicher so nicht richtig. Man hat das gewissermaßen schlicht und einfach eingekauft, indem man eine Selbstbeteiligung eingeführt hat, aber zu feige war, das so zu nennen. Die Einsparungen gehen ganz eindeutig, auch wenn es Härteregelungen gibt, auf das Konto der sozial Schwächsten in diesem Staat, nämlich auf das Konto der Armen, der chronisch Kranken und der Alten. Davon haben wir gestern nichts gehört. Ist man sich dessen nicht bewußt gewesen, oder wo ist die ethische Veranlassung gerade zu einer solchen Regelung gewesen? Denn gerade diese Menschen, das wissen wir Ärzte aus der praktischen Erfahrung, sind häufig einfach zu unbeholfen, um etwa die Bürokratie auf sich nehmen zu können, die notwendig ist, um Ausnahme- und Härteregelungen in Anspruch zu nehmen.

Eine Prognose von Herrn Grupp hat mich sehr bedenklich gestimmt: Die Selbstverwaltung müsse die Probleme regeln, sozusagen den Erfolg des GRG sicherstellen. Wenn die Selbstverwaltung das nicht schaffe, dann mache man das von Staats wegen – als ob wir nicht gerade jenseits der Elbe die verheerenden Folgen einer zentralen Gesundheitssteuerung ganz plastisch vor Augen geführt bekämen. Die Selbstverwaltung ist übrigens kein Instrument, das irgendwelche Entscheidungen verschleiert. Meines Erachtens ist sie eine demokratisch intakte Selbstverwaltung und geschieht doch vor der Öffentlichkeit.

Ich habe gestern mehrfach den Eindruck gehabt, daß die Beschäftigung mit der Ethik etwa nach dem Motto, den Letzten beißen die Hunde, gerade bei denen hängenbleiben wird, die auf der Ebene 4 von Herrn Fuchs tätig sind, also etwa den Ärzten, während die ökonomischen Entscheidungen eben dann doch im höheren Chor von Politik und Gesundheitsökonomie getroffen werden. Das ist insofern bequem und günstig, als wir ja eine gut ausgebaute Medizinethik haben. Daher, Herr Grupp, ist es ein bißchen zynisch, wenn Sie sinngemäß sagen, daß die Medizin sich künftig ökonomisch zu rechtfertigen habe. Rechtfertigung liegt bei mir primär nicht im Ökonomischen. Jedenfalls nicht auf der Ebene, auf der ich tätig bin. Ich habe gestern wieder die Klage gehört, die man schon vor dem GRG geführt hat, daß sich die Ärzte nicht mehr an die Grundlohnsummenbindung halten wollen und daß auch deswegen Erfolge des GRG gefährdet sein könnten. Dazu muß man ganz klar sagen, daß diese Forderung der Ärzte selbstverständlich ist. Es gibt doch wohl kaum irgendein System, in dem das Risiko auf Dauer bei den Ärzten und nicht bei der Krankenversicherung liegt. Und was Sie gestern in den Raum gestellt haben, klang so, als ob das Risiko ständig bei den Ärzten liegen sollte. Herr Arnold hat zu meiner großen Erleichterung schon am Freitag darauf hingewiesen, daß es nicht unethisch ist, wenn ein Arzt für seine Leistung Gebühren erhebt und das in einem rechtlichen Rahmen geregelt ist. Ich würde es als ausserordentlich peinlich empfinden, wenn sich die Diskussion hier jetzt wieder darum drehen sollte, wie hoch denn die Einkommen der Ärzte bemessen sein sollten.

Der gesamte Verlauf der bisherigen Konsultation läuft ein bißchen darauf hinaus, daß wir erklärt bekommen haben, was Ökonomie ist, wie es um die Ethik der Ökonomie bestellt ist. Wir haben Erklärungen, Analysen, Kommentare gehört. Fast alle Referenten haben darauf hingewiesen, daß wir eine neue Ethik, ein neues Ethos, wie Herr Arnold gesagt hat, für Allokationsentscheidungen brauchen, oder daß nach Fuchs die Verteilungsgerechtigkeit ein eminent ethisches Problem darstellt. Das ist aber bislang eigentlich nicht weiter ausgeführt worden. Welche Normen sollen denn gelten? Wenn Herr Arnold vom Allgemeinwohl spricht, ist mir das auch zu allgemein. Man hat festgestellt, daß es eine Solidargemeinschaft im engeren Sinne eigentlich gar nicht mehr gibt. Wenn das so ist, wird dann nicht überhaupt die gesamte Bismarcksche Krankenversicherung hinfällig? Ist ihr nicht die Grundlage entzogen? Operiert nicht auch das GRG mit seiner Neubestimmung dieser gar nicht mehr existierenden Solidarität an einem Phantom herum? Und was soll man denn an die Stelle der Solidarität stellen? Und schließlich: Wer bestimmt das? Es ist hier auch unwidersprochen mehrfach in Beispielen davon gesprochen worden, daß es bei uns bereits eine Rationierung gibt. Darüber besteht offenbar Konsens. Auf welcher der vier Ebenen ist eigentlich über die Rationierung entschieden worden? Und wie soll man das bewerten?

Wir haben gestern ausführlich über Prävention gesprochen. So, wie Prävention von vielen verstanden wird, fürchte ich, daß dahinter der Wahn steht, Krankheiten seien vermeidbar und Gesundheit sei machbar. Und das ist auch schon politische Realität oder hat politische Relevanz. Ich halte das für sehr gefährlich, denn wenn das zur Überzeugung wird, dann könnte man leicht zu Sanktionen gegenüber denen kommen, die krank werden, weil sie sich eben schuldhaft verhalten haben.

Grupp:
Ich möchte einen Teil der Kritik aufnehmen und für berechtigt halten. Daß ich die ethischen Bezüge der Gesundheitsreform nicht so in den Vordergrund gestellt habe, ist richtig.

Es sollte deutlich geworden sein: Wenn in einem Gesundheitswesen Mittel verschwendet werden oder für Bagatellen ausgegeben werden, während es an anderer Stelle knapp wird, dann hat das eine ethische Dimension. Dann müssen Politiker, Ärzte und andere sich Gedanken machen, was zu tun ist, damit unnötige, überflüssige Leistungen abgebaut werden, damit Mittel frei werden. Wir müssen ehrlicherweise feststellen, daß es an vielen Stellen unseres Gesundheitswesens unnötige oder medizinisch wenig sinnvolle Leistungen gibt. Wir hatten gestern, und dies war unbestritten, gesagt, daß durch bestimmte Mechanismen bei den Einzelleistungsvergütungen ein Anreiz für unnötige Leistungen entsteht. Wir haben zu viele Krankenhausbetten, wir haben in der Zahnmedizin für Prothetik hohe Ausgaben, die durch einen Bruchteil ersetzt werden könnten, wenn wir mehr in der Prävention täten, wir haben zu hohe Arzneimittelpreise und einen zu hohen Arzneimittelverbrauch. Hier liegt der Ansatz für das GRG und gleichzeitig – unter dem Aspekt der Verteilungsgerechtigkeit – ein ethischer Ansatz.

Arnold:

Herr Kolkmann hat im Grunde genommen den Referenten vorgeworfen, das Thema verfehlt zu haben, denn es sei viel über die Ökonomie geredet worden, aber was das Ganze mit Ethik der Ökonomie zu tun habe, sei nicht zu erkennen. Da muß ich einfach noch einmal auf meinen Beitrag hinweisen, in dem ich mich darum bemüht habe, gerade dies darzustellen. Was ich dort zum Allgemeinwohl und zur Verpflichtung des Arztes gesagt habe, sich bei der Leistungserbringung stets der solidarischen Finanzierung bewußt zu sein, sei zu ungenau. Bei Hans-Martin Sass und Herbert Viefhues[1] kann man genau dies nachlesen. Überhaupt findet sich in diesem Heft eine ganze Reihe von Aussagen, die ich in meinem Vortrag mit anderen Worten gemacht habe.

In einem stimme ich Ihnen zu: Herr Grupp hat nicht die Begründung für das GRG gegeben. Das war auch nicht seine Aufgabe und Absicht. Sie haben die Frage gestellt: Wer legt eigentlich die Gesundheitsquote fest, wer legt fest, ob es 10 oder 11% sein sollen? Dies ist nach dem Vortrag von Herrn Horisberger diskutiert worden: Herr Schölmerich stellte nämlich die Frage, ob die 10% naturgegeben sind oder sich ableiten lassen. Die Antwort war: Sie sind natürlich nicht wissenschaftlich abgeleitet worden. Aber es ist auch nicht so, daß Herr Blüm sie festgesetzt hätte, sondern der Grundsatz der Beitragssatzstabilität ist in einem Gesetz der Bundesrepublik Deutschland verankert, das von einem Parlament verabschiedet wurde, welches demokratisch gewählt ist und damit den Willen des Volkes repräsentiert. Und wenn Sie nun feststellen, daß dies nicht genug ist, sondern die Medizin mehr Mittel benötige, dann muß das von eben dieser Medizin begründet werden, und wenn es gelingt, kann vom Grundsatz der Beitragssatzstabilität abgegangen werden.

Diese Mehrallokation zu begründen ist aber schwierig, denn es stellt sich die Frage, inwieweit eigentlich all die Leistungen, die von der Medizin erbracht werden, wissenschaftlich gerechtfertigt sind. Herr Laaser hat zutreffend festgestellt, daß viele kurative Maßnahmen genauso wenig wissenschaftlich gesichert sind wie die präventiven, und Frau Stein hat dies bestätigt, und es gibt noch viele andere, die in ähnlicher Weise argumentieren. Es ist also wirklich so, daß die Medizin beweisen muß, daß das, was sie tut, auch den Nutzen hat, den sie behauptet. Ihre Position hätte am Anfang der Tagung deutlich gemacht werden müssen, dann hätte man darüber sprechen können – aber damit wäre ein ganz anderes Thema in

---

[1] Sass H-M, Viefhues H (1988) Ethik in der ärztlichen Praxis und Forschung. Bochumer Materialien zur Medizinischen Ethik. duphar med script, Hannover, Bd. 2

den Mittelpunkt der Tagung gerückt worden, als es den Absichten der Veranstalter entsprach.

Kamp:
Der Patient ist nicht nur heute, sondern in den letzten Tagen kaum erwähnt worden. Was will *er* denn? Will er eine solidarische Verpflichtung oder die Freiheit eines mündigen Bürgers? Es müßte doch auch Untersuchungen der Versicherungswirtschaft geben, wie er mit den Zwängen der Verteilung und mit der Verteilungsgerechtigkeit zurecht kommt.

Schölmerich:
Ich würde vorschlagen, noch einmal über den Komplex von Schuld zu sprechen, v.a. im Zusammenhang mit Selbstverschulden, mit Krankheitsentwicklung im Zusammenhang mit psychosozialen Faktoren, die ja die Frage der Schuld sehr stark relativieren können.

Salzl:
Mich würde die ethische Rechtfertigung der Ausgaben für Prävention interessieren: Gesundheitsförderung in der Weise, wie sie derzeit betrieben wird, als PR-Artikel der gegliederten Krankenversicherung einerseits, oder vernünftige, auf den Patienten bezogene Gesundheitsförderung andererseits.

Pfeiffer:
Vielleicht könnten wir gegen Ende der Diskussion die gerade angesprochene Fragestellung noch einmal aufnehmen, auch aus theologisch-ethischer Sicht, nämlich nach dem Verhältnis von solidarischer Anstrengung im Hinblick auf Notsituation einerseits und der im Alten und Neuen Testament natürlich auch angesprochenen Pflicht, Rechenschaft abzulegen vom eigenen Tun und Handeln. Ich nenne nur den Satz: „Was der Mensch sät, das wird er ernten." In diesem Spannungsfeld müssen sich unsere Überlegungen bewegen.

Schultz:
Als Patient würde ich auch nach dem GRG von meinem Arzt erwarten, daß er so bleibt, wie er immer war, denn zu ihm habe ich ein Vertrauensverhältnis. Er soll sich nicht als Hilfssheriff der Politik empfinden, denn zur Politik gelingt mir ein solches Vertrauensverhältnis nicht. Ich will das begründen und damit auf das Thema Selbstverwaltung kommen. Lange Jahre vor dem GRG hat sich die Ärzteschaft vorbildlich verhalten in bezug auf Vernunft, wenn man Ökonomie einmal dahingehend übersetzt, und in bezug auf Anstand, wenn man Ethik so übersetzen will. Durch die Vereinbarung mit der Ärzteschaft ist auf die Beitragssätze der GKV überhaupt kein Druck mehr ausgegangen. Hätten sich andere Sektoren des Gesundheitswesens ähnlich verhalten, ich meine den großen „Naturschutzbereich Krankenhausunwesen", hätten wir die Diskussion des angeblichen Endes der Fahnenstange der ökonomischen Leistungsfähigkeit nicht.

Bauer:
Was den Patienten anbetrifft und was er eigentlich will, so kann ich nur sagen, daß

alle Untersuchungen zeigen, daß er an dem ganzen Geschäft relativ unbeteiligt ist. Er weiß so gut wie nichts. Er ist nur dann, wenn er krank ist, interessiert, daß er die Leistungen bekommt, die er wünscht. Ich habe schon gestern darauf hingewiesen, daß er sehr stark zum Objekt wird.

Große-Ruyken:
Der Arzt verhält sich in der Regel heute auch noch so, wie sich ein Arzt verhalten muß. Dafür ist er Arzt geworden. Er will seinen Patienten nach besten Kräften und Möglichkeiten helfen. Dieses ist unbestritten. Sämtliche Bevölkerungsumfragen beweisen, daß noch ein gutes Verhältnis zwischen Arzt und Patienten vorhanden ist. Aber im heutigen Gesundheitssystem sind wir weder Fisch noch Fleisch; es ist kein marktwirtschaftliches System, es ist kein staatliches System, es ist eines, das in der Diskrepanz zwischen diesen Polen mehr oder weniger dahinsiecht. Man muß entscheiden, was man will. In diesem Zwitterdasein werden wir auf die Dauer mit Sicherheit nicht so weiterleben können wegen der begrenzten Ressourcen. Doch welchen Zweck hat denn Geld überhaupt für den Menschen? Ist es dafür da, daß wir uns bestmöglich wohlbefinden, daß wir Lebensqualität erzeugen? Das Gesundheitswesen ist ein nennenswerter Markt im gesamtwirtschaftlichen System, der zum Wohlbefinden beiträgt. Daß man durch Zwangsbeiträge das Wohlbefinden von vielen erkauft, anstatt die Mündigkeit des Bürgers zu nutzen, die eine Frage der Bildung ist, scheint mir fragwürdig. Mitverantwortung für sich und seine Mitmenschen zu tragen – wenn wir uns diese Bildung als Ziel vor Augen halten, dann müssen wir einmal darüber nachdenken, wie wir sie endlich unters Volk bekommen. Das ist für mich die Frage schlechthin. Wenn wir Ärzte unser System von Prävention, Gesundheitsförderung, Kuration und Rehabilitation als ärztliche Zielvorstellungen vortragen, so ist das letztlich nichts anderes, als den Patienten mündig zu machen, als zu versuchen, daß er durch seinen somatischen und psychischen Status in die Lage versetzt wird, die Verantwortung, die er hat, auch zu tragen. Das wäre eine der größten ethischen Herausforderungen für uns Ärzte. Daß der Arzt von dem, was er tut, leben muß, ist selbstverständlich, sonst würde es nicht Honorar heißen. Daß aus diesem Honorar heutzutage etwas vollständig Abgewirtschaftetes geworden ist, daran sind eigentlich nicht die Ärzte schuld. Sie haben früher die Armen umsonst behandelt, sie würden es heute noch gerne tun, wenn die Umstände so wären.

Sollten wir von dem, was wir für unsere Wohlbefindensförderung alles investieren, nicht denen etwas abgeben, die in unterentwickelten Ländern leben? Das scheint mir die größte Herausforderung für uns zu sein. Ich brauche das wohl nicht weiter auszuführen.

Salzl:
Der Patient weiß sehr viel, und darin steckt eine ethische Dimension, die wir in unseren Erörterungen überhaupt nicht bedacht haben, nämlich die Frage des Medizinjournalismus, der Berichterstattung über alle möglichen Krankheiten, über angeblich bestehende Heilungschancen, die nicht realisierbar sind, und die daraus erwachsenden Wünsche und Erwartungen des Patienten an die Ärzteschaft. Das ist ein eminenter Kostenfaktor, den man hier zu Unrecht ausgeklammert hat.

Stein:

Natürlich wird durch den Medizinjournalismus viel falsche Hoffnung verbreitet, aber man bedenke bitte, wer unsere Informanten sind. Das sind Mediziner, die sich z.B. profilieren wollen. Daß manche Journalisten liebend gerne nur über Lungentransplantationen statt über Gesundheitsökonomie schreiben – denn das kommt natürlich besser an –, ist klar. Es gibt darüber Analysen, daß jeder Journalist einen Informanten mit bestimmten Interessen hat, und man kann es den Journalisten nicht übelnehmen, diese Informationen zu benutzen.

Woher kommt das Anspruchsdenken der Patienten? Natürlich durch die Zeitungen, aber auch dadurch, daß die Medizin so viele Angebote macht. Ein Beispiel: Bei der Gesundheitsuntersuchung haben die Ärzte durchgesetzt, daß das EKG, was nach meiner Ansicht völlig unsinnig ist, dazugehört. Alle wollen nun ihr EKG haben: „Ach ja, Herr Doktor, das EKG hat mir letzte Woche so gut getan, machen Sie doch wieder eins." Und wenn der Arzt das mitmacht, dann ist doch nicht der Patient daran schuld. Außerdem möchte ich mich dagegen wehren, daß die Patienten in den Topf des Gesundheitswesens gehören. Sie sind diejenigen, die die Suppe auszulöffeln haben. Und manchmal ist in der Suppe etwas drin, was sie gar nicht brauchen. Das haben sie aber nicht hineingetan.

Schölmerich:

Herr Mohr hat ein neues Arztbild angesprochen, ich nehme an, daß er an das partnerschaftliche Modell denkt. Es gibt ja drei Modelle, die jetzt diskutiert werden: das paternalistische, der Arzt als Experte, der Patient voll Vertrauen; das Vertragsmodell mit vielen technischen Verfahren und Laborleistungen; das partnerschaftliche. Wenn eine neue Arztethik gefordert wird, dann ist sicherlich eine neue Patientenethik ebenso wichtig. Ich glaube, hier ist wirklich eine Aufgabe des öffentlichen Diskurses. Es müssen Informationen gegeben werden, die den Patienten in die Lage versetzen, seinen Stellenwert in seinen Anforderungen zu definieren. Hier hat sicher auch der Wissenschaftsjournalismus eine ganz besondere Aufgabe, aber auch wir alle.

Zollner:

Herr Bauer verquickte in seiner Äußerung Beitragszahler und Patient. Der Beitragszahler hat kein Interesse daran, was in der Arztpraxis passiert. Er hat ein Interesse daran, möglichst wenig Beitrag zu bezahlen. Aber wenn er dann als Patient auftaucht, weiß er sehr wohl, was er will und was er fordert, und dann kommt auch immer die Aussage, er zahle ja genug Beitrag, er wolle dies wieder herausholen. Diese Aussage hört man in der Praxis oft.

Mohr:

Daß gerade Nichtärzte die Sinnhaftigkeit des Einsatzes eines EKG so hart beurteilen wie Frau Stein, bedrückt mich etwas. Ich bin seit 18 Jahren Internist und weiß durchaus den Wert auch eines Ruhe-EKG bei meinen Patienten einzuschätzen. Es schlicht damit abzutun, daß es sinnlos wäre und sich dabei auf irgendein dubioses britisches Gutachten zu beziehen, scheint mir nicht ausreichend zu sein. Und der Patient hat ein ganz gutes Gespür dafür und sollte durchaus mitentscheiden.

So schlicht, daß nur profilsüchtige Mediziner am Medizinjournalismus schuld sind, möchte ich dieses Problem auch nicht sehen. Ich glaube, der Journalist lebt von dieser Art der Veröffentlichung, vor allen Dingen, wenn er freier Journalist ist. Und je eklatanter eine Fehlmeldung ist und je mehr sie aufgebauscht wird, um so größer ist die Wahrscheinlichkeit, daß sie gebracht wird.

Stein:

Was ich über das EKG innerhalb der Gesundheitsuntersuchung gesagt habe, bezieht sich nicht auf eine englische Studie, sondern auf eine ausführliche Sitzung der Deutschen Gesellschaft für Sozialmedizin vor einigen Monaten. Dort wurde genau erläutert, warum das EKG innerhalb der Gesundheitsuntersuchung sinnlos ist und Befundkranke macht.

Firnkorn:

Frau Stein wollte darauf aufmerksam machen, daß es hier eine Interessenkoinzidenz zwischen Patient und Arzt gibt, die zu einem ökonomischen Problem führt. Der Patient, der im Akutfall als Krankenversicherter keine auf seinen Fall bezogenen Zahlungen leisten muß, ist an einem Optimum von Leistungen interessiert; der Arzt verdient je nach Abrechnungsverfahren an jeder erbrachten Leistung oder will zumindest seinen Patienten zufriedenstellen und ihn damit behalten. Ein irgendwie gearteter Mechanismus der Begrenzung der Inanspruchnahme von medizinischen Leistungen in diesem individuellen Verhältnis zwischen Arzt und Patient fehlt. Daraus erwächst das ökonomische Problem, die Inanspruchnahme von Ressourcen, die nun einmal begrenzt sind, auf eine andere Weise zu sichern, als dies in einem markt- und damit preisbestimmten System der Fall ist. Hier hat die Inanspruchnahme der Ärzte als „Zuteiler" ihre Wurzel, was den Ärzten dann im Verhältnis zu ihren Patienten ethische Probleme verschafft.

Pflanz:

Mich beängstigt die Tendenz der Diskussionsbemerkungen etwas. Es sind mehrfach Bemerkungen gefallen wie „Aber das liegt ja an den Politikern", von denen heute leider keiner mehr da ist, und wie „Der Patient ist schuld". Daß sich hier Vertreter von Interessengruppen äußern, ist naheliegend. Aber ich sehe die Gefahr einer Konfrontation. Wir alle haben das Gefühl, daß etwas geschehen muß, daß Ethik und Gesundheitsökonomie irgendwie zusammengebracht werden müssen. Das können wir nicht, wenn wir uns in unseren Gräben einmauern.

Mohr:

Die Problematik der Schuld, von Herrn Schölmerich angesprochen, beschäftigt uns Ärzte natürlich sehr stark im Hinblick auf die Aids-Problematik. Uns ist zu Bewußtsein gekommen, was eine Krankheit, an der die meisten Betroffenen Schuld tragen, die Solidargemeinschaft letztlich kostet und zukünftig kosten wird. Ist es Aufgabe der Solidargemeinschaft, das zu finanzieren? Wir sind in der Ärzteschaft, so weit ich das beurteilen kann, zu dem Schluß gekommen, daß wir Ärzte keine Richter sein können – aus dieser Diskussion haben wir uns ausgeschlossen. Unsere Aufgabe ist, dem anderen zu helfen; er ist mündig; wir müssen tun, was unser Berufsethos uns gebietet und was der Patient von uns erwartet.

Als Arzt habe ich persönlich das Gefühl, frei zu sein von finanziellen Zwängen. Ihnen sind wir in diesem System untergeordnet, jeder muß leben, und deshalb ist auch mein ärztliches Tun letztlich bewußt oder unbewußt von einer gewissen monetären Überlegung bestimmt. Ein Arzt, der sich um seinen Verdienst nicht kümmern muß, ist sicherlich einer, der eine „zeitunabhängige" Zuwendung erbringen kann; und ich persönlich würde mir für meine Arbeit diese große Freiheit wünschen. Das ist sicherlich eine Utopie, wir sind zunehmend fremdbestimmt; ich bedaure dies.

Ich hoffe, daß in vorsichtigen Ausführungen zum Ausdruck kam, daß wir nicht die Konfrontation suchen. Wir sind durchaus bereit, neue Denkmodelle zu akzeptieren und mit anderen zu diskutieren. Wäre ich nicht so weit, dann hätte ich mich als Vertreter der niedergelassenen Ärzteschaft hier viel massiver gegen Äußerungen wehren müssen. Wir sehen ein, daß wir eine neue Zukunft in diesem Bereich gestalten müssen. Die Ärzteschaft ist heute durchaus in der Lage, verbesserungswürdige Dinge in diesem System zum Wohle unserer Patienten und unserer Gesellschaft zu erkennen.

Firnkorn:
An den letzten Ausführungen von Herrn Mohr wird ziemlich deutlich, wie sehr es in der Logik des gegenwärtigen Systems liegt, daß Ärzte eine Rolle übernehmen müssen, die sie vielleicht von dem Vertrauensverhältnis zwischen Arzt und Patient her gar nicht übernehmen können. Sie werden nämlich als Zuteiler und als Rationierer eingesetzt. Das ist der Grundkonflikt, gegen den sie sich massiv wehren, und ich habe dafür Verständnis. Aber es hilft nichts, Rationierung ist unvermeidbar, solange Ressourcen begrenzt sind. Wenn sich die Ärzte wegen ihres individuellen Verhältnisses zu den einzelnen Patienten dieser Funktion verweigern, dann muß diese auf irgendeiner anderen Ebene wahrgenommen werden.

Zum Schluß möchte ich doch noch einmal den Versuch machen, darzustellen, wie sich der Zusammenhang zwischen Ethik und Ökonomie aus der Sicht eines Ökonomen darstellt. Wir gehen für das Gesundheitswesen von einer ethischen Prämisse aus, die wir hier gar nicht besonders diskutiert haben, weil sie offenkundig selbstverständlich und konsensfähig ist. Sie lautet: Jeder Patient in der Bundesrepublik erhält im Akutfall medizinische Leistungen im medizinisch erforderlichen Umfang, unabhängig von seiner aktuellen, subjektiven Zahlungsbereitschaft und sogar Zahlungswilligkeit. Daraus ergeben sich viele Fragen: Wer hat welche Leistung, in welcher Qualität, in welchem Umfang und zu welchem Preis zu bekommen? In der Marktwirtschaft, also bei der Produktion von Autos oder Brötchen, werden diese Fragen von der subjektiven Präferenz des Verbrauchers und durch sein persönliches Einkommen „beantwortet". Dies ist die gängige Form der Rationierung. Bei begrenzten Ressourcen ist Rationierung ein Lebenszwang; sie ist nichts Unethisches. Unethisch wäre es, sich ihr zu verweigern, weil es damit zu Verschwendung oder nicht vertretbaren Verteilungsergebnissen käme.

Wegen der eingangs erwähnten Prämisse, daß Gesundheitsleistungen im Akutfall nicht preis- und einkommensabhängig zugeteilt werden sollen, muß die Verteilungsfrage anders beantwortet werden. An die Stelle individueller Nachfrageentscheidungen treten die Entscheidungen von professionellen Verteilern,

nämlich den Ärzten. Weil verteilen auch verweigern heißt und Ärzte ein individuell absolutes Heilungsgebot haben, entsteht eine ethische Problematik. Sie besteht im wesentlichen in der Frage, ob es ethisch vertretbar ist, daß Ärzte diese
Verteilungsfunktion wahrnehmen. Die Gegenfrage lautet, wer diese Funktion
der Leistungszuteilung sonst wahrnehmen sollte, da auf den ärztlichen Sachverstand nicht verzichtet werden kann. Dies war das erste aus der Ökonomie, d.h.
aus dem Bewirtschaftungszwang entstehende ethische Problem, mit dem wir uns
beschäftigt haben.

Der zweite Problemkreis nach der Frage, wer die ethische Last der Zuteilung
tragen soll, war die Suche nach den ethisch vertretbaren Kriterien der Leistungszuteilung und damit auch der Leistungsverweigerung. In diesem Bereich sind die
hinlänglich bekannten Probleme nach den Kriterien insbesondere der medizinischen Intensivbehandlung anzusiedeln: hierher gehört auch das klassische Triage-
problem. Auch hier hängen Verteilungs- und Allokationsfragen aufs engste zusammen, weil eine Optimierung der Behandlung im Einzelfall noch lange keine
Optimierung des Gesamtansatzes der Ressourcen darstellt und umgekehrt. In
diesem Bereich spielt sich der klassische, ökonomisch (d.h. aus der Mittelknappheit) bedingte ethische Konflikt zwischen Einzelwohl und Gemeinwohl ab.

Und dann gibt es eine dritte Frage, die sich ständig mit diesen beiden vorausge-
schilderten Problemen überschnitten hat, und das war die Frage: Wie lösen wir
das ethische Problem, daß im Gesundheitswesen die Leistungsersteller die dabei
entstehenden Einkommensströme zu einem großen Teil in einem zweiseitigen
Monopol selbst bestimmen? Dort kann ja nicht umsonst gearbeitet werden. Im
Bereich der freien Wirtschaft ist dies so gelöst, daß jeder in dem Ausmaß am Volkseinkommen beteiligt wird, in dem er – gemessen an den Preisen – zum Zustandekommen des Sozialproduktes beigetragen hat. Im Gesundheitswesen geht das
nicht, weil eine freie Preisbildung sofort Verteilungsdisparitäten bei den Leistungen zur Folge hätte, die wir im Gesundheitswesen kraft ethischer Ansprüche nicht
haben wollen. Stattdessen nehmen wir Einkommensverteilungen in Kauf, die
dann ihrerseits in irgendeiner Weise ethisch bewertet, also gerechtfertigt werden
müssen. Auch mit einer Reihe solcher, letztlich aus der besonderen Ökonomie
des Gesundheitswesens resultierenden Fragen haben wir uns beschäftigt. Es
bleibt – dies als Schlußsatz – zu hoffen, daß diese Diskussionen wenigstens zu der
Erkenntnis geführt haben, daß die Ökonomie im Gesundheitswesen nicht eine
böswillige Erfindung von Politikern, Kassenvertretern oder unterbeschäftigten
Wirtschaftswissenschaftlern ist, sondern als faktischer Zwang zum Wirtschaften
mit knappen Ressourcen die Folge der Vertreibung aus dem Paradies.

Große-Ruyken:
Ein System, das den Ärzten Einkommen per Gebührenordnung zuteilt, die so un-
übersichtlich sind, daß das Spiel mit dem Markt allein den Arzt dazu zwingt, sich
ökonomisch rational zu verhalten, damit er überhaupt leben kann, läßt sich
ethisch schon nicht mehr in dieser Form begründen. Der Arzt kommt in einen
Konflikt hinein, den er sich selber und seiner Familie gegenüber gar nicht verantworten kann. Heute erlebe ich, daß sich für Stellen im öffentlichen Dienst niedergelassene Ärzte bewerben, damit sie endlich Sicherheit bekommen. Dazu
kommt, daß Gesundheitsförderung als Wettbewerbsparameter innerhalb der

Krankenkassen der größte Unsinn für die Sache als solche ist. Das führt uns immer wieder darauf zurück, politisch den Mut zu haben, die Krankenversicherung wirklich auf Krankenversicherung zurückzuführen.

Wenn wir die letzten 100 Jahre der Entwicklung der emanzipatorischen Gesellschaft überblicken, dann gehört diese Form des Gesundheitswesen in den Industriestaaten überall in der Welt zu einer selbstverständlichen Lebensart. Die Gesellschaft will für diese „Gesundheitswirtschaft" ihr Geld ausgeben. Sie wird es in Zukunft mit Sicherheit weiter tun, je besser es dieser Gesellschaft geht. Und ich bin davon überzeugt, daß die Mittel dafür vorhanden sein werden. Alle Unkereien von Wachstumsgrenzen, vom Ende des Fortschritts haben sich nicht bewahrheitet. Es wird Weiterentwicklungen und weitere „Märkte" geben, davon bin ich felsenfest überzeugt. Und ich habe nicht zu viele Sorgen, daß dabei die Ethik zurückbleibt.

Arnold:
Auf dem Nachhauseweg habe ich nun Gelegenheit, diese Tagung einer Kosten-Nutzen-Analyse zu unterziehen. Was ihre Effektivität angeht, so hat die Diskussion bis zuletzt gezeigt, daß offensichtlich die Probleme gar nicht richtig deutlich oder erkannt wurden. Es konnte keine Brücke zwischen der Ökonomie und der Medizin geschlagen werden. Herr Kolkmann hat sehr engagiert die Meinung der Ebene 4 (vgl. S. 159 f.) vertreten, damit aber auch erkennen lassen, daß kein Verständnis für die zwingende Notwendigkeit vorhanden ist, sich mit den Dingen zu beschäftigen, die Gegenstand der Tagung waren, also Fragen der Verteilungsgerechtigkeit, der Verantwortung gegenüber der Solidargemeinschaft.

Auch die Effizienz der Veranstaltung war nicht sehr hoch. Zum einen wurde bei ihrer Vorbereitung offensichtlich viel investiert, was sich dann durch die Absage von Referenten nicht ausgezahlt hat, zum anderen hat das späte Erscheinen mancher Teilnehmer es erforderlich gemacht, Dinge noch einmal zu diskutieren, die schon angesprochen worden waren und bei einem besseren Kenntnisstand zielgerichteter hätten diskutiert werden können.

Es war die 1. Bad Boller Konsultation, und dies verheißt, daß eine zweite folgen könnte. Man sollte Lehren aus den Erfahrungen der ersten ziehen und z.B. die Referate den Teilnehmern vorher zugehen lassen, damit alle schon vorinformiert in die Diskussion gehen.

Zu einer 2. Bad Boller Konsultation möchte ich nachdrücklich raten, denn die erste hat gezeigt, wie notwendig es ist, sich mit dem Thema zu beschäftigen.